浙江省社科联社科普及课题成果
高职高专新商科系列教材——商务数据分析系列

商务数据采集

朱景伟　编著

电子工业出版社
Publishing House of Electronics Industry
北京·BEIJING

内 容 简 介

本书将围绕"市场竞争数据调研"这一项目需求进行讲解，开篇将该需求拆解为全网市场数据概览、京东市场数据调研、苏宁市场数据调研等几部分。文稿除开篇外分 5 个项目，项目一至项目三将讲解网络爬虫相关理论及实操。其中项目一以全网电商市场数据初步采集为主线，描述如何掌握以网络爬虫技术为基础的多个网站、平台数据采集分析工具的使用。项目二利用八爪鱼数据采集器采集京东商城商品数据（价格、销量、评价等数据），描述如何掌握利用八爪鱼完成网页数据采集技能。项目三则将利用 Python 网络爬虫进行苏宁商城市场竞争数据采集，描述如何掌握 Python 网络爬虫中常用的库及技巧。项目四、五则是数据采集后的数据操作，项目四讲述选择合理的方式将采集数据进行存储，项目五则讲述如何将杂乱有误的数据进行规范。

本书可作为高职高专院校电子商务、市场营销等商科专业的教材，也可作为即将进入数据分析行业初学者的技能学习读本。

未经许可，不得以任何方式复制或抄袭本书之部分或全部内容。
版权所有，侵权必究。

图书在版编目（CIP）数据

商务数据采集 / 朱景伟编著 . —北京：电子工业出版社，2022.4
ISBN 978-7-121-43230-9

Ⅰ . ①商… Ⅱ . ①朱… Ⅲ . ①商业信息—数据采集 Ⅳ . ① F713.51

中国版本图书馆 CIP 数据核字（2022）第 051860 号

责任编辑：贺志洪
印　　刷：北京七彩京通数码快印有限公司
装　　订：北京七彩京通数码快印有限公司
出版发行：电子工业出版社
　　　　　北京市海淀区万寿路 173 信箱　邮编 100036
开　　本：787×1092　1/16　印张：12　字数：307.2 千字
版　　次：2022 年 4 月第 1 版
印　　次：2024 年 1 月第 2 次印刷
定　　价：39.00 元

凡所购买电子工业出版社图书有缺损问题，请向购买书店调换。若书店售缺，请与本社发行部联系，联系及邮购电话：（010）88254888，88258888。
质量投诉请发邮件至 zlts@phei.com.cn，盗版侵权举报请发邮件至 dbqq@phei.com.cn。
本书咨询联系方式：（010）88254609 或 hzh@phei.com.cn。

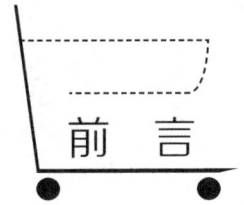

前　言

"数据经济"时代，数据分析已是商业决策中的必备环节，如果不解决数据源头问题，数据分析也只能是无米之炊。数据分析的"米"，除了用别人已经淘好的"米"（二手数据）以外，只能通过自己下地去收割"新米"（原始数据）。二手数据只需要经过简单的再清洗即可使用，而原始数据的使用前则需要经历数据源采集、存储、清洗等一系列全过程。然而，很多电子商务等商科类专业学生及初级数据分析助理对数据采集都有一种畏惧的心里，似乎数据采集只能是计算机专业学生才能做。

商业上数据采集的方法非常多，本书按项目任务制，将"市场竞争数据调研"这一常见的分析任务拆解，从简至难讲解了平台数据工具、八爪鱼数据采集器、Python网络爬虫等常用数据采集方法，满足了多样应用场景、不同能力水平的学习需求。每个项目都包含实训内容及配套理论基础，学习者可较快掌握项目相对应的技能点。

本书还建立配套的微信公众号及职教云，职教云主要满足课程教学需求。在公众号中则将共享本书中的案例演示视频及相关资料，便于学习者更快速掌握实操技能，相关内容也随软件的更新而更新。由于文稿体量有限，公众号中也会补充本书中无法涉及数据分析相关的知识技能。

感谢义乌工商职业技术学院颜颖、蒋鹏，慕研（杭州）数据分析师事务所有限公司董事长陈海城，广东天勤科技有限公司董事长林刚为本书的出版给予大力支持和帮助。在本书编写过程中，借鉴了国内外许多专家学者的学术观点，参阅了大量书籍、期刊和网络资料，在此谨对各位作者表示感谢。本书还得到了义乌工商职业技术学院各位同人的大力支持，在此致以衷心的感谢！

本书为浙江省社科联社科普及课题成果。

编者

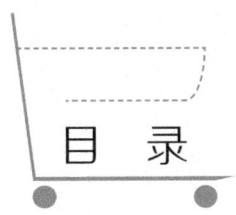

目 录

开 篇 / 001

项目一 平台类数据工具使用 / 003

  任务1.1 指数类数据工具——百度指数 / 004

    【基础知识】/ 004

    一、趋势研究 / 005

    二、需求图谱 / 005

    三、人群画像 / 006

    【任务实施】/ 007

    【思考题】/ 010

  任务1.2 电商平台数据工具——生意参谋 / 010

    【基础知识】/ 010

    一、首页 / 011

    二、实时概况 / 013

    三、流量和品类 / 014

    四、交易和服务 / 017

    五、市场 / 018

    【任务实施】/ 019

    【思考题】/ 020

  任务1.3 插件类数据工具——店侦探 / 021

    【基础知识】/ 021

    一、店侦探简介 / 021

    二、店侦探插件安装及使用 / 022

    【任务实施】/ 022

    一、店侦探插件数据采集 / 022

    二、店侦探竞店数据采集 / 023

    【思考题】/ 025

  任务1.4 新媒体类数据工具——飞瓜 / 025

    【基础知识】/ 025

    【任务实施】/ 027

    【思考题】/ 027

项目二　网络数据采集器使用 / 028

任务 2.1　京东产品信息试采——八爪鱼基础教程 / 029
【基础知识】/ 029
一、HTTP 请求响应过程 / 029
二、爬虫的基本原理 / 030
三、八爪鱼介绍 / 030
【任务实施】/ 032
一、八爪鱼简易模式的使用 / 032
二、八爪鱼自定义模式的使用 / 034
【思考题】/ 037

任务 2.2　京东评论内容采集——Ajax / 037
【基础知识】/ 037
【任务实施】/ 037
【思考题】/ 040

任务 2.3　京东评论内容修正——XPath / 041
【基础知识】/ 041
一、XPath 概念 / 041
二、查看和调试 XPath / 041
三、XPath 表达式 / 043
【任务实施】/ 048
【思考题】/ 051

任务 2.4　京东评论图片采集——正则表达式 / 051
【基础知识】/ 051
【任务实施】/ 054

【思考题】/ 059

任务 2.5　用户登录模式采集——自定义 Cookie / 060
【基础知识】/ 060
一、静态网页和动态网页 / 060
二、无状态 HTTP / 061
三、Cookie / 062
四、Session / 062
五、Cookie 属性结构 / 062
【任务实施】/ 063
【思考题】/ 065

项目三　苏宁市场竞争数据采集 / 066

任务 3.1　苏宁请求流程分析——Chrome&Postman / 067
【基础知识】/ 067
一、打开 Chrome 开发者工具 / 067
二、Elements / 068
三、Network / 070
【任务实施】/ 072
一、搜索结果列表页分析 / 072
二、苏宁产品详情页参数分析 / 076
三、苏宁产品评论参数分析 / 077
【思考题】/ 078

任务 3.2　苏宁产品列表请求——Requests 库的使用 / 078

【基础知识】/ 078

一、基本用法 / 079

二、高级用法 / 084

【任务实施】/ 088

【思考题】/ 089

任务 3.3 列表响应数据提取——lxml&RE 库 / 089

【基础知识】/ 089

一、lxml 库 / 089

二、RE 库 / 093

【任务实施】/ 096

一、苏宁产品 URL 提取 / 096

二、苏宁 clusterId 提取 / 097

【思考题】/ 097

任务 3.4 评论响应数据输出——JSON / 098

【基础知识】/ 098

一、JSON 基础知识 / 098

二、JSON 用法 / 099

【任务实施】/ 101

【思考题】/ 103

任务 3.5 苏宁用户账号登录——Selenium&ChromeDriver / 103

【基础知识】/ 103

一、环境配置 / 103

二、基础用法 / 104

【任务实施】/ 107

【思考题】/ 108

项目四 采集数据存储 / 109

任务 4.1 最简单的文件型存储——Excel、CSV 文件 / 110

【基础知识】/ 110

一、Excel 文件 / 110

二、CSV 文件 / 111

【任务实施】/ 111

一、使用 Excel 存储数据 / 111

二、使用 CSV 存储数据 / 112

三、Excel 与 CSV 文件互转 / 113

【思考题】/ 115

任务 4.2 最普通的关系型数据库——MySQL / 115

【基础知识】/ 115

一、MySQL 认知 / 115

二、MySQL 的安装 / 117

三、MySQL 可视化客户端的使用 / 123

【任务实施】/ 125

一、MySQL 数据库的数据操作 / 125

二、MySQL 数据库与 Excel 文件的交互 / 136

【思考题】/ 140

任务 4.3 最潮流的分布式数据库——MongoDB / 141

【基础知识】/ 141

一、MongoDB 认知 / 141

二、MongoDB 的安装 / 141

三、MongoDB 可视化客户端的使用 / 145

【任务实施】/ 146

【思考题】/ 151

项目五 数据清洗 / 152

任务 5.1 数据规范处理——表格规范 / 153

【基础知识】/ 153

一、数据类型 / 153

二、一维表 vs 二维表 / 154

【任务实施】/ 154

一、数据类型转换 / 154

二、数据结构转换 / 156

【思考题】/ 160

任务 5.2 错误数据处理——查错补缺 / 161

【基础知识】/ 161

【任务实施】/ 162

一、缺失值处理 / 162

二、重复值处理 / 162

三、逻辑错误处理 / 165

【思考题】/ 167

任务 5.3 文本数据处理——文本操作 / 168

【基础知识】/ 168

【任务实施】/ 168

一、查找替换 / 168

二、单元格特殊字符去除 / 169

三、文本数据提取 / 170

【思考题】/ 172

任务 5.4 无序数据处理——筛选排序 / 172

【基础知识】/ 172

一、逻辑"与""或""非" / 172

二、排序依据 / 173

【任务实施】/ 173

一、数据筛选 / 173

二、数据排序 / 177

【思考题】/ 179

任务 5.5 数据分合处理——拆分合并 / 179

【基础知识】/ 179

【任务实施】/ 179

一、数据拆分 / 179

二、数据合并 / 182

三、合并单元格拆分 / 182

【思考题】/ 183

参考文献 / 184

开　篇

一、市场竞争数据分析维度

1. 任务背景

某商家想在线上销售手机，选品倾向于销售 iPhone。但对于市场规模有多大、竞争有多激烈，该在哪个平台销售、面向什么群体、如何定价，该商家老板都一无所知，而这些又都是电商运营过程中回避不了的问题。

2. 分析维度

如果我们想在一个实体市场开店，就必须了解市场周边的人流情况、人群构成、竞争对手数量和实力。相对于实体店，网上销售更需要关注市场数据的变化。我们可以从市场规模、生命周期、集中度、产品属性、消费者结构五个维度对市场数据进行分析。

对于任务背景中的商家而言，他的数据需求主要包括不同平台的手机产品，尤其是 iPhone 这种产品的其他卖家的数量、他们的销量、定价及相应用户评价等数据。

二、数据采集来源

1. 电子商务平台提供的数据工具

大部分电子商务网站平台都提供了基于平台的数据工具，比如淘系的生意参谋、京东商智、拼多多的多多参谋等。这些数据工具囊括了平台、店铺运营过程的大部分数据信息，如平台的访客数、浏览量、收藏量、店铺的流量信息、订单信息、客户信息等数据。对于独立站点流量数据，还可使用百度统计、友盟等工具进行统计采集。

有的电子商务平台也提供了较为完整的市场竞争数据，但通常需要开店或付费订阅才可获取相关数据。

2. 政府部门、机构协会、媒体等发布的数据

政府部门、行业协会、新闻媒体、出版社等机构通常会发布行业年度、半年度的统计数据、调查报告。

3. 权威网站数据机构发布的数据

行业权威网站或数据机构会定期或不定期发布行业年度报告、白皮书等。常见的网站有易观数据、艾瑞咨询等，此类数据多以经过机构加工形成的报告形式呈现。

4. 电子商务平台开放数据采集

电子商务平台上聚集着众多行业卖家和买家，这些人群是电子商务数据产生的重要来源。平台页面上展示了销量、评价等开放数据，相关数据需要通过一定的方法进行采集汇总统计分析才能转化成有效的决策信息。

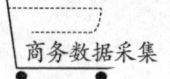

常用采集的工具有八爪鱼、火车采集器、Python网络爬虫等。

三、数据采集法律法规

采集页面在公开数据时，对于主体没有明确限制，由于数据本身就是公开的，只要不影响数据公开方的正常运作即可。当然，数据公开方也可拒绝公开数据被采集，他们通常使用技术手段（反爬虫）防止数据被采集。

另外，采集到的数据应该在法律法规规定范围内使用，未经授权不可将数据用于商业用途。在我国的多部法律条文中明确制定了涉及数据侵权、不恰当使用的法规条款，在爬虫作业的过程中，应避免触碰到这些红线。

1. 非法获取计算机系统数据罪

根据《中华人民共和国刑法》（简称《刑法》）第285条规定，非法获取计算机信息系统数据、非法控制计算机信息系统罪，是指违反国家规定，侵入国家事务、国防建设、尖端科学技术领域以外的计算机信息系统或者采用其他技术手段，获取该计算机信息系统中存储、处理或者传输的数据，情节严重的行为。《刑法》第285条第2款明确规定，犯本罪的，处三年以下有期徒刑或者拘役，并处或者单处罚金；情节特别严重的，处三年以上七年以下有期徒刑，并处罚金。

2. 侵犯商业秘密罪

《中华人民共和国反不正当竞争法》第9条，以不正当手段获取他人商业秘密的行为即已经构成侵犯商业秘密。而后续如果进一步利用，或者公开该信息，则构成对他人商业秘密的披露和使用，同样构成对权利人的商业秘密的侵犯。

3. 非法侵入计算机信息系统罪

《刑法》第286条还规定，违反国家规定，对计算机信息系统功能进行删除、修改、增加、干扰，造成计算机信息系统不能正常运行，后果严重的，构成犯罪，处五年以下有期徒刑或者拘役；后果特别严重的，处五年以上有期徒刑。而违反国家规定，对计算机信息系统中存储、处理或者传输的数据和应用程序进行删除、修改、增加的操作，后果严重的，也构成犯罪，依照前款的规定处罚。

4. 网络安全法

《中华人民共和国网络安全法》第44条规定，任何个人和组织不得窃取或者以其他非法方式获取个人信息。因此，如果爬虫在未经用户同意的情况下大量抓取用户的个人信息，则有可能构成非法收集个人信息的违法行为。

项目一

平台类数据工具使用

【知识目标】

1. 了解常见的平台类数据工具类型
2. 掌握百度指数各项目的功能
3. 掌握生意参谋各项目的功能
4. 掌握店侦探各项目的功能
5. 掌握飞瓜数据抖音版各项目的功能

【技能目标】

1. 具备采集百度指数数据的能力
2. 具备采集生意参谋市场数据的能力
3. 具备安装店侦探插件及采集数据的能力
4. 具备采集飞瓜数据抖音版数据的能力

【思政目标】

1. 遵守数据采集相关法律法规
2. 尊重知识产权，倡导知识付费

【思维导图】

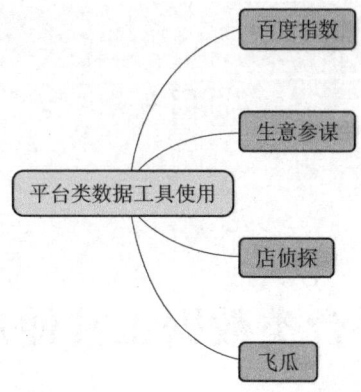

任务1.1 指数类数据工具——百度指数

百度指数视频

【基础知识】

百度的搜索信息是利用网络爬虫对开放的网站数据进行搜集获取的。百度指数是以百度用户的行为数据为基础的数据分析平台，是当前较为重要的数据分析平台之一，自发布之日便成为众多企业营销决策的重要依据之一。网页地址为 index.baidu.com，如图 1–1 所示为百度指数的首页搜索框。

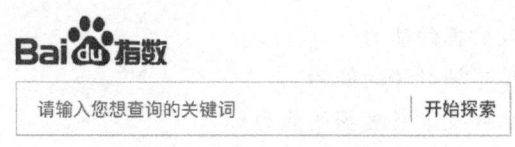

图 1–1 百度指数的首页搜索框

百度指数主要是基于关键词的数据分析。在百度指数的搜索框中输入关键词，单击"开始探索"即可在跳转页面的顶部见到百度指数的三大功能项目：趋势研究、需求图谱、人群画像（见图 1–2）。

图 1–2 百度指数三个项目

一、趋势研究

在百度指数搜索框输入"抖音",单击"探索"按钮,即显示该关键词的搜索指数(见图 1–3),图中以指数化的形式展示关键词的趋势。单击图中的英文节点可查看该节点的重要新闻资讯(见图 1–4)。

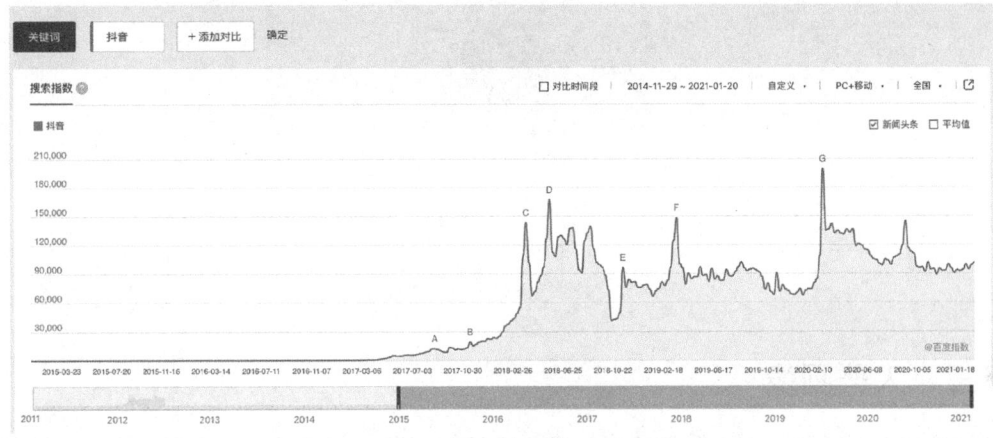

图 1–3 "抖音"关键词的搜索趋势页面

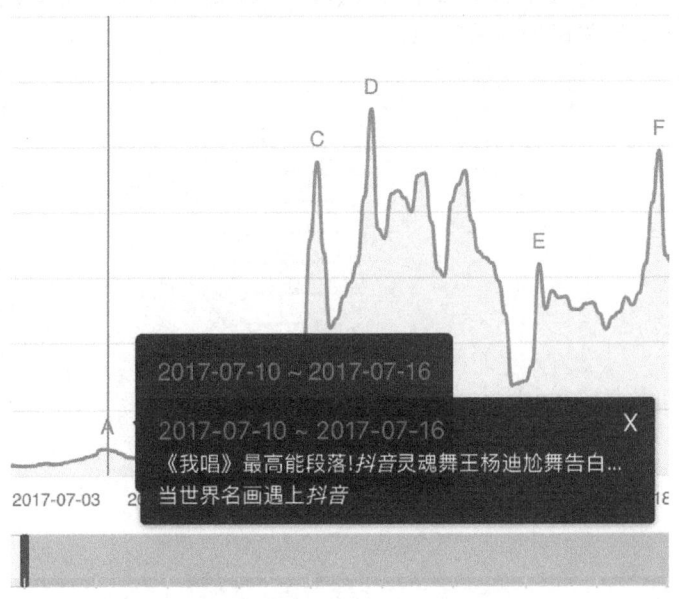

图 1–4 重要资讯

二、需求图谱

切换到需求图谱,可观察最近 7 天的相关词,与中心节点的距离远近表示关联强度、气泡的大小表示搜索指数高低、颜色深浅则表示搜索趋势。如图 1–5 所示,强相关且指数最高的是"快手"。

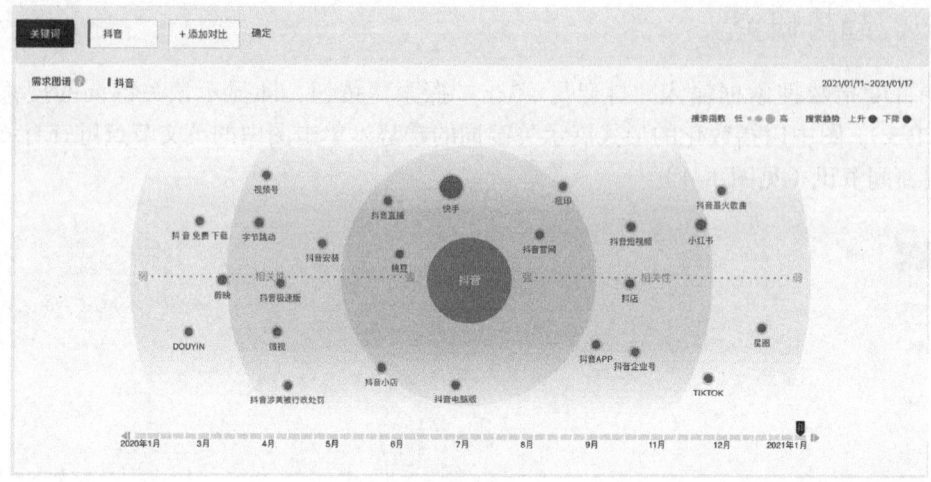

图1-5 "抖音"关键词的需求图谱页面

三、人群画像

切换到人群画像,右上角切换时间可查看该时间段内该关键词的人群画像。人群画像分为地域分布、人群属性(年龄分布、性别分布)、兴趣分布。地域分布(见图1-6)中,颜色深度表示搜索指数,每个省份可单击查看具体的城市。人群属性(见图1-7)则是关键词与全网分布(对比关键词)的对比。

图1-6 搜索人群地域分布页面

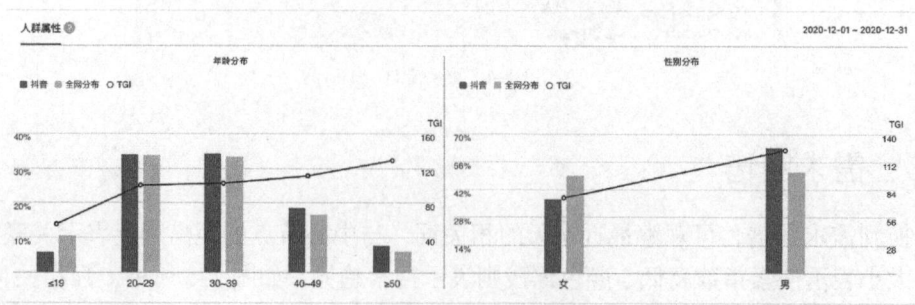

图1-7 搜索人群基本属性页面

【任务实施】

百度指数采集

以 iPhone11 为例，采集百度指数数据。

1. 搜索指数趋势采集

在百度指数搜索框中输入关键词"iPhone 11"，单击"开始探索"按钮即跳转至趋势研究页面。在"搜索指数"中，结合分析需求调整时间线至合适跨度，即可得到如图 1-8 所示数据图表，每个字母节点可查看相对应的新闻事件（见图 1-9）。由于百度指数数据无法下载或网页采集，所以需要自制表格手动采集数据。结合分析需求制作采集结果表，如表 1-1 所示。

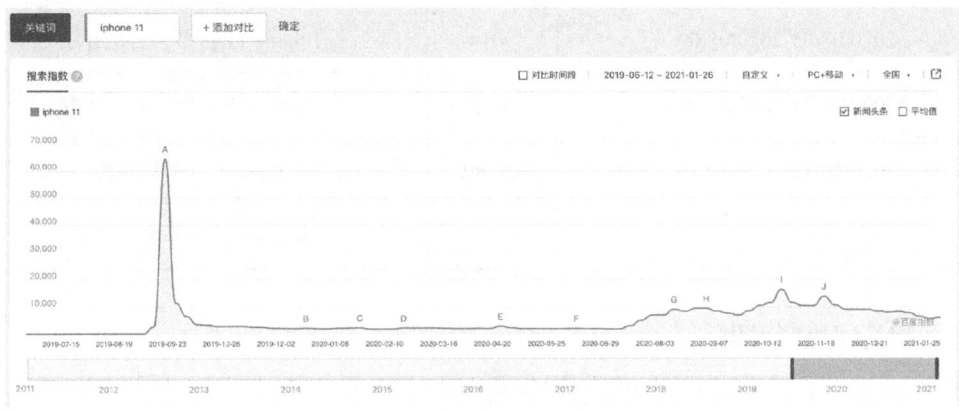

图 1-8 "iPhone 11"搜索指数

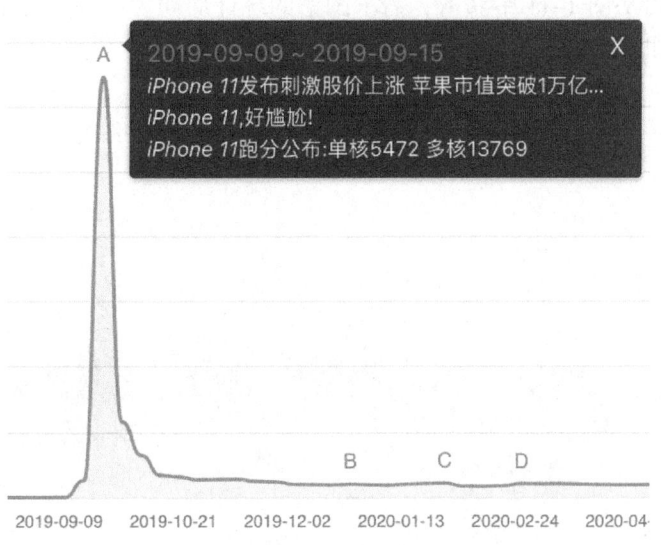

图 1-9 搜索指数中新闻事件

表1-1 搜索指数采集结果

时间段	搜索指数	事件
2019/09/09-2019/09/15	64480	iPhone 11 发布
2019/12/09-2019/12/15	2034	iPhone 11 聚划算百亿补贴
2020/01/13-2020/01/19	2071	
2020/02/10-2020/02/16	2111	
2020/04/13-2020/04/19	2783	iPhone SE 发布
2020/06/01-2020/06/07	1925	iPhone 11 降价
2020/08/03-2020/08/09	9014	iPhone 11 拼多多百亿补贴
2020/08/24-2020/08/30	9375	iPhone 12 售价、外形泄漏
2020/10/12-2020/10/18	16340	iPhone 12 开启预售
2020/11/09-2020/11/15	13780	iPhone 11 三季度最畅销

2. 相关词热度采集

需求图谱（见图1-10）常用来分析消费者的相关需求，分析通常需要采集相关词的热度、相关性强弱。"相关词热度"中列出了统计周期内的前十热门词，第一的搜索热度为100%，之后的搜索热度则为第一的相对值，热度数值可利用Chrome开发者工具获取。相关度等级数据可从图1-11中获取，需求图谱的统计周期为一周，可结合需求采集多周数据。采集结果如表1-2所示。

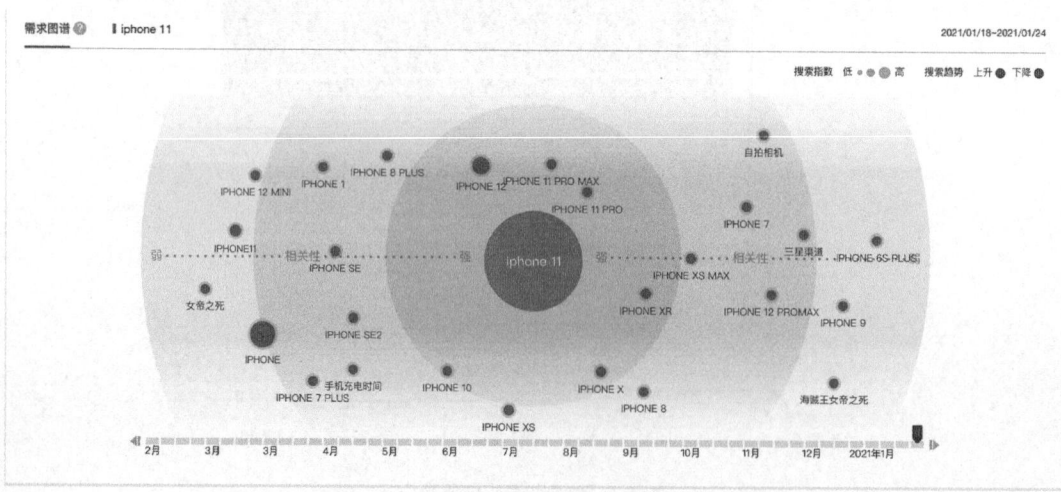

图1-10 "iPhone 11"需求图谱

图 1-11 相关词搜索热度采集

表1-2 关键词搜索热度采集结果

时间段	关键词	搜索热度	相关度
2020/1/24	iPhone	100%	中
2020/1/24	iPhone 12	44.79%	高
2020/1/24	iPhone 11	13.94%	中
2020/1/24	iPhone XR	6.85%	高
2020/1/24	iPhone X	3.98%	中
2020/1/24	iPhone XR	3.85%	高
2020/1/24	iPhone XS MAX	3.47%	中
2020/1/24	iPhone SE	3.34%	中
2020/1/24	iPhone 12 pro MAX	2.70%	低
2020/1/24	iPhone SE2	2.41%	中
……	……	……	……

3. 人群画像

人群画像常用来分析搜索关键词人群的特点，地域分布（见图 1-12）搜索指数与相关词热度数据采集方法相似，结合分析需求采集数据如表 1-3 所示，人群属性（见图 1-13）、兴趣分布数据则可通过复制图表中的数据直接获取。

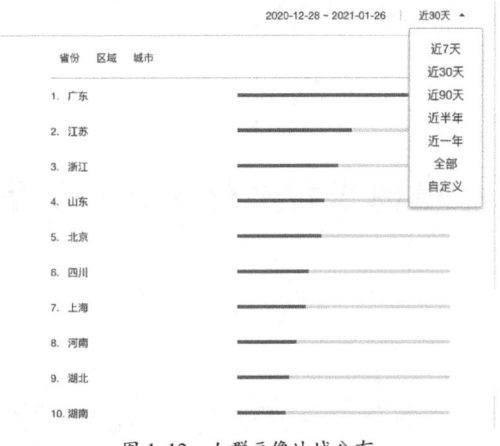

图 1-12 人群画像地域分布

表1-3 地域分布采集结果

时间段	省份	搜索热度
2020/12/28—2021/01/26	广东	100%
2020/12/28—2021/01/26	江苏	53.90%
2020/12/28—2021/01/26	浙江	47.50%
2020/12/28—2021/01/26	山东	41.10%
2020/12/28—2021/01/26	北京	39.90%
2020/12/28—2021/01/26	四川	33.70%
2020/12/28—2021/01/26	上海	32.40%
2020/12/28—2021/01/26	河南	27.90%
2020/12/28—2021/01/26	湖北	25%
2020/12/28—2021/01/26	湖南	23%

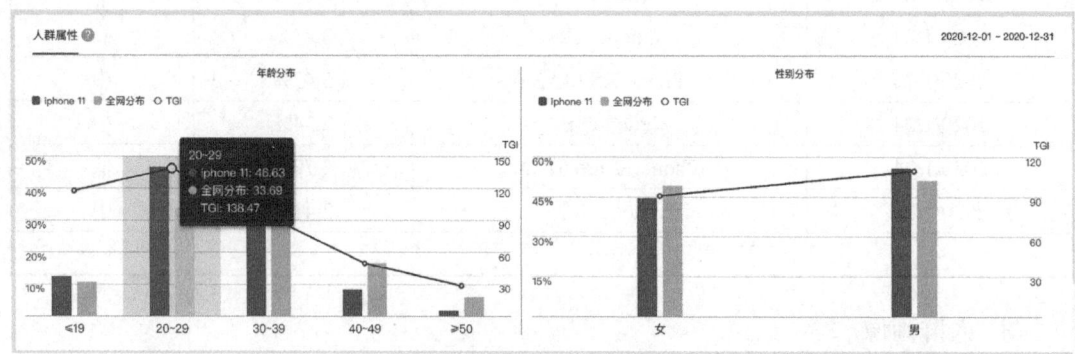

图1-13 人群画像人群属性

【思考题】

百度指数对电商运营决策的帮助有哪些？

任务1.2 电商平台数据工具——生意参谋

【基础知识】

生意参谋是阿里巴巴打造的商家统一数据平台，面向全体商家提供一站式、个性化、可定制的商务决策体验。它集成了海量数据及店铺经营思路，可以更好地为商家提供流量、商品、交易等店铺经营全链路的数据披露、分析、解读、预测等功能。生意参谋目前只支持淘宝、天猫商家登录使用。商家登录地址为：sycm.taobao.com。

一、首页

首页显示实时指标（见图1-14），如支付金额，访客数，浏览量，支付买家数，支付订单数。整个首页就是一个店铺数据分析的概览。

图1-14 首页实时概况

流量看板（见图1-15）中的流量走向、流量来源、跳失率、人均浏览量和平均停留时长都是评判流量质量的重要指标。

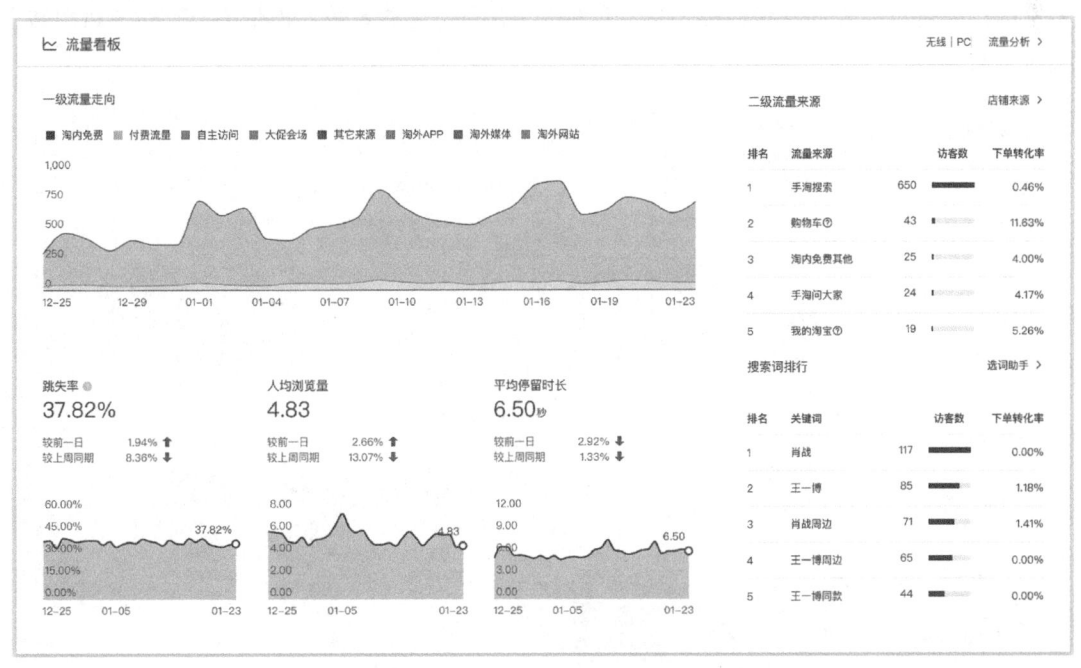

图1-15 首页流量看板

转化看板（见图1–16）中，访客-支付转化率直接表示店铺转化效果，访客-收藏转化率和访客-加购转化率则表示潜在店铺转化效果。看板中还可查看商品从访问到加购收藏，最后到支付全流程的排行情况。

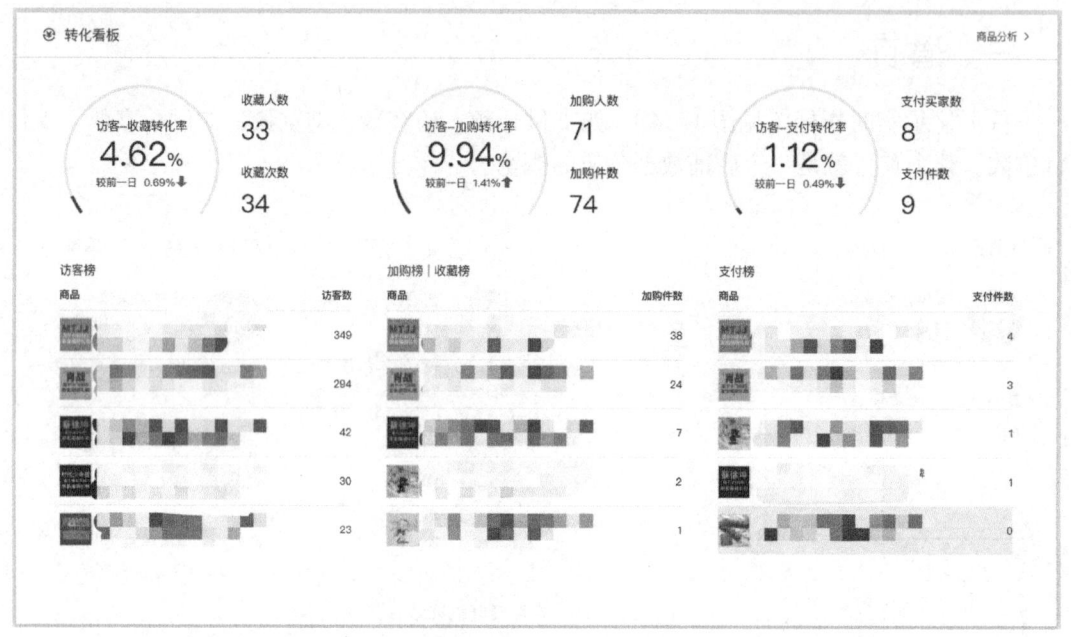

图1–16 首页转化看板

客单看板（见图1–17）受产品客单（件单价）、人均支付件数和连带率影响，其中件单价即产品定价，人均支付件数＝总支付件数/总支付消费者数，连带率＝支付子订单数/支付父订单数。

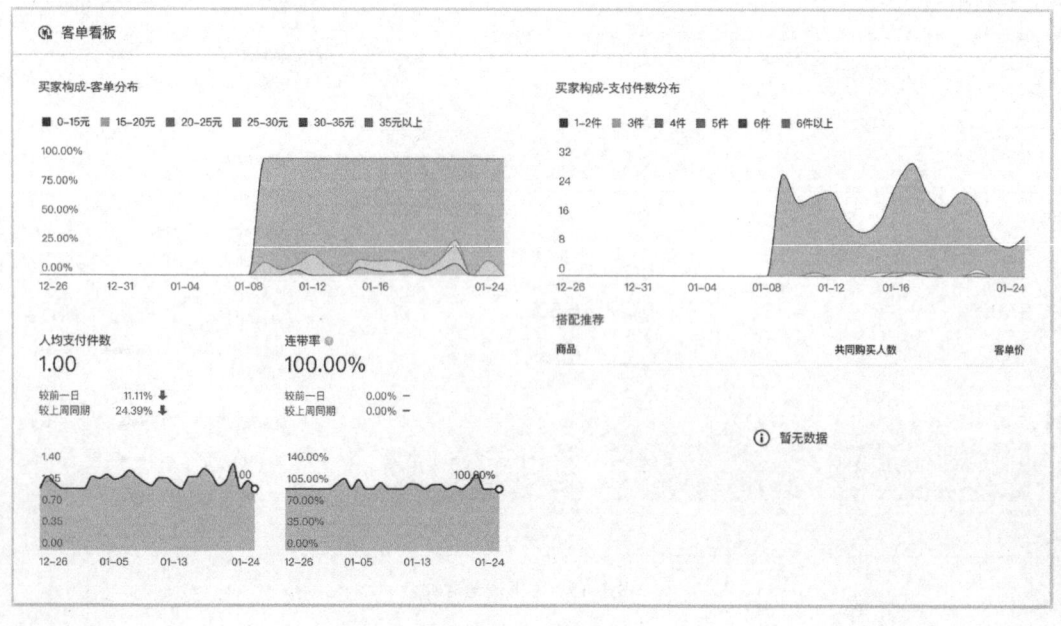

图1–17 首页客单看板

评价看板（见图1-18）中的描述相符、卖家服务、物流服务看板反映了自身店铺服务的波动情况。

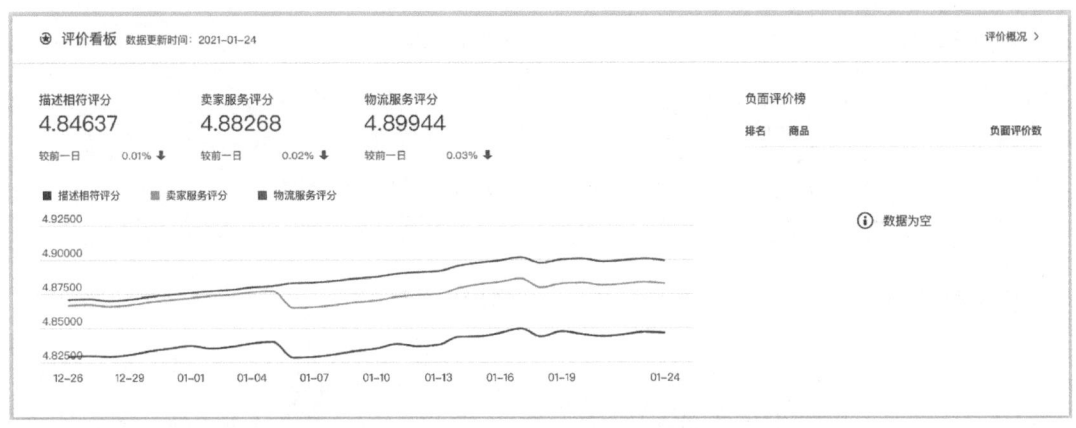

图1-18　首页评价看板

二、实时概况

生意参谋的第二个板块是实时概况（见图1-19），在实时概况页面中可以看到自己店铺的实时排名。

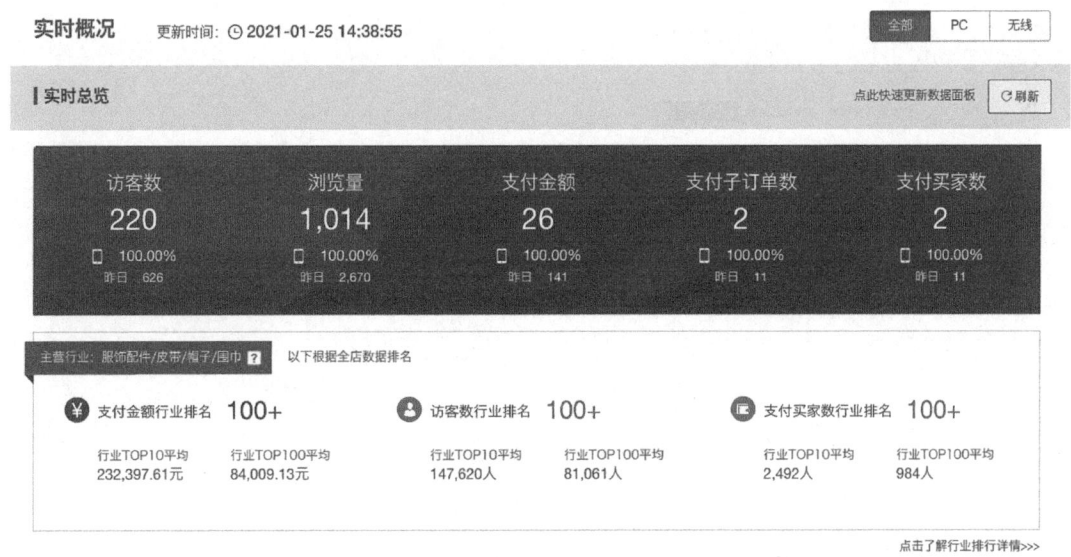

图1-19　实时概况

在实时趋势（见图1-20）页面可以看店铺实时的数据，选择分时段趋势图，可以从支付金额、访客数、支付买家数和支付子订单数4个指标来对比今天与昨天（也可以选择其他日期）的数据差异，此时不同时期时间粒度是小时。此板块还可以选择切换成时段累计图，观察累计数据的差异。

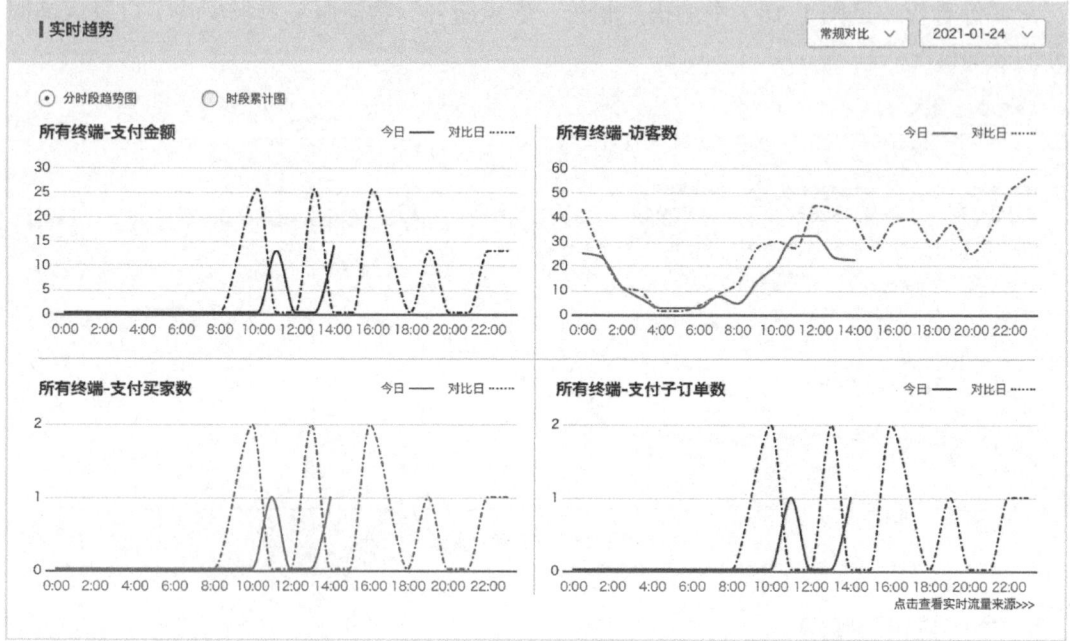

图 1-20 实时趋势

在无线端来源分布（见图 1-21）页面中可以查看流量入口的情况，以及截至今天目前流量来源的分布，从而可以让运营及时调整流量入口。

图 1-21 无线端来源分布

三、流量和品类

生意参谋中的流量和品类板块是用得最多的。在流量总览板块（见图 1-22）中可以查看每个渠道的数据，与实时来源页面不同，在这里除了可以看实时数据之外，还可以看过去的历史数据。流量来源排行（见图 1-23）可查看不同流量渠道的访客数及变化趋势。访客分析中包含了时段分布（见图 1-24）、地域分布、特征分布，常用来分析开展定向推广。

图 1–22　流量总览

流量来源排行TOP10　　无线端　　店铺来源 >

排名	来源名称	访客数	操作
1	手淘搜索	231	详情 趋势 商品效果
2	购物车	12	趋势 商品效果
3	手淘问大家	11	趋势 商品效果
4	我的淘宝	9	趋势 商品效果
5	淘内免费其他	5	详情 趋势 商品效果
6	手淘其他店铺商品详情	3	详情 趋势 商品效果
7	手淘我的评价	1	趋势 商品效果

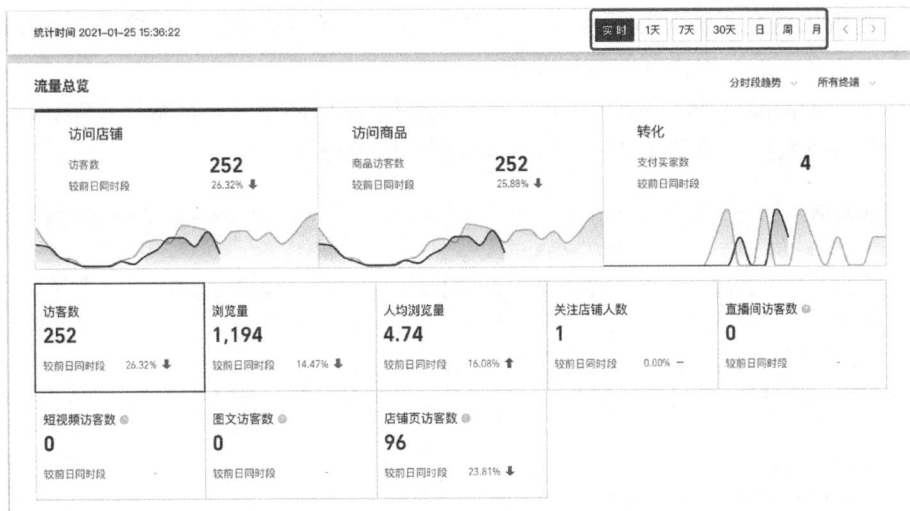

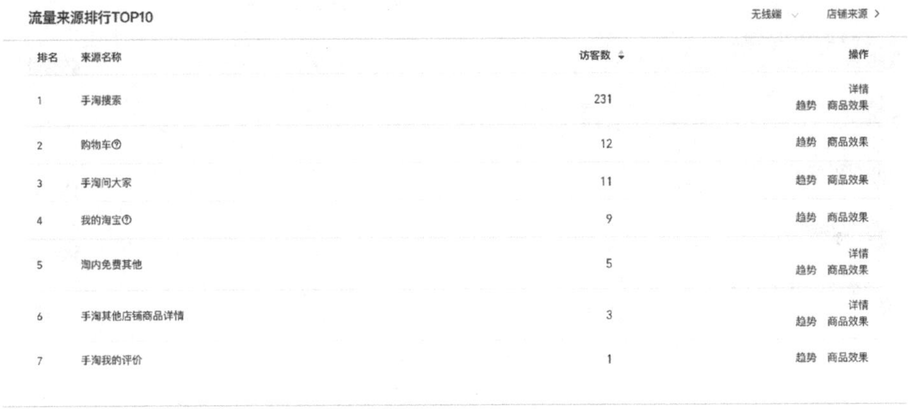

图 1–23　流量来源排行

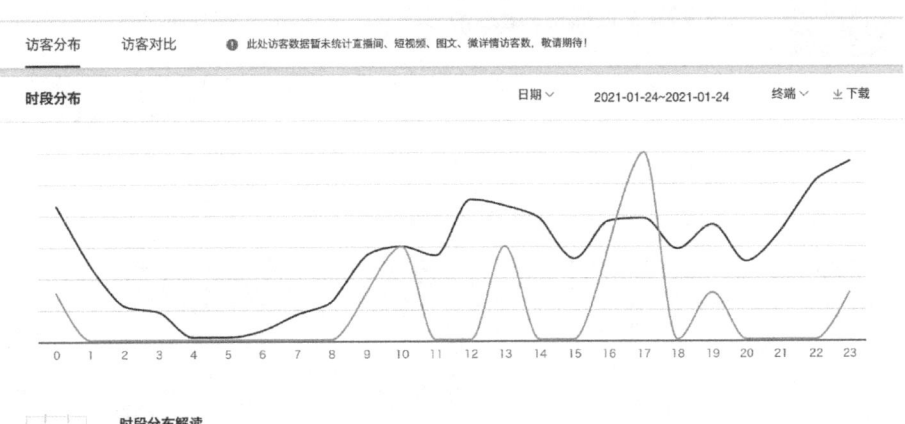

图 1–24　访客时段分布

在品类板块的全量商品排行项目（见图1-25）中有很多指标，最多选择5个指标后可查看本店所有产品选中指标的数据及排行。

指标下面是商品列表（见图1-26），在对应的单品后面单击"详情"按钮，即可查看每个单品的具体数据（见图1-27），如销售数据、服务分析等。

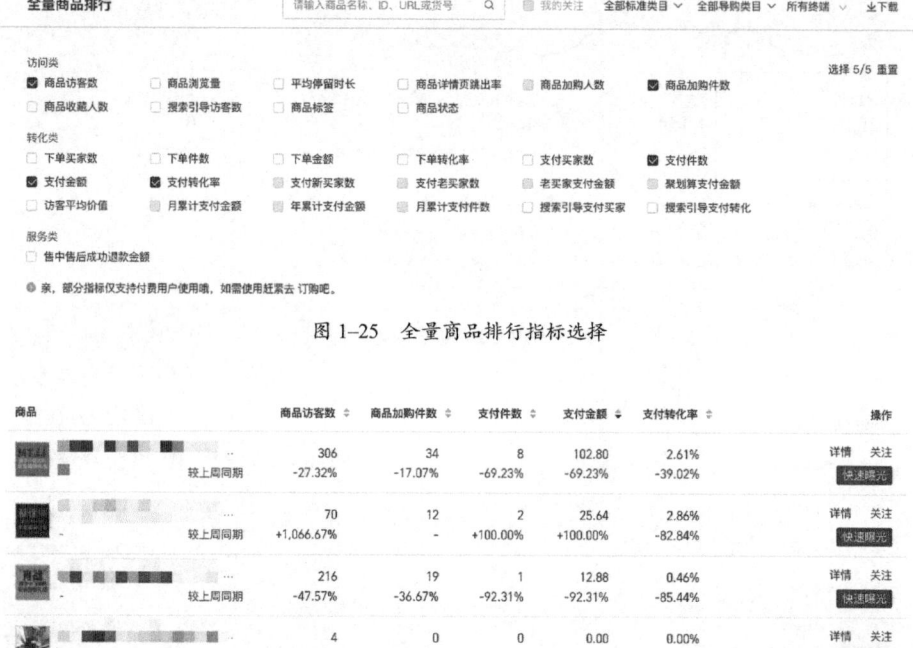

图1-25　全量商品排行指标选择

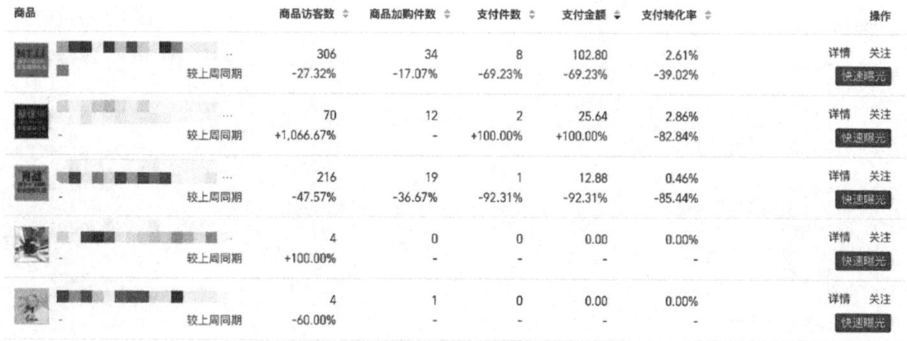

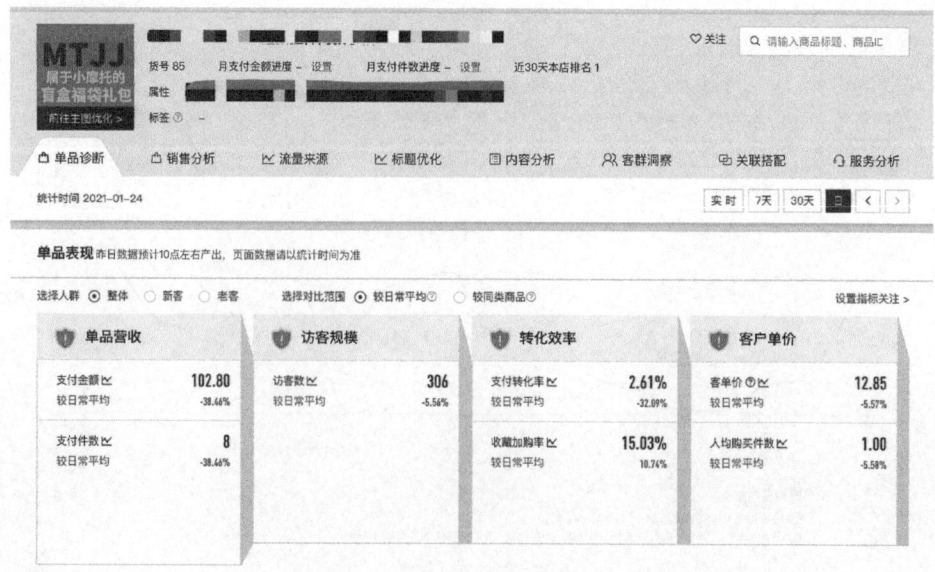

图1-26　全量商品排行

图1-27　单品详情

四、交易和服务

交易板块主要用于分析全店交易的构成，共有 3 个项目："交易概况"（见图 1-28）页面显示了一个漏斗图，表示从访客到下单再到支付的过程；"交易构成"页面可查看交易终端构成和类目构成；在"交易明细"页面中可查看每一笔交易订单和配置成本。

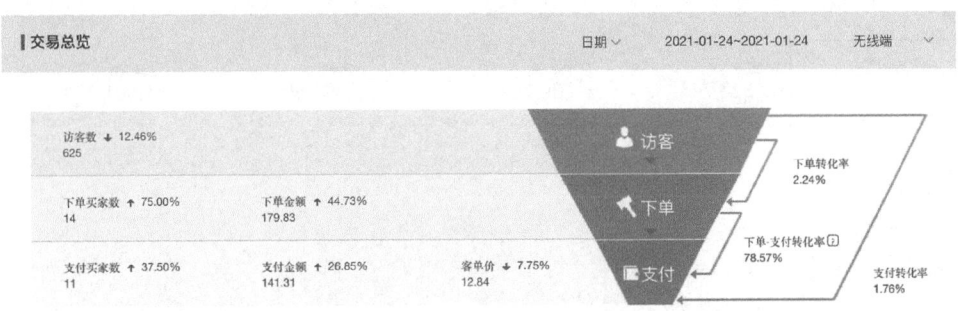

图 1-28　交易概况

在服务板块页面中可以查看与服务相关的指标。其中最常用的是维权概况（见图 1-29）和评价概况（见图 1-30），其中维权概况页面可用来分析退货退款情况和原因，评价概况页面可用来分析评价内容，帮助改进优化商品、店铺和物流服务等方面。

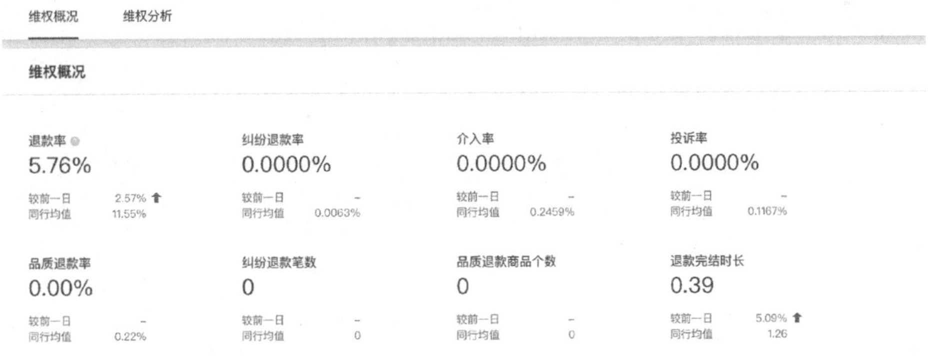

图 1-29　售后维权

图 1-30　售后评价

五、市场

生意参谋市场数据包含有淘系（包含淘宝和天猫）的详细市场数据，部分敏感数据经指数化处理。市场行情提供行业大盘、品牌分析、产品分析、属性分析、商品店铺榜、买家画像等全方位的行业数据分析。最常用的有行业趋势（见图1-31）、行业构成（见图1-32）、搜索词（见图1-33）、人群画像等。

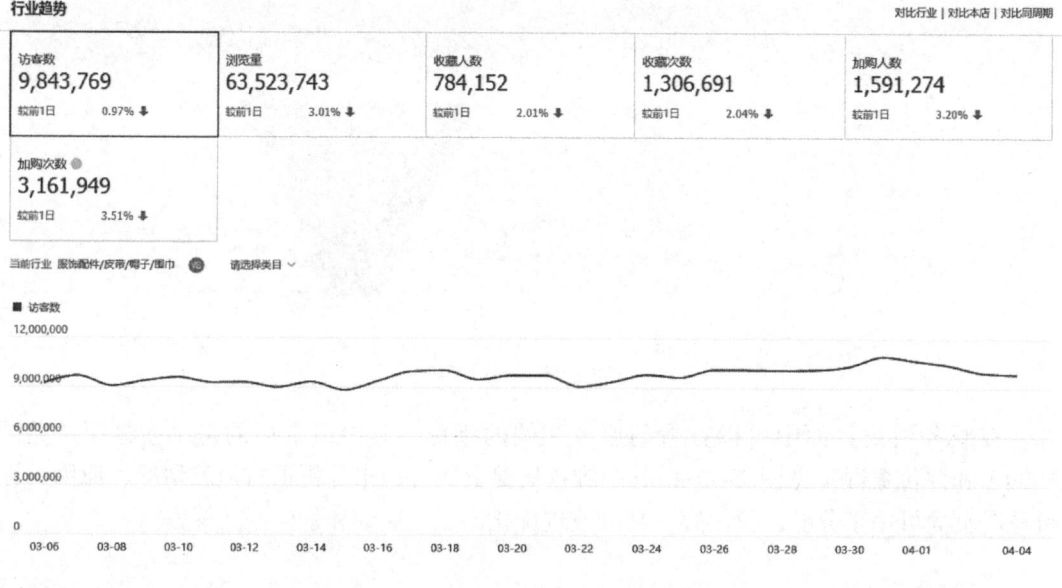

图 1-31　行业趋势

图 1-32　行业构成

项目一 平台类数据工具使用

图 1-33 搜索词

【任务实施】

生意参谋市场数据采集

淘系电商平台中,生意参谋市场数据具有较高的分析意义,但大部分数据都经指数化处理,无法获取真实数值,且无法下载,需借助浏览器插件小旺神完成数据采集。小旺神通过网络爬虫采集网页元素并进行了解析。

1. 小旺神安装

小旺神官网为:https://xiaowangshen.com/。

小旺神的下载及安装可参考页面中的教程(见图 1-34),鉴于篇幅有限不做展开。

小旺神视频

图 1-34 小旺神主页

2. 市场数据采集

生意参谋市场——市场大盘,选择合适的二级类目,时间跨度选择 30 天,在"行业趋势"中,分别单击所有数据(见图 1-35),否则小旺神将无法将指数转为具体数值。单击"小旺神一键转化"按钮,即弹出小旺神下载页面(见图 1-36),单击"导出数据"按钮即可实现数据采集。

019

市场数据中其他板块也可采用类似的方法采集。

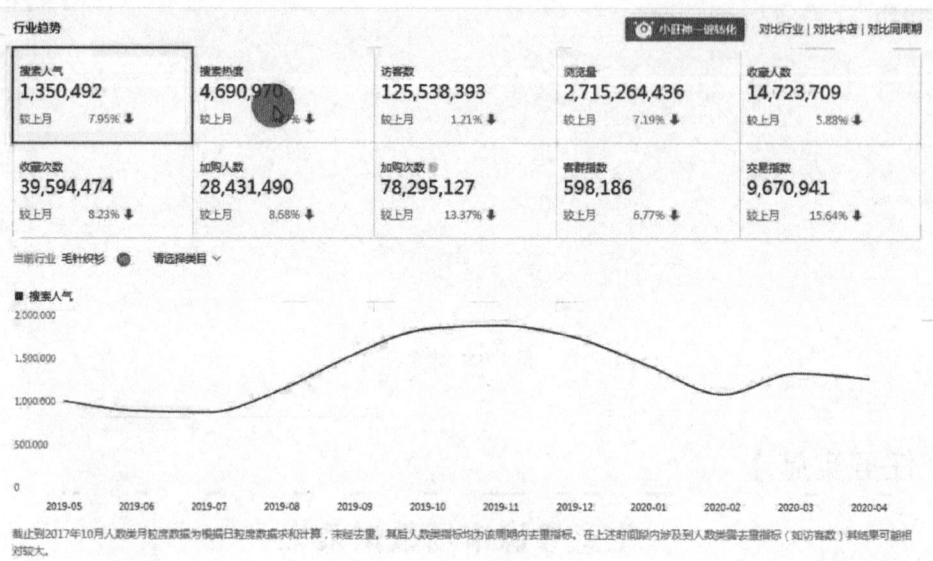

图 1–35　小旺神采集行业趋势

类目名	类别	月份	搜索人数	搜索次数	访客数	浏览量	收藏人数	收藏次数	加购人数	加购次数	支付人数	交易金额	客单价
女装/女士精品 > 毛针织衫	当前行业	2020-04	43,068,970	421,143,755	125,538,393	2,715,264,436	14,723,709	39,594,474	28,431,490	78,295,127	9,809,727	1,598,055,722	162.91
女装/女士精品 > 毛针织衫	当前行业	2020-03	46[illegible]	464,177,784	127,080,803	2,925,512,109	15,644,269	43,145,740	31,133,000	90,374,890	10,522,149	1,894,421,061	180.04
女装/女士精品 > 毛针织衫	当前行业	2020-02	33,055,735	272,181,735	102,994,120	1,913,099,620	12,924,117	34,491,825	21,887,346	56,900,628	4,214,430	871,928,683	206.89
女装/女士精品 > 毛针织衫	当前行业	2020-01	52,199,170	494,332,455	128,064,905	2,872,957,400	15,041,966	39,426,297	31,152,348	85,022,430	10,440,600	2,052,775,767	196.61
女装/女士精品 > 毛针织衫	当前行业	2019-12	74,912,836	842,686,039	159,190,111	4,641,897,154	21,249,903	62,773,489	46,701,637	151,550,942	19,574,583	超出范围	NaN
女装/女士精品 > 毛针织衫	当前行业	2019-11	85,857,251	965,069,437	175,371,225	5,498,762,836	25,386,891	78,482,337	57,570,854	196,142,052	25,242,320	超出范围	NaN
女装/女士精品 > 毛针织衫	当前行业	2019-10	82,829,249	1,003,399,154	169,355,825	5,670,471,882	26,985,097	92,791,346	54,745,492	189,570,113	21,058,683	3,817,199,683	181.26
女装/女士精品 > 毛针织衫	当前行业	2019-09	60,990,690	660,383,686	145,668,912	4,292,797,095	22,435,157	75,804,304	44,757,318	148,963,583	16,221,596	3,122,753,003	192.51
女装/女士精品 > 毛针织衫	当前行业	2019-08	35,834,395	288,530,107	116,101,543	2,461,297,360	16,751,377	50,182,428	30,640,679	89,132,594	8,904,462	1,678,372,571	188.49

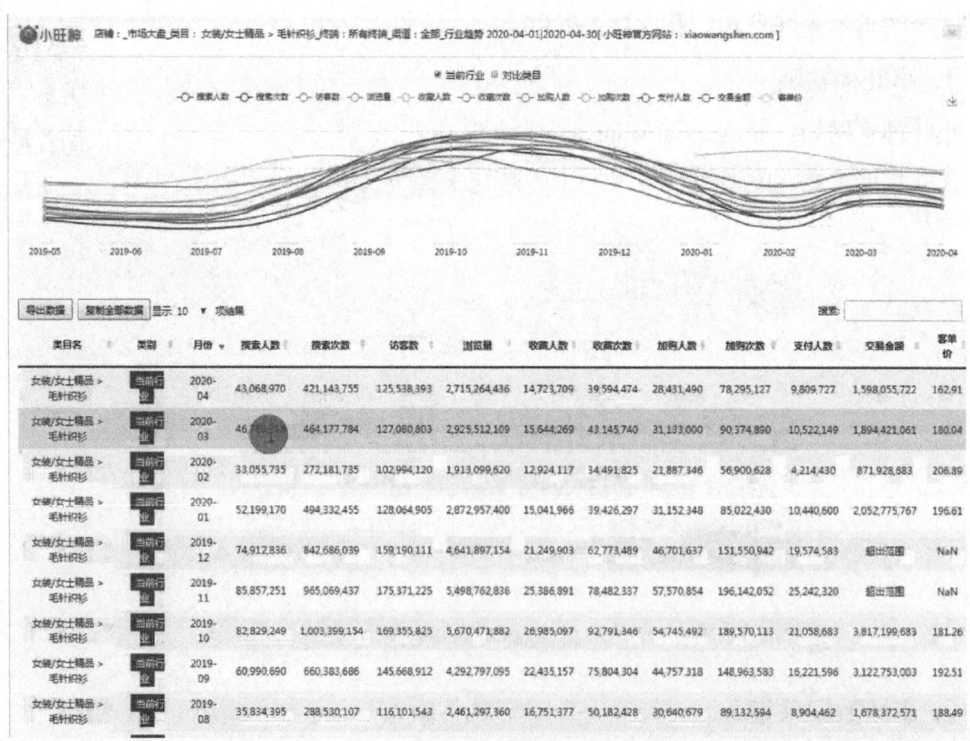

图 1–36　小旺神数据导出

【思考题】

生意参谋中还有哪些数据字段与行业数据分析相关？

项目一　平台类数据工具使用

 任务1.3　插件类数据工具——店侦探

【基础知识】

一、店侦探简介

店侦探视频

店侦探官网为：www.dianzhentan.com。

店侦探是一款可以分析淘宝卖家的竞争对手数据的谷歌浏览器插件，通过网络爬虫获取淘宝搜索结果页面产品信息并进行分析。常用的查询和分析数据包括竞争对手的销售、流量、活动、宝贝等各种详细数据（见图1-37）；关键词搜索、直通车排行（见图1-38）；宝贝单品销售、引流、促销、变更（见图1-39）。店侦探不少功能需要专业版及以上才可实现。

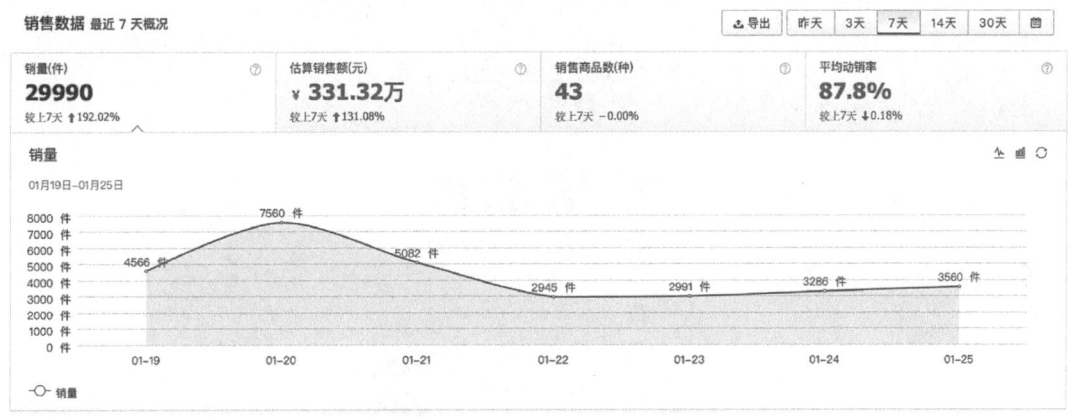

图1-37　店侦探竞店销售数据

图1-38　店侦探关键词透视

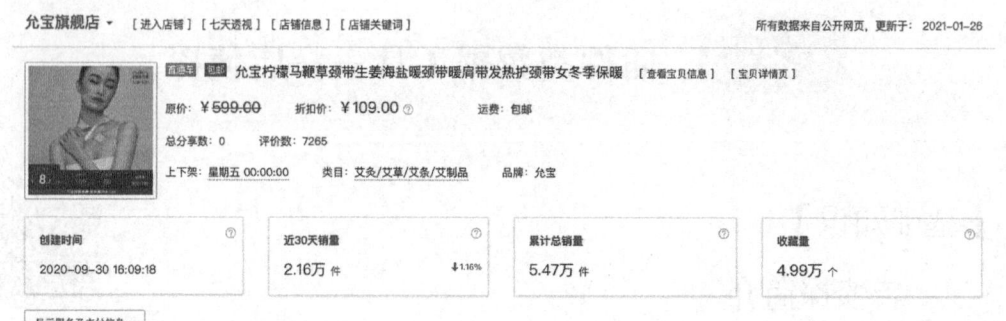

图 1-39　店侦探竞品监控

二、店侦探插件安装及使用

店侦探插件安装链接为：www.dianzhentan.com/chajian/。

店侦探支持包括 Edge、Chrome、360、UC 等在内的市面上常见浏览器。不同浏览器插件的安装方式略有不同，可参考网页中的安装教程（见图 1-40）。

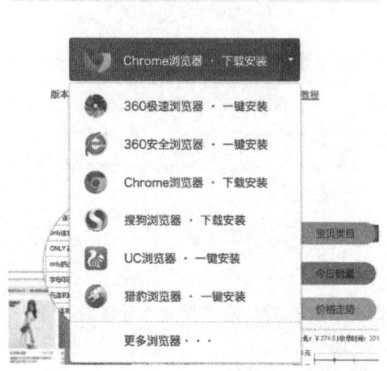

图 1-40　店侦探插件下载及安装

【任务实施】

店侦探数据采集

一、店侦探插件数据采集

店侦探网页插件安装完成后，在淘宝网页搜索栏中输入关键词"iphone11"并按销量排序。在搜索结果页的顶端，店侦探统计了该页面所有宝贝的所在地、价格分布、销售量、类目数据，数据可通过复制或手动进行采集（见图 1-41）。单击"宝贝列表"按钮可获得该页面中自然搜索和直通车的宝贝列表及宝贝基础数据，在列表页面中单击右上角"导出 csv 表格"按钮可将列表导出为 csv 表格（见图 1-42）。

价格区间	0~979	979~1958	1958~2937	2937~3916	3916~4895	4895~5874	5874~6853	6853~7832	7832~8811	8811~9790
卖家数量(个)	0	0	2	18	17	1	3	0	0	2
付款人数(人)	0	0	9335	13489	32636	464	3399	0	0	727

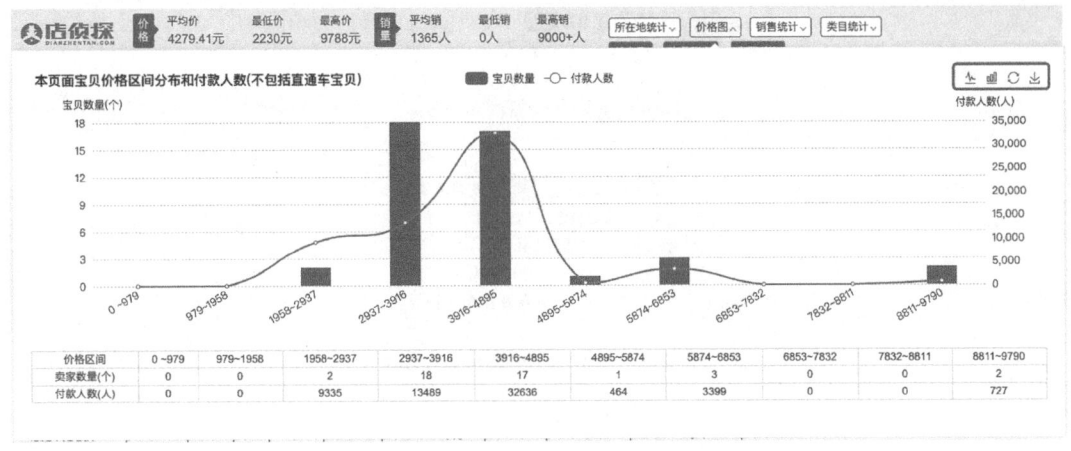

图 1–41　店侦探搜索结果页页面统计数据

排名	图片	标题	商品ID	标题长度	类目	价格	30天销量	30天销售额	付款人数
1		Apple/苹果 iPhone 11	629310709697	18	手机	4799.00	24061	115468739.00	-
2		分期免息Apple/苹果 iPhone 11手机全新苹果x xr iPhone xs xsmax	631551425417	48	手机	2580.00	13288	34283040.00	9000
3		【24期免息】Apple/苹果 iPhone 11 4G全网通2020款简配版智能手机正品官方旗舰店苹果11全新正品pro	634176844559	61	手机	4849.00	5277	25588173.00	4553
4		分期免息Apple/苹果 iPhone11Pro max苹果11手机12iPhone11Promax	633230646912	50	手机	4048.00	4574	18515552.00	3803
5		分期免息Apple/苹果 iPhone 11Promax苹果11iPhone11Promax手机12	634417879254	50	手机	4048.00	4510	18256480.00	3572
6		Apple/苹果 iPhone 11 新款苹果11promax 国行苹果11正品手机现货	633816699465	44	手机	4010.00	5129	20567290.00	3540
7		【限时下单减】Apple/苹果 iPhone 11 移动联通电信4G全网通手机 2020新版	605467187713	46	手机	4799.00	4177	20045423.00	3375

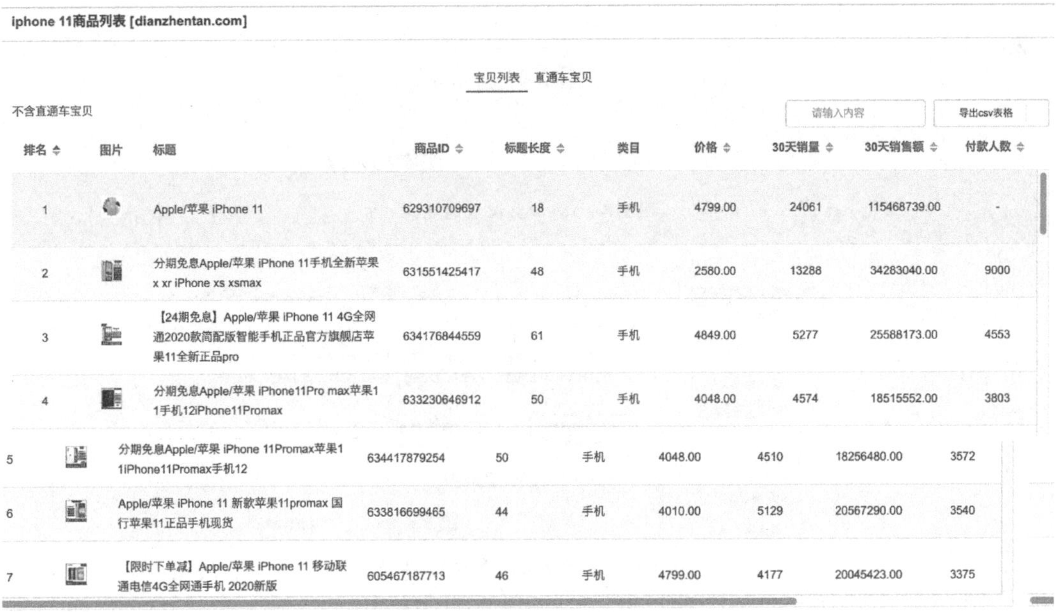

图 1–42　店侦探搜索结果页宝贝列表

二、店侦探竞店数据采集

店侦探具有很好的竞店、竞品分析功能。竞争分析的前提是添加竞店监控，方式有多种。一是结合浏览器插件添加竞店。店侦探插件安装完成后，淘宝搜索结果页中每个宝贝下都将出现如图 1–43 所示页面，单击“销量监控”等将弹出如图 1–44 所示对话框。二是结合店侦探官网添加竞店。单击官网右侧“监控中心”→“店铺管理”→“添加监控店铺”（见图 1–45），将弹出添加页面。

添加店铺监控若干天后，可在监控店铺列表中查看竞店及竞品的情况，包括销售情况、引流分析、促销分析等（见图 1–46），相关数据可通过下载或手动采集。

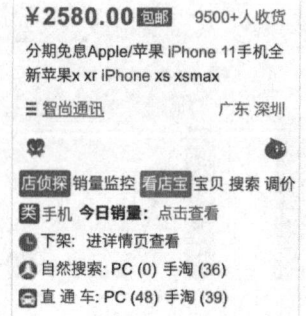

图 1-43 店侦探插件添加竞店监控

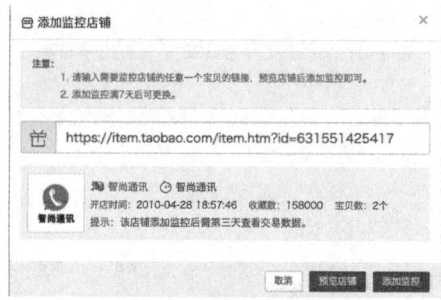

图 1-44 添加监控店铺链接

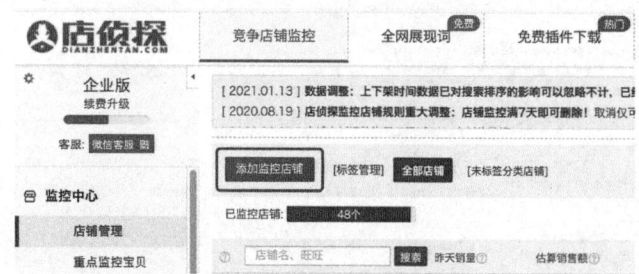

图 1-45 店侦探官网添加竞店监控

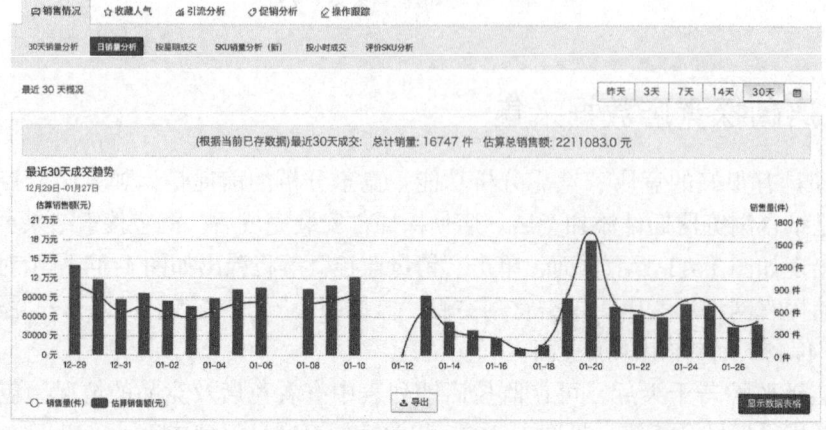

图 1-46 竞店销售情况采集

【思考题】

店侦探与生意参谋的业务使用场景有什么区别?

 新媒体类数据工具——飞瓜

【基础知识】

飞瓜简介

飞瓜官网为：www.feigua.cn。

飞瓜数据是短视频、直播领域广泛使用的数据分析平台，现提供抖音、快手、B站三大平台的数据，主要包括热门音视频素材、KOL排行榜、视频排行榜、电商数据等。以下介绍较常用的抖音数据。飞瓜同样通过网络爬虫的方式采集直播、短视频平台的内容数据。

播主查找（见图1-47）包括播主搜索、播主排行榜、MCN资料库、巨量星图热榜，它可以帮助我们了解不同领域KOL的详细信息，明确账号定位、观众喜好、内容方向。

热门素材（见图1-48）包括热门视频、热门音乐、热门话题、热门评论等，我们可以把这些素材灵活地融入我们的作品当中提高作品的质量，或者用蹭热点的方式提升流量。

电商分析（见图1-49）包括商品搜索、抖音商品榜、热门带货视频、抖音小店榜、达人销量榜，提供了抖音全网销售商品相关数据、排行榜单、商品热度和在售主播等情况。

直播分析（见图1-50）包括实时直播热榜、带货主播榜、直播数据大盘、直播搜索、实时直播爆品、直播热度榜。通过相关直播数据可及时了解行业主播能力及爆款商品，可帮助我们更好地进行直播带货。

图1-47 飞瓜播主排行榜

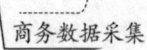

图 1-48　飞瓜热门视频

图 1-49　飞瓜抖音商品榜

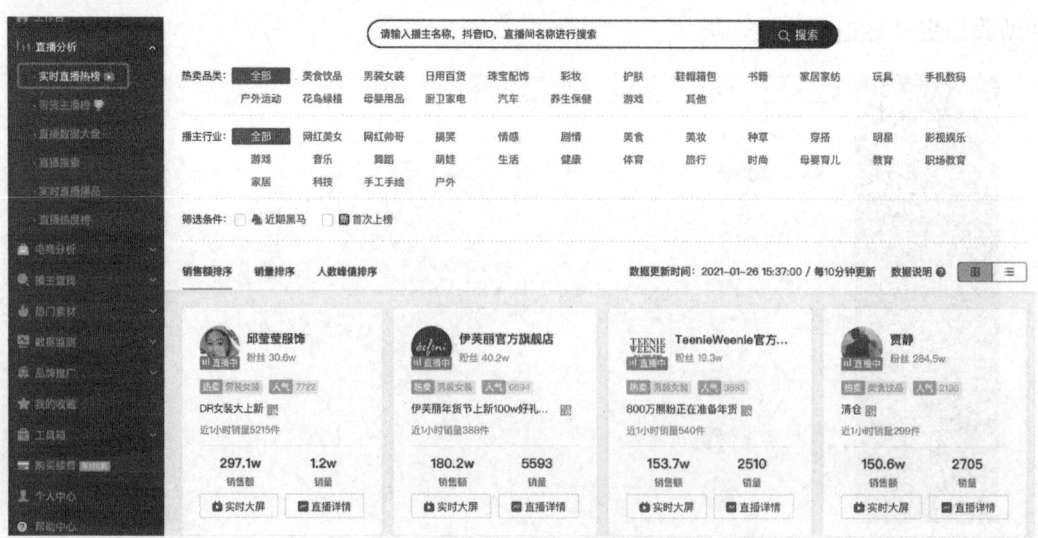

图 1-50　飞瓜实时直播热榜

【任务实施】

飞瓜商品数据采集

抖音商品榜可分析抖音平台近期热点关注、热卖的产品。在电商分析——抖音商品榜（见图1-51）中，选择时间、商品分类、商品来源及价格段，即可查看各种排行榜，单击右上角按钮可导出列表数据完成数据采集。

电商分析——商品搜索（见图1-52）则可搜索特定产品，搜索条件可过滤商品价格、佣金比例等条件，即可得到该关键词的产品排行榜。

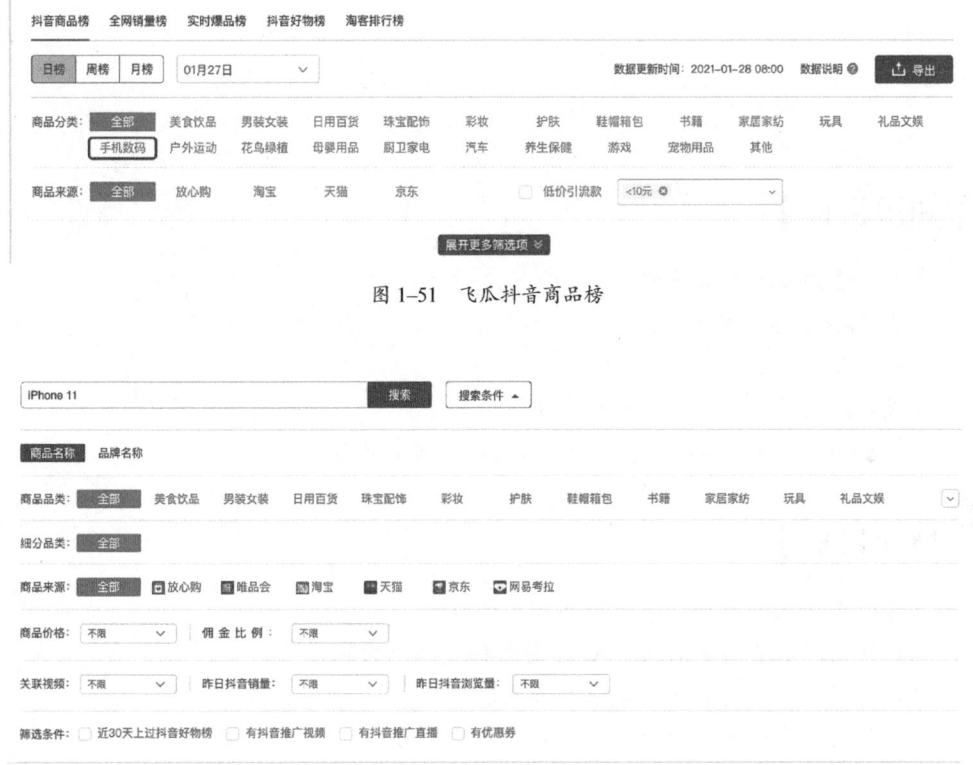

图1-51　飞瓜抖音商品榜

图1-52　飞瓜商品搜索

【思考题】

市面上还有哪些常见新媒体类数据工具？

项目二

网络数据采集器使用

【知识目标】

1. 掌握网络爬虫的基本原理
2. 了解 Ajax 的基本概念
3. 掌握 XPath 的基本概念和语法
4. 掌握正则表达式的基本概念和语法
5. 了解 Cookie、Session 的基本概念及实现登录的原理

【技能目标】

1. 具备使用八爪鱼数据采集器简易模式的能力
2. 具备使用八爪鱼实现滚动、Ajax 页面加载功能的能力
3. 具备利用八爪鱼查看和调试 XPath 的能力
4. 具备利用八爪鱼调试和使用正则表达式的能力
5. 具备使用八爪鱼 Cookie 项目实现网页登录的方法

【思政目标】

1. 遵守数据采集相关法律法规
2. 培养专注、积极、耐心的职业素养

【思维导图】

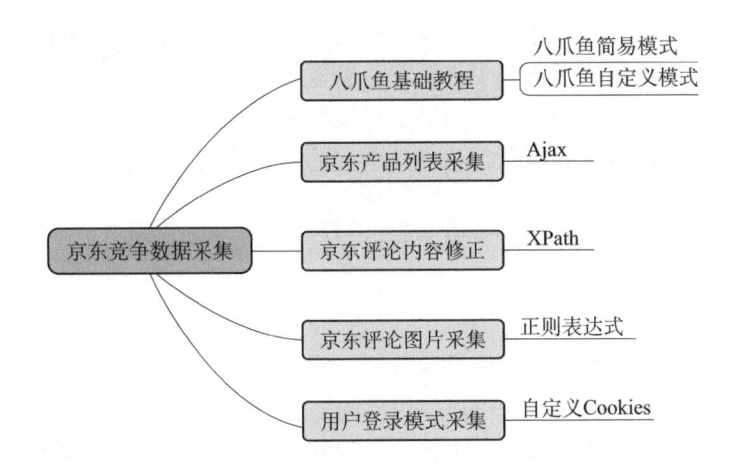

```
                    ┌─ 八爪鱼基础教程 ──┬─ 八爪鱼简易模式
                    │                    └─ 八爪鱼自定义模式
                    │
                    ├─ 京东产品列表采集 ── Ajax
                    │
  京东竞争数据采集 ──┼─ 京东评论内容修正 ── XPath
                    │
                    ├─ 京东评论图片采集 ── 正则表达式
                    │
                    └─ 用户登录模式采集 ── 自定义Cookies
```

任务2.1　京东产品信息试采——八爪鱼基础教程

【基础知识】

一、HTTP 请求响应过程

在浏览器地址栏中输入一个 URL，按回车键后可在浏览器中观察到页面内容。实际上，该过程是浏览器向网站所在的服务器发送了一个 HTTP 请求，并获得了服务器的响应，如图 2-1 所示。

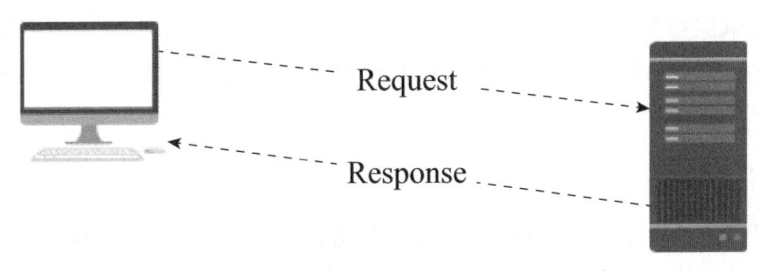

图 2-1　HTTP 请求响应过程

一个完整的 HTTP 请求响应过程包括如下环节：
①客户端输入 URL。
②域名解析。
③发送 HTTP 请求，与服务器建立连接。
④服务器响应 HTTP 请求，返回页面源代码。
⑤客户端浏览器解析网页源代码，并对页面进行渲染。

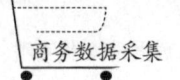

二、爬虫的基本原理

我们把互联网比作一张大网，网络爬虫便是在网上爬行的蜘蛛。网的节点就是一个个网页，爬虫爬到这里就相当于访问了该页面，获取了其信息。节点间的连线就是网页与网页之间的链接关系，蜘蛛通过一个节点后，可以顺着节点连线继续爬行到下一个节点，即通过一个网页继续获取后续的网页，这样整个网的节点便可以被蜘蛛全部爬行到，网站的数据就可以被抓取下来了。

简单来说，爬虫就是获取网页并提取和保存信息的自动化程序。

1. 获取网页

爬虫首先要做的工作就是获取网页源代码。代码里包含了网页的部分有用信息，所以只要把源代码获取下来，就可以从中提取想要的信息。

浏览器向网站的服务器发送了一个请求，返回的响应体便是网页源代码。所以，最关键的环节就是构造一个请求并发送给服务器，获取响应内容。

2. 提取信息

获取网页源代码后，接下来就是分析网页源代码，从中提取我们想要的数据。最常用的方法是采用正则表达式提取，这是一个万能的方法，但正则表达式易错且效率不高。

由于网页的结构有一定的规则（树结构），所以还有一些根据网页节点属性、CSS选择器或XPath来提取网页信息的方法，可以高效快速地从中提取网页信息，如节点的属性、文本值等。

提取信息是爬虫中非常重要的环节，它可以使杂乱的数据变得条理清晰，以便我们后续处理和分析数据。

3. 保存数据

提取信息后，我们一般会将提取到的数据保存到某处以便后续使用。保存形式多种多样，如可以简单保存为TXT文本、JSON文本、XML，也可以保存到数据库，如关系型数据库SQL Sever、MySQL和非关系型数据库MongoDB，还可以将图片、视频、音频等直接保存成特定格式。

4. 自动化程序

自动化程序的意思是爬虫可以代替人来完成这些操作。我们手工当然可以提取这些信息，但是当采集的数据量特别大时，肯定还是要借助程序的。爬虫就是代替我们来完成这份爬取工作的自动化程序，它还可以在抓取过程中进行各种异常处理、错误重试等操作，确保爬取工作持续高效地运行。

三、八爪鱼介绍

引用官方培训中的一段话：八爪鱼（见图2-2）可简单快速地将网页数据转化为结构化数据，存储为Excel、数据库等多种形式。八爪鱼实现了网络

八爪鱼简介视频

爬虫，满足了网页数据抓取的大部分需求。关于八爪鱼更详细的介绍，可参考八爪鱼官网，网址为：www.bazhuayu.com。

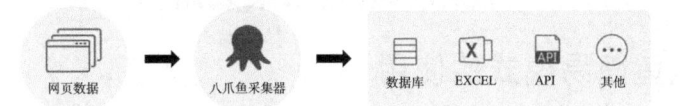

图 2-2 八爪鱼介绍

八爪鱼工具可在官网中下载，本书以 V7 版为例。使用八爪鱼工具前需要注册账号，教学中采用的免费版账号可满足日常大部分使用场景。软件的付费版本提供了云采集、验证码自动识别等高级功能。

八爪鱼软件安装打开后，即出现如图 2-3 所示界面。八爪鱼提供了四种操作模式（见图 2-4），最常用的是简易模式和自定义模式。简易模式提供了主流网站采集模板，以下将用两个案例展示八爪鱼的原理及使用方法。

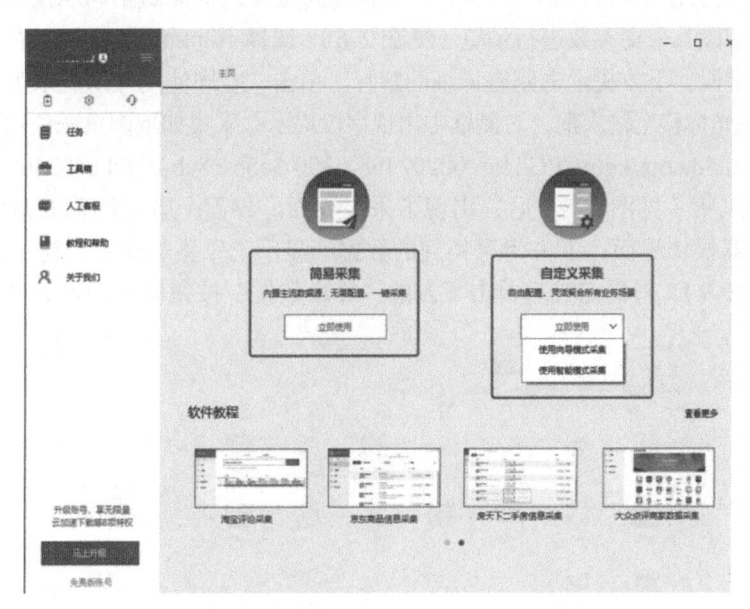

图 2-3 八爪鱼中开启四种采集模式的方法

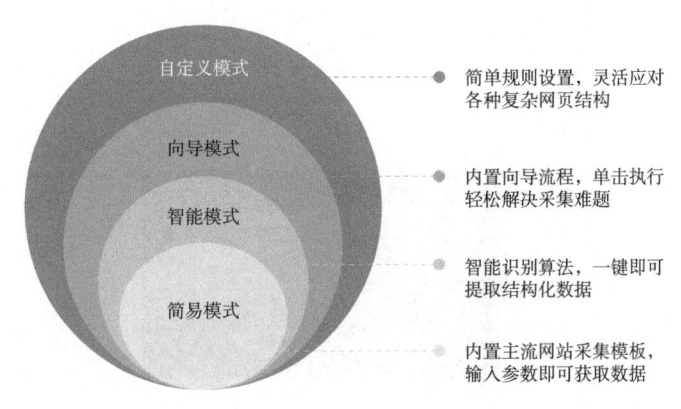

图 2-4 四种采集模式的区别

【任务实施】

使用八爪鱼采集数据

一、八爪鱼简易模式的使用

简易采集模式
58岗位视频

　　简易模式是利用系统内置模板进行数据采集的模式。八爪鱼采集器经过数据统计，将最常用的200多个网站进行了任务模板化，用户可以直接调取模板，输入简单的几个参数即可进行采集。

　　简易模式的优点为格式规整、使用简单，可设置不同的参数进行采集，采集到的数据可以满足用户的使用需求；其缺点是由于事先制定了模板，用户只能在既定参数上进行自定义修改。

　　八爪鱼中内置"58同城招聘职位"数据采集模板（见图2-5）。在软件首页中单击简易采集"立即使用"按钮会出现内置的采集模板，选择58同城中"58同城招聘职位"采集模板，可对模板中采集字段、采集参数进行预览（见图2-6）。选择不同的采集字段，右侧浏览器页面会显示对应的字段，下方提示框则有详细的解释。单击"立即使用"出现采集参数填写界面（见图2-7），将光标移至输入框，右侧框中出现字段提示。采集如下网页职位列表前5页：

https://yiwu.58.com/kefu/?PGTID=0d202408-0300-3e5b-c8eb-c3f2ba4334b9&ClickID=2

　　启动本地采集（见图2-8）后，出现了采集界面。界面上方为浏览器窗口，用户可以查看当前采集器操作界面，下方为采集到的数据，显示已采集数据量、已用时和平均速度等信息（见图2-9）。采集完成后单击下方的"导出数据"按钮即可进入数据导出界面。

图2-5　八爪鱼简易模式提供的采集模板

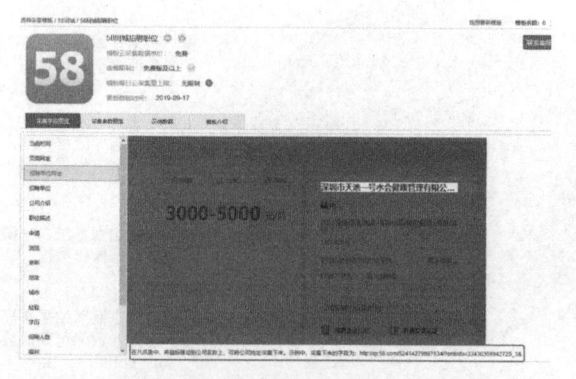

图2-6　采集模板预览

项目二　网络数据采集器使用

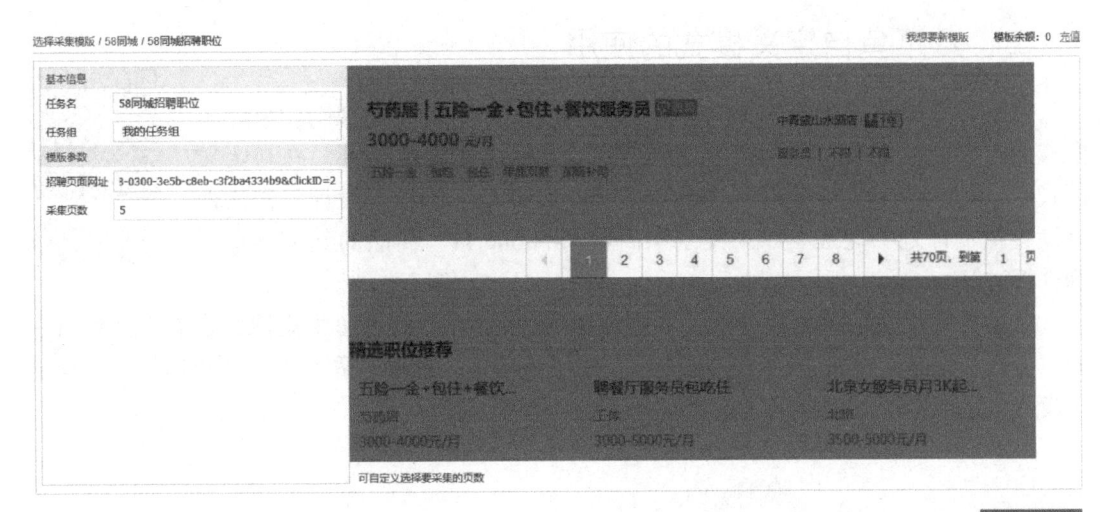

图 2-7　填写采集模板参数

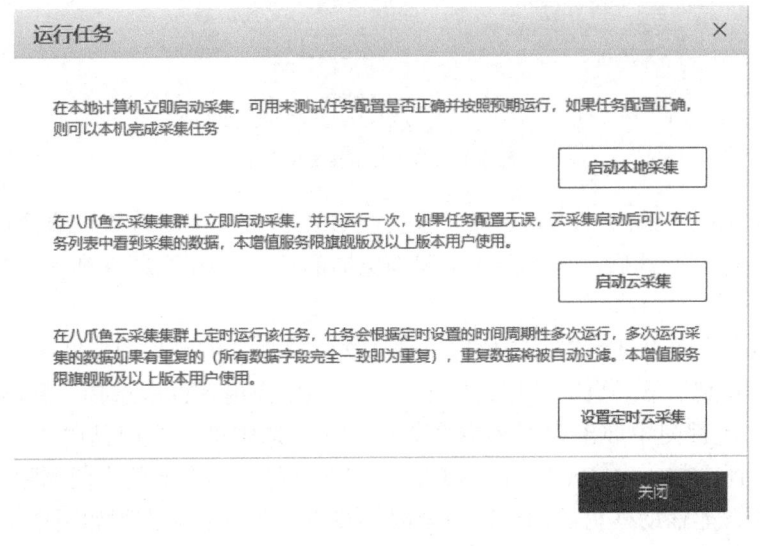

图 2-8　运行采集任务

简易模式 拓展
京东搜索视频

图 2-9　采集结果

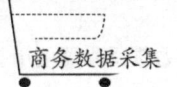

二、八爪鱼自定义模式的使用

自定义模式适用于进阶用户，该模式需要用户自行配置规则。自定义模式通过不同功能项目之间搭积木式的组合实现各项采集功能。在自定义模式中，每一个采集任务的制作只需四步：设置基本信息→设计工作流程→设置执行计划→完成。以采集京东商城"iPhone 11"商品的基本信息为例进行讲解。

自定义采集京东搜索结果页

自定义采集有两种创建方式，如图 2-10 所示。打开八爪鱼采集器，单击主页界面中的"自定义采集"模式下的"立即使用"按钮或单击"任务"界面中的"新建"→"自定义模式"选项即可创建自定义采集任务。

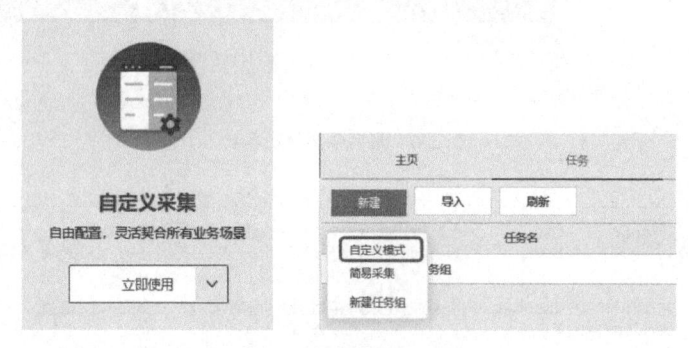

图 2-10　自定义采集创建方式

在京东搜索栏中输入"iPhone 11"后获取 URL，在"手动输入采集网址"对话框中复制该 URL。保存网址后，采集器中出现浏览器的页面，如图 2-11 所示的方框即要采集的商品信息。

在采集器右上角点选流程，左侧即出现本次采集任务的流程图（见图 2-12）。将网页下拉到底部，找到"下一页"按钮，单击，在右侧操作提示框中选择"循环点击下一页"（见图 2-13），流程图中即出现循环翻页节点。逐一选中第一个商品内所需采集的字段：价格、标题、评论数、卖家（见图 2-14），在右框中可将不需要的字段删除，还可修改字段名称，单击智能辅助框里面的"选中全部"按钮，此时的流程图如图 2-15 所示。保存并开始采集，启动本地采集。

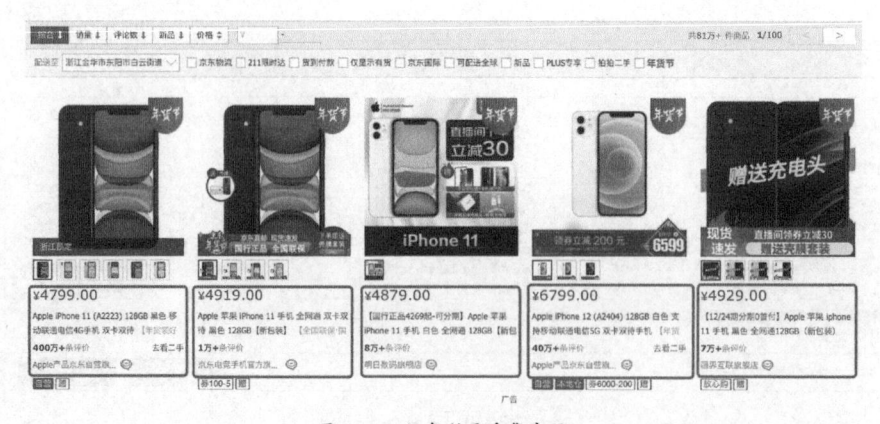

图 2-11　任务所需采集字段

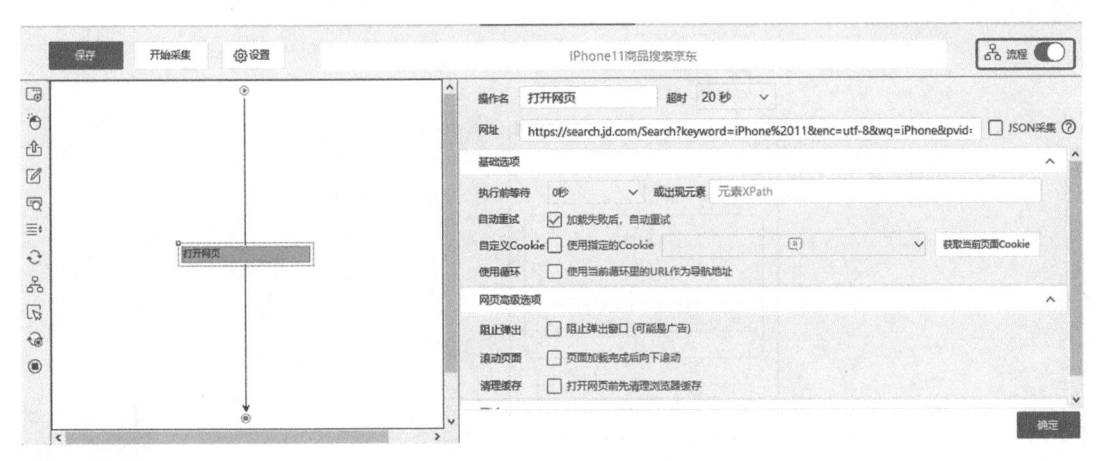

图 2-12　打开流程图方法

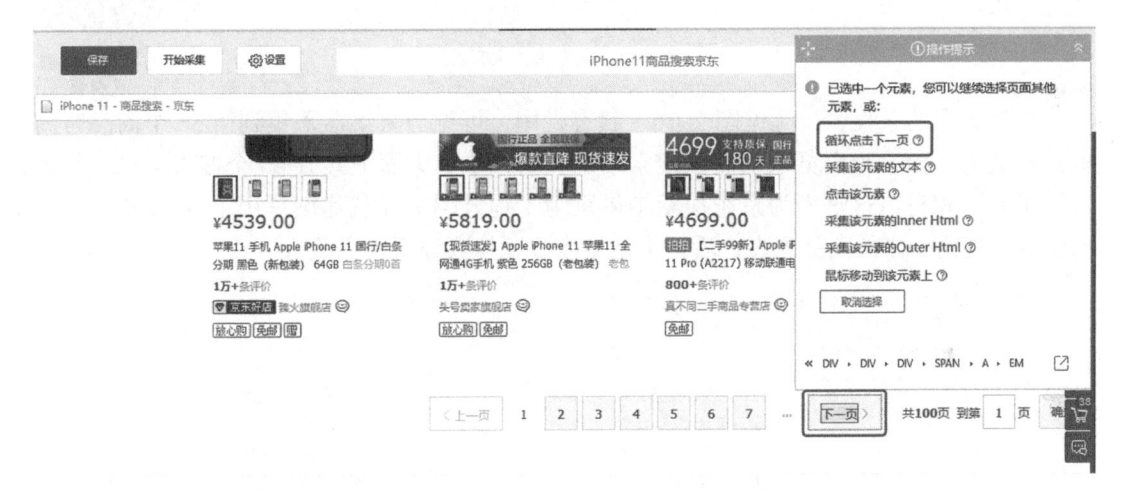

图 2-13　添加循环翻页环节

图 2-14　添加采集数据环节

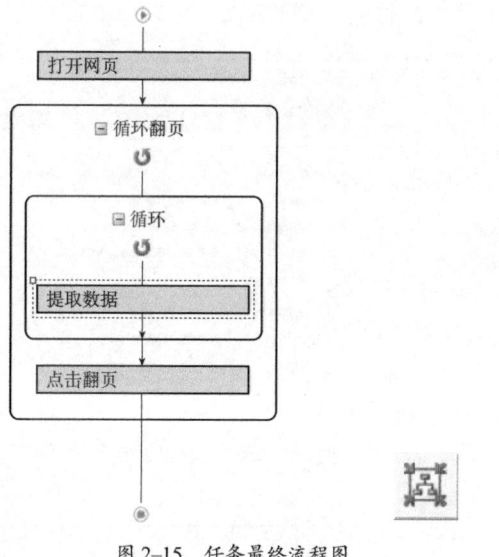

```
打开网页
  ↓
循环翻页
  ↓
  循环
    ↓
    提取数据
  ↓
  点击翻页
```

图 2-15　任务最终流程图

自定义采集模式视频

在弹出来的采集窗口（见图 2-16）状态栏中，可见当采集器采集到第 30 个商品时浏览器即翻页。而手动浏览京东商城搜索结果页时，单个页面中共有 60 个搜索结果，与采集结果并不相符。这是因为京东搜索结果页为了提升网页加载速度采用了 Ajax 技术，页面中只出现前一半的商品列表，后一半结果需要下拉页面后才会载入。

提取到的数据

	价格	标题	评价人数	店铺
1	5499.00	拍拍【二手95成新】苹…	1000+	乐七二手商品旗舰店
2	5499.00	Apple 苹果iPhone11【…	1万+	京联通达旗舰店
3	5399.00	【白条12期分期免息】…	100+	京东电竞手机官方旗舰店
4	5499.00	拍拍【二手99新】Appl…	400+	无忧二手手机专营店
5	3999.00	【二手95新】Apple iP…	5000+	京粉二手手机专营店
6	6849.00	Apple 苹果 iPhone 11…	8000+	佳沪电商旗舰店
7	6499.00	拍拍【二手99新】Appl…	43	优物二手商品专营店
8	6149.00	拍拍【二手99新】Appl…	800+	天天优达二手商品专营店
9	4288.00	拍拍【二手99新】Appl…	200+	天天优达二手商品专营店
10	3899.00	拍拍【二手99新】Appl…	100+	闲至优品二手手机旗舰店

< 1 2 3 4 5 6 >

已采集：30条　　已用时：12秒　　平均速度：139条/分钟

图 2-16　任务部分采集结果

单击流程图中的"打开网页"，在网页高级选项中勾选滚动页面，模拟人工滚动鼠标操作。填写滚动次数 1 次，每次间隔 3 秒，滚动方式为直接滚动到底，滚动次数和时间需结合平台和自身网络带宽调整。对"点击翻页"节点做同样的操作，因为翻页后也需要滚动加载产品列表，如此即可在整个页面加载完毕后采集产品信息数据。重新开始采集后，可见状态栏显示 60 条后翻页，上面中的错误得以解决。

相比简易模式，自定义模式由于可自选采集字段，使用更灵活，采集速度也更快。

【思考题】

"八爪鱼采集京东搜索结果页"是如何实现整个爬虫过程的?

任务2.2 京东评论内容采集——Ajax

上节采集京东商城搜索结果时提到 Ajax 技术,本节为大家详细讲解八爪鱼中 Ajax 解决方案。

【基础知识】

Ajax概念

引用 W3School 中的定义:Ajax 是一种用于创建快速动态网页的技术。通过在后台与服务器进行少量数据交换,可以在不重新加载整个网页的情况下,对网页的某部分进行更新。

Ajax 在网页上的一般表现为,单击网页中某个按钮或下拉页面,网址不发生改变,网址栏不出现加载状态,但网页局部有新的数据加载出来,有所变化。

京东网页中较多地使用了 Ajax 技术:Ajax 页面加载和滚动加载。

【任务实施】

京东商品评论内容采集

京东商品评价内容

以"iPhone 11"为搜索关键词,采集如图 2-17 所示框选商品的评价内容(商品链接:https://item.jd.com/100008348542.html)。如图 2-18 所示方框中的评价信息是要采集的内容,即会员名、评论内容、颜色、容量、评论时间。

图 2-17 采集的商品

[图片：评价内容截图]

用了快一个月才来评价的 真的很不错 不管是手感还是外观都喜欢 颜色也多 选了喜欢的紫色 本来是想着5G手机出来直接换的 不挣气的手机突然崩了 直接换了11 那屏显音效真的没话说 速度快 特别是音效 听着都有环绕声 听筒也会有声音是带上耳机听也很不错啊 环绕声环绕声 很完美 拍摄效果也不错 特别是夜景 自带滤镜 也可以自己调 我就特别喜欢照相 不管是风景还是觉得一瞬间的美好 就会情不自禁拿出手机照下来 不过个人还是喜欢原图 因为自然 像真的没话说 汗毛孔都能照的淋漓尽致 哈哈哈 待机时间正常玩的话 一天一冲足够了 不玩游戏的话 还有就是客服特别好 收到手机后有点小插曲 客服很有耐心 处理事情也特别快 对于京东一直很满意 老粉了 喜欢的亲们可以入噢

紫色　128GB

2020-04-17 10:37

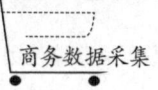

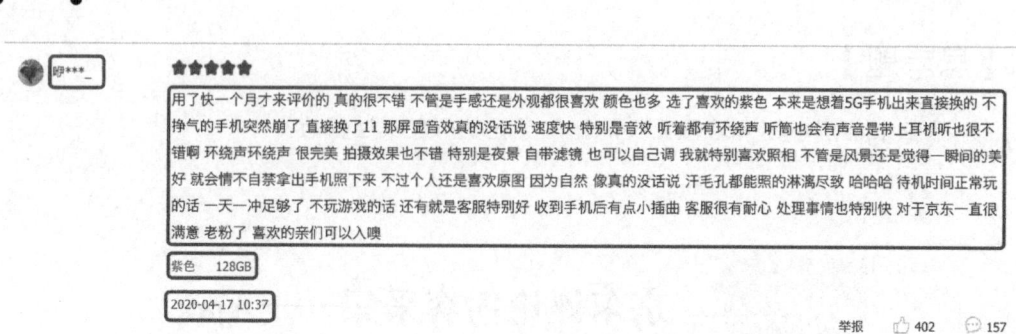

举报　👍402　💬157

图 2-18　需采集的数据字段

新建自定义采集环节不做重复演示。商品评价需要在加载商品介绍后单击"商品评价"实现。商品介绍是由 Ajax 技术实现加载的，打开产品页下拉后介绍页才会加载。对"打开网页"环节，勾选"页面加载完成后向下滚动"，滚动方式选择"直接滚动到底"（见图 2-19），实现商品介绍页的加载。

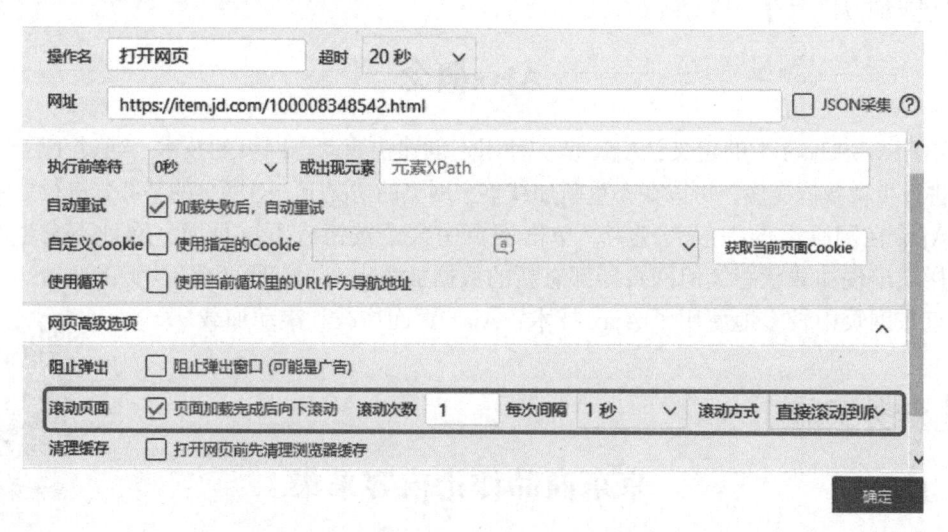

[图片：打开网页设置界面]

图 2-19　Ajax 页面滚动

京东的商品评价栏同样采用 Ajax 技术实现加载。下拉商品页后找到"商品评价"，单击，在右侧操作提示框中，选择"点击该元素"（见图 2-20）。将页面下拉到底部，找到"下一页"按钮，鼠标单击，在右侧操作提示框中，选择"循环点击下一页"（见图 2-21），实现评论页的翻页。由于页面使用了 Ajax 加载技术，需要对"点击元素"（见图 2-22）及"点击翻页"（见图 2-23）步骤设置 Ajax 延时加载（Ajax 判断方法：打开流程图，找到翻页循环框，手动执行翻页，看网页地址是否改变）。在右侧的高级选项框中，勾选"Ajax 加载数据"，选择合适的超时时间，一般设置为 1 秒，单击"确定"按钮。

参考任务 2.1，选中需要采集的字段信息，创建采集列表，修改采集字段名（见图 2-24）。保存后开始采集（见图 2-25），采集结果导出到 Excel 后能发现，"颜色""容量""时间"字段都出现了较多未采集到的问题，"会员名"字段也出现了翻页序号，这些都是因为采集字段设置不准确导致的，我们也将会在下一个任务 XPath 中提供解决方法。

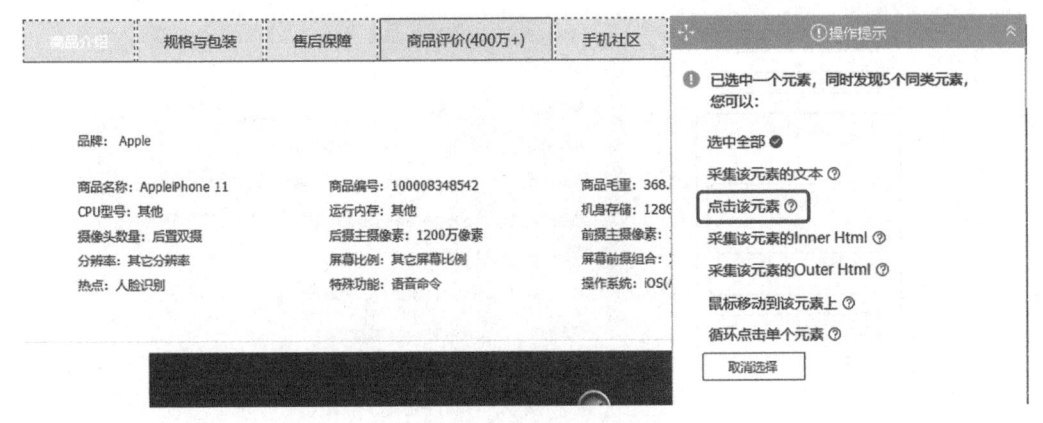

图 2-20 单击商品评价栏

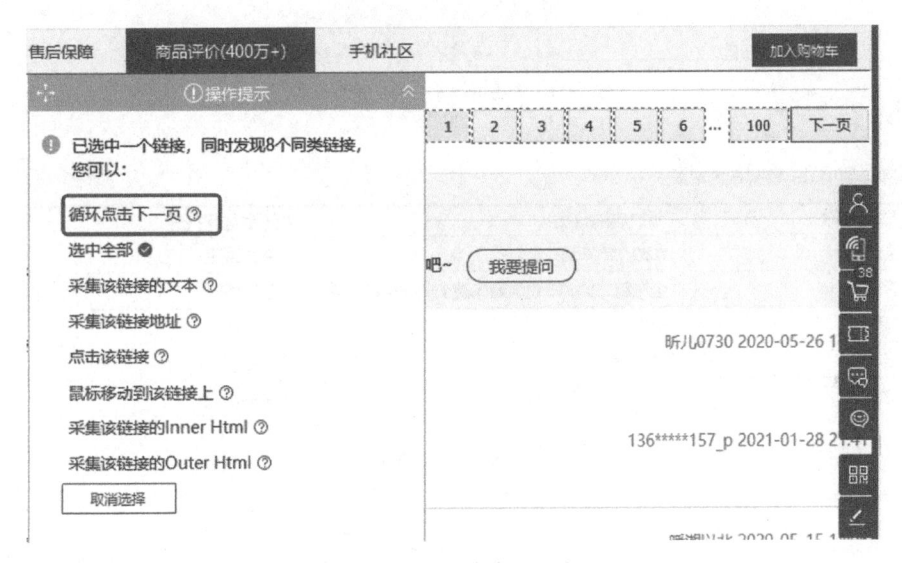

图 2-21 循环点击下一页

图 2-22 点击元素的 Ajax 页面加载

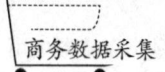

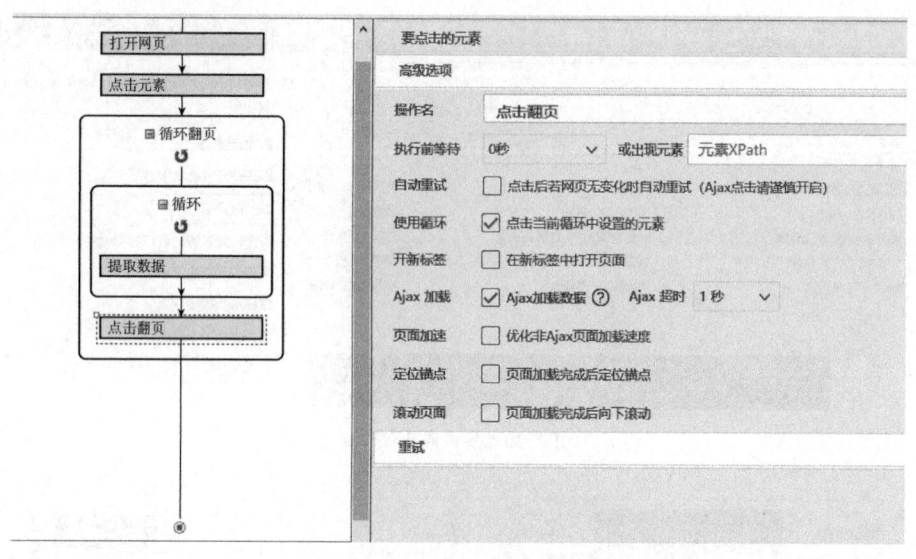

图 2-23 点击翻页的 Ajax 页面加载

图 2-24 采集数据模板

图 2-25 部分采集到的数据

【思考题】

"滚动页面""Ajax 加载"中不同的参数对上述案例会有什么影响?

任务2.3 京东评论内容修正——XPath

【基础知识】

一、XPath 概念

XPath 即 XML 路径语言（XML Path Language），它是一门在 XML 文档中查找信息的语言。XML 即扩展标记语言（Extensible Markup Language），以下为 W3C 标准中提供的 XML 文档案例。

<?xml version=»1.0» encoding=»ISO-8859-1»?>
<note>
　<to>George</to>
　<from>John</from>
　　<heading>Reminder</heading>
　　　<body>Don›t forget the meeting!</body>
</note>

HTML 与 XML 都以 ML 结尾，ML 是"标记语言"的缩写，它们都是由一个开始标记（<>）、一个结束标记（</>）和两个标记之间包含的文本组成的。

HTML 与 XML 文档一样都形成了一种树结构，它从"根部"开始，然后扩展到"枝叶"。正是基于 HTML、XML 的树状结构，XPath 提供了在数据结构树中快速找寻节点的能力。

XPath 是网页内容定位语言，它可以帮助采集工具查找网页内容在网页中的位置。

二、查看和调试 XPath

我们使用开发中最常用的 Chrome 浏览器，Chrome 开发者工具可用来直接获取 XPath。

查看和调试 XPath 视频

下面以查看京东 iPhone11 首图短视频的 XPath 为例来讲解实际应用。网页地址为：https://item.jd.com/100008348542.html。

开发者工具中 Elements 可显示当前打开网页的源代码。第一个"选择"工具可用来选择网页上的一个元素，并在源代码中定位。单击该工具后将光标移至"在播放的"首图短视频位置，随即源代码中该元素位置出现闪烁（见图 2-26）。此时，在需要查看的元素位置右击，选择"Copy"→"Copy XPath"即可复制该元素的 XPath，如图 2-27 所示。

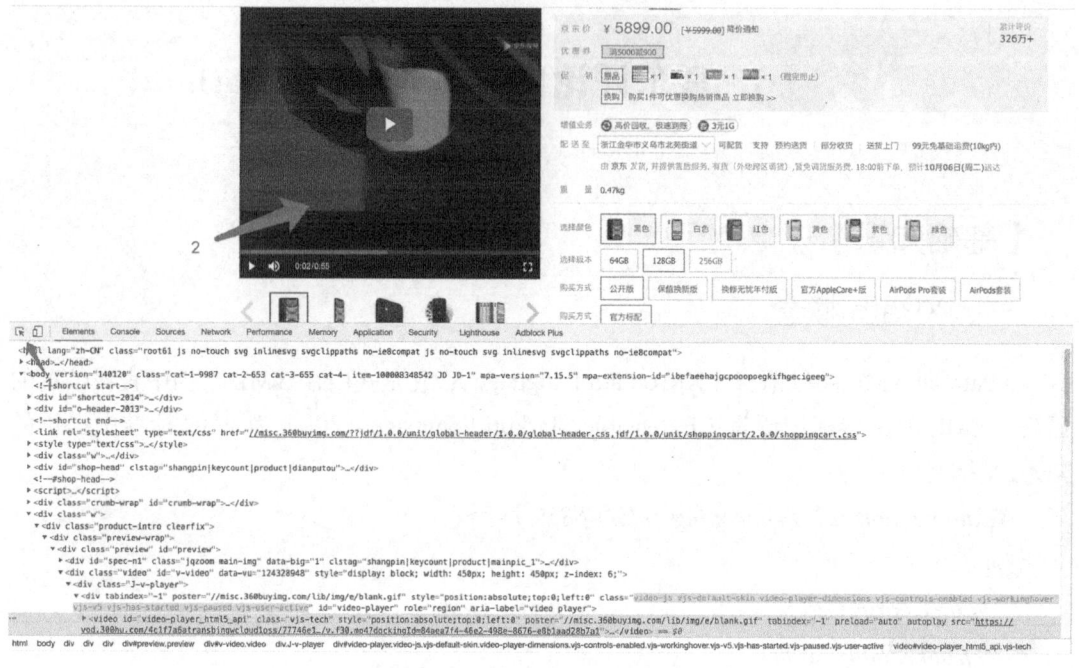

图 2-26 开发者工具定位网页代码

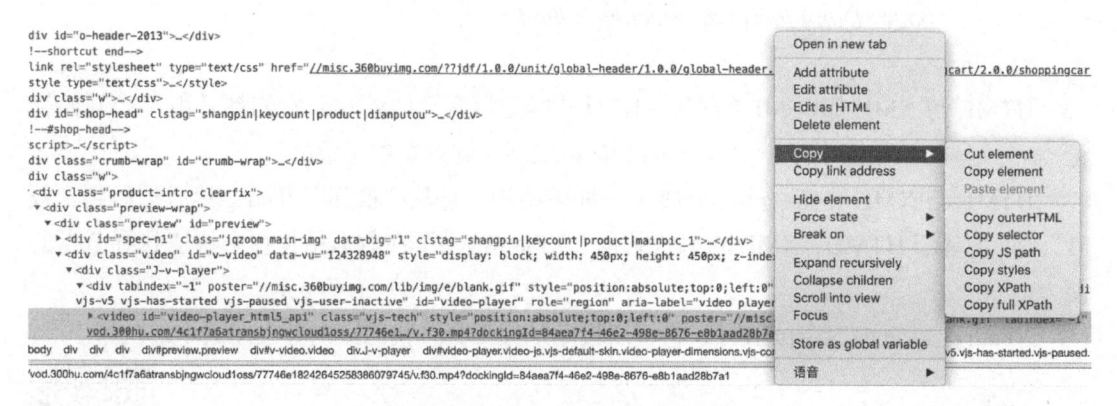

图 2-27 开发者工具复制节点的 XPATH

在 Elements 对话框中打开搜索栏（快捷键 MacOS 为 CMD+F，Windows 为 Ctrl+F），将上一步中复制的 XPath 粘贴至搜索栏中，按回车键即可定位到首图短视频元素位置。在搜索框中可以通过修改 XPath 进行调试，如图 2-28 所示。

图 2-28 开发者工具调试 XPath

三、XPath 表达式

常用的 XPath 表达式是路径表达式（操作系统中的文件路径是典型的路径表达式）。

1. 节点关系

XPath 是通过查找 XML/HTML 文档节点树中的节点进行定位的。在 XPath 中，节点共有七种类型：元素、属性、文本、命名空间、处理指令、注释及文档节点（根节点），最常用的节点是元素和属性。

想用 XPath 查找文档节点首先要了解节点之间的关系。下面是豆瓣电影喜剧类排行榜中的一个电影简介（见图 2-29）及对应的 HTML 代码。

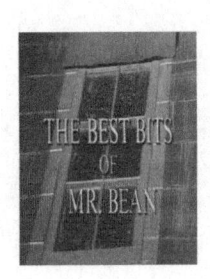

图 2-29　豆瓣电影简介

<div class="movie-list-item unplayable unwatched">
　<div class="movie-content">
　　<a href="https://movie.douban.com/subject/5133063/" target="_blank">
　　　<img data-original="https://img3.doubanio.com/view/photo/s_ratio_poster/public/p2354179225.jpg" class="movie-img" src="https://img3.doubanio.com/view/photo/s_ratio_poster/public/p2354179225.jpg" style="display: block;">
　　</a>
　　<div class="movie-info">
　　　<div class="movie-name">
　　　　<span class="movie-name-text">
　　　　　<a href="https://movie.douban.com/subject/5133063/" target="_blank">
　　　　　　憨豆先生精选辑
　　　　　</a>
　　　　</span>
　　　　<span class="rank-num">
　　　　　1
　　　　</span>
　　　</div>
　　　<div class="movie-crew">

罗温·艾金森 / Paul Bown / 理查德·布赖尔斯 / Angus Deayton / 罗宾·德里斯科尔 / 卡罗琳·昆汀 / Rudolph Walker / 理查德·威尔逊
    </div>
    <div class="movie-misc">
     1997 / 英国 / 喜剧
    </div>
    <div class="movie-rating">
     <span class="bigstar50"></span>
     <span class="rating_num">9.6</span>
     <span class="comment-num">3624 人评价 </span>
    </div>
   </div>
  </div>
 </div>

（1）父节点（Parent）

每个元素及属性都有一个父节点，即该元素或属性的上一级节点。第 2 行 *<div class="movie-content">* 的父节点为第 1 行 *<div class="movie-list-item...">*，第 7 行 *<div class="movie-name">* 的父节点为第 6 行 *<div class="movie-info">*。

（2）子节点（Children）

元素节点可有零个、一个或多个子节点，即该元素的下一级节点。第 6 行 *<div class="movie-info">* 的子节点为第 7 行 *<div class="movie-name">*。第 20 行 *<div class="movie-misc">* 则没有子节点。

（3）同胞（Sibling）

同胞即拥有相同的父的节点。第 23 行 *<div class="movie-rating">* 下的三个 *span* 字段互为同胞节点，四个 *class="movie-name"*、*class="movie-crew"*、*class="movie-misc"*、*class="movie-rating"* 的 *div* 字段，同样互为同胞节点。

（4）先辈（Ancestor）

先辈即某节点的父节点、父的父节点，直到文档的根节点。对于第 8 行 *<span class="movie-name-text">*，第 7、6、2、1 行都是它的先辈。

（5）后代（Descendant）

后代即某个节点的子节点、子的子节点，直到不存在子节点。对于第 7 行 *<div class="movie-name">*，两个 *span* 字段及 *a* 字段都是其后代节点。

2. XPath 语法

前面讲解了 XPath 中节点的概念，XPath 查找 HTML 中节点的方法如下。

（1）选取节点

XPath 使用路径表达式在 HTML 文档中选取节点。

如表 2-1 所示列出了最有用的路径表达式。

表2-1 路径表达式

表达式	描述
/	从根节点选取
//	从匹配选择的当前节点选择文档中的节点，不考虑它们的位置
.	选取当前节点
..	选取当前节点的父节点
@	选取属性

如表2-2所示列出了部分路径表达式及结果作为实例。

表2-2 路径表达式实例

路径表达式	结果
/div	选取根元素即第1行 div
/div/div	选取根元素下所有 div 子元素 注意：无法通过 /div/a 取到任何元素
//div	选取所有 div 子元素，而不管它们在文档中的位置
/div//a	选择属于 div 元素的后代的所有 a 元素，而不管它们位于 div 之下的位置
//@ data-original	选取具有 data-original 属性的所有元素

（2）谓语

谓语用来查找某个特定的节点或者包含某个指定的值的节点，谓语被嵌在方括号中。如表2-3所示，我们列出了带有谓语的一些路径表达式，以及表达式的结果。

表2-3 谓语表达式实例

路径表达式	结果
/div/div[1]	选取属于根 div 元素中第一个 div 子元素，即第2行 div
/div/div[last()]	选取属于根 div 元素的最后一个 div 子元素，即第23行 div
/div/div[last()-1]	选取属于根 div 元素的倒数第二行 div 子元素，即第20行 div
/div/div[position()<3]	选取最前面的两个属于根 div 元素的 div 子元素，即第2、6行 div
//div[@class="movie-content"]	选取所有 div 元素，且这些元素拥有值为 movie-content 的 class 属性，即第2行

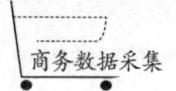

（3）XPath 通配符。

XPath 中可以用 * 匹配任何元素或属性，如表 2-4 所示，我们列出了一些使用了通配符的路径表达式，以及相对应的结果。

表2-4　XPath常用通配符

路径表达式	结果
/div/*	选取属于根 div 元素的所有子元素
//*	选取所有元素
//div[@*]	选取所有带属性的 div 元素

3. XPath 轴

XPath 轴可定义相对于当前节点的节点集。

XPath 轴可定位应用场景，是当某个元素的各个属性及其组合都不足以定位时，可利用其兄弟节点或者父节点等各种可以定位的元素进行定位。如表 2-5 所示列出了 XPath 常用轴表达式。

表2-5　XPath常用轴表达式

轴名称	结果
ancestor	选取当前节点的所有先辈（父、祖父等）
ancestor-or-self	选取当前节点的所有先辈（父、祖父等）及当前节点本身
attribute	选取当前节点的所有属性
child	选取当前节点的所有子元素
descendant	选取当前节点的所有后代元素（子、孙等）
descendant-or-self	选取当前节点的所有后代元素（子、孙等）及当前节点本身
following	选取文档中当前节点的结束标签之后的所有节点
namespace	选取当前节点的所有命名空间节点
parent	选取当前节点的父节点
preceding	选取文档中当前节点的开始标签之前的所有节点
preceding-sibling	选取当前节点之前的所有同级节点
self	选取当前节点

如图 2-32 所示的字段 1 对应的是产品页中首图预览图标签（见图 2-30），字段 2 对

应的是首图短视频标签（见图 2-31），其对应的网页代码如图 2-32 所示。以下将通过几种 XPath 轴来定位字段 2 按钮。

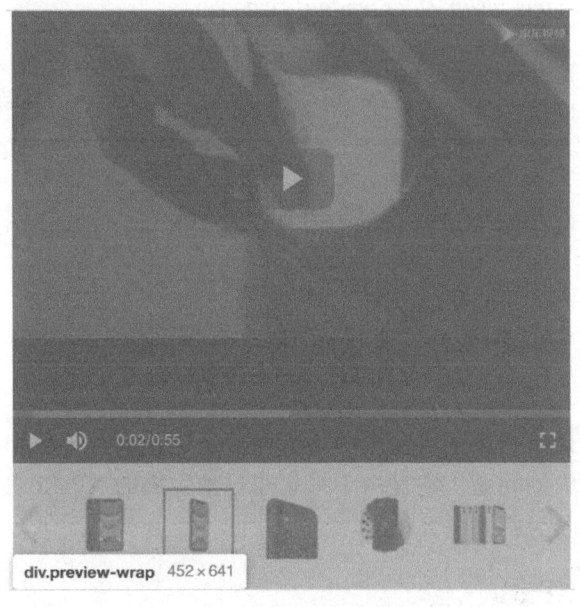

图 2-30　产品页中首图预览图标签

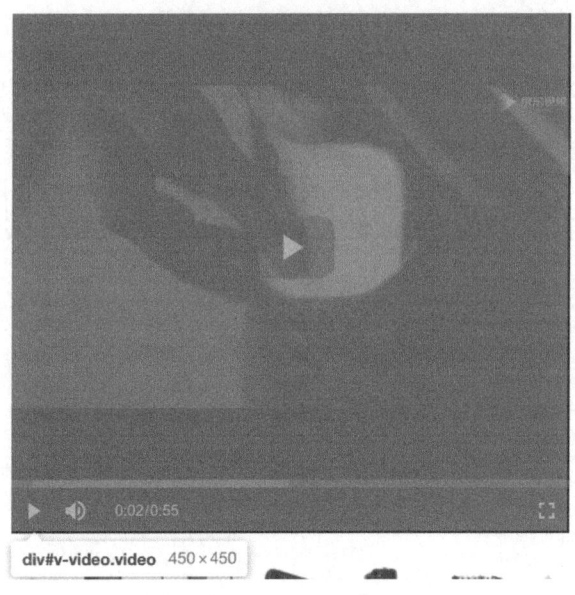

图 2-31　首图短视频标签

图 2-32　图 2-31 中对应的网页代码

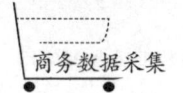

例：video 是 div class="preview-wrap" 的后代，可利用 *descendant* 定位其后代元素 <video> 标签（见图 2–33），XPath 如下：

//div[@class="preview-wrap"]/descendant::video

图 2–33　*descendant* 定位

【任务实施】

评论错误内容修正

八爪鱼采集器中提取网页字段采用的是 XPath 表达式，上一节中采集到的京东商品评论内容中存在字段缺失的问题，它是由于采集器自动生成的 XPath 表达式出现了错误。下面以手机"颜色"字段为例进行分析。

1. 八爪鱼相对 XPath

前面讲解的 XPath 表达式是绝对路径，即单独的 XPath 表达式即可对网页元素进行定位。八爪鱼中更常见的是相对 XPath，相对 XPath 与循环 XPath 可以合并为一条绝对路径。

2. "循环" XPath 修正

如图 2–34 所示，单击循环环节，"循环列表"中为该循环中可采集对象列表，图中出现的 3 个错误采集字段，导致采集到的对象数量相比实际页面中的 10 个评论数量有所增加。"高级选项"中可见循环的 XPath 表达式，以下结合 Chrome 开发者工具进行调试。

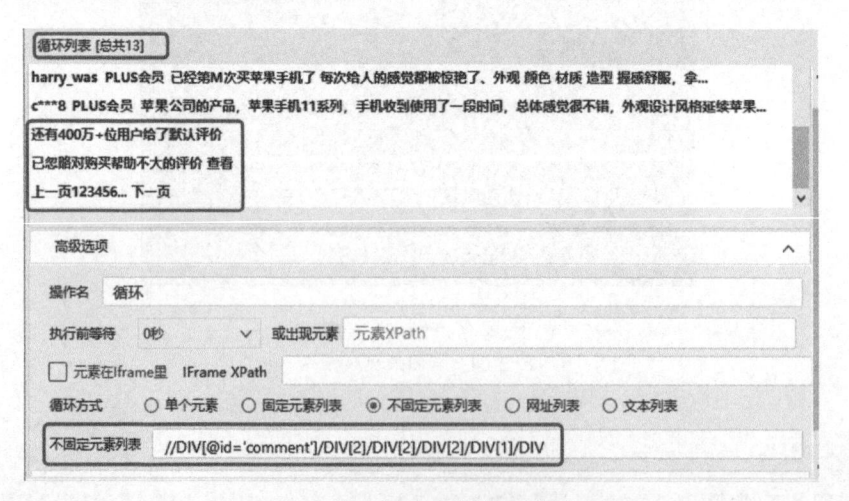

图 2–34　循环列表中 3 个错误采集字段

//DIV[@id='comment']/DIV[2]/DIV[2]/DIV[2]/DIV[1]/DIV

该 XPath 在开发者工具中搜索可匹配到 13 个字段（见图 2–35），其中前 10 个为需要采集的评论部分。结合上一节内容修改如下，即完成了循环的 XPath 修改，如图 2-36 所示。

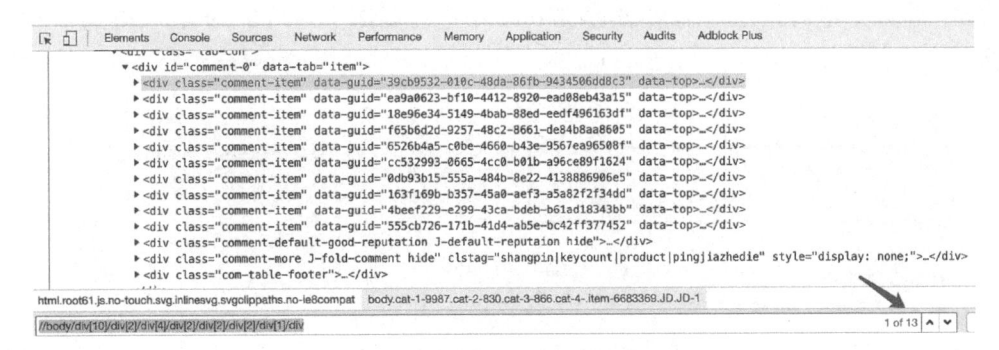

图 2-35　开发者工具调试循环列表的 XPath

图 2-36　八爪鱼验证调试后循环列表 XPath

//*[@id="comment-0"]/div[@class="comment-item"]

3. "提取字段" XPath 修正

单击"提取字段"环节中的"颜色"字段（见图 2-37），在"自定义定位元素方式"

图 2-37　自定义数据字段

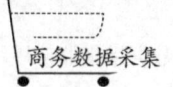

（见图2-38）可修改字段匹配的XPath表达式。相对XPath与循环XPath合并组成了绝对路径，将以下绝对路径复制粘贴至Chrome中进行调试（见图2-39），只得到4个匹配字段。

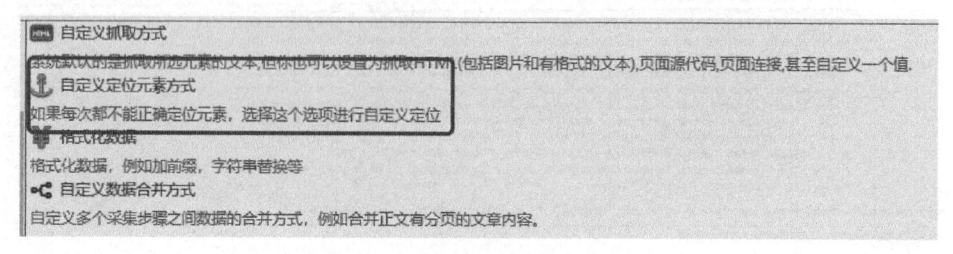

图2-38 自定义定位元素方式

图2-39 八爪鱼查看相对XPath

如图2-40所示，通过Chrome开发者工具提取10个待采集评论框中"颜色"字段的XPath，提取所有绝对路径的共性可得到如下路径（去掉了第三个div的序号），则正确地匹配到了10个待采集的"颜色"字段（见图2-41）。

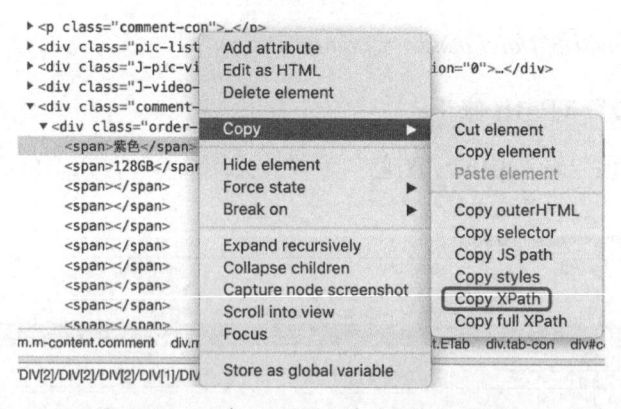

图2-40 开发者工具查看所有颜色节点的XPath

//*[@id="comment-0"]/div[1]/div[2]/div[5]/div[1]/span[1]
//*[@id="comment-0"]/div[2]/div[2]/div[5]/div[1]/span[1]
//*[@id="comment-0"]/div[3]/div[2]/div[4]/div[1]/span[1]
//*[@id="comment-0"]/div[4]/div[2]/div[4]/div[1]/span[1]
//*[@id="comment-0"]/div[5]/div[2]/div[5]/div[1]/span[1]

图2-41 部分节点的XPath对比

//*[@id="comment-0"]/div[@class="comment-item"]/DIV[2]/DIV[5]/DIV[1]/SPAN[1]
//*[@id="comment-0"]/div[@class="comment-item"]/DIV[2]/DIV/DIV[1]/SPAN[1]
"颜色"字段的相对路径都修改为：
/DIV[2]/DIV/DIV[1]/SPAN[1] 后，如图 2-42 则可正确采集到所需数据段。

	会员名	评论	颜色	容量	时间
1	啊七七	外形外观：手感不错，...	黑色	128GB	2020-06-22 10:06
2	瑞烃	本身是想买iPhone12pr...	黑色		
3	jaffayu	外形外观：非常漂亮的...	黄色	128GB	2020-06-03 13:27
4	NiceDay-ayom	外形外观：外形好看，...	绿色	64GB	2020-06-20 12:10
5	小七女	外观颜色很漂亮，看着...	绿色	128GB	2020-05-10 21:29
6	guaibao574305253	外形外观：外形好看漂...	黄色	128GB	2020-07-22 21:34
7	回力的蜗牛	外形外观：造型设计真...	黑色	128GB	2020-08-31 14:23
8	j***j	外形外观：外观精美简...	白色	64GB	2020-06-20 21:57
9	harry_was	已经第IX次买苹果手机...	黑色	128GB	2020-06-26 17:18
10	c***8	苹果公司的产品，苹果...	白色		

已采集:30条 已用时:15秒 平均速度:118条/分钟

图 2-42 修改 XPath 后的采集结果

【思考题】

上例中评论时间的 XPath 如何调试修改？

任务2.4 京东评论图片采集——正则表达式

【基础知识】

正则表达式

正则表达式就是用事先定义好的一些特定字符及这些特定字符的组合，组成一个"规则字符串"，该"规则字符串"可用来实现字符串的匹配检索、替换等操作。

看了上面的定义，可能我们对它还是很模糊，下面用一个实例来看一下正则表达式的用法。

打开开源中国提供的正则表达式测试工具 https://tool.oschina.net/regex，输入待匹配的文本，然后选择右侧常用的正则表达式，就可以得出相应的匹配结果。例如，在正则表达式测试对话框中输入待匹配的文本如下：

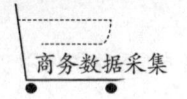

Hello, my name is 朱景伟, my e-mail is jingweizhu1990@126.com.If you have any questions, ask https://www.google.com.

文字中包含了中文、邮箱和网址，在网页右侧选择"匹配网址 URL"，就可看到下方出现了文本中的网址 URL（见图 2–43），选择"匹配 Email 地址"，则看到下方出现了文本中的 E-mail（见图 2–44）。

正则表达式 [a-zA-z]+://[^\s]*   ☑全局搜索 □忽略大小写 ▼测试匹配

匹配结果：
共找到 1 处匹配：
https://www.google.com.

图 2–43 网址匹配结果

正则表达式 [\w!#$%&'*+/=?^_`{|}~-]+(?:\.[\w!#$%&'*+/=?^_   ☑全局搜索 □忽略大小写 ▼测试匹配

匹配结果：
共找到 1 处匹配：
jingweizhu1990@126.com

图 2–44 邮箱匹配结果

回到本节开始处对正则表达式的定义，对于 URL，可以用如下正则表达式匹配：

[a-zA-z]+://[^\s]*

用这个具有特定字符及特定字符组合的"规则字符串"去匹配一个字符串，如果字符串中包含 URL 文本，那就会被提取出来。上面的几个正则表达式看上去非常复杂，但都有特定的语法规则，如表 2-6 所示列出了正则表达式中常用的匹配规则。

写好正则表达式后，依次拿表达式和被查找文本中的字符比较，如果每一个字符都能匹配，则匹配成功；一旦有匹配不成功的字符则匹配失败。

表2-6 正则表达式常用匹配规则

常用元字符	
语法	说明
.	匹配除换行符以外的任意字符
\w	匹配字母或数字或下划线
\s	匹配任意的空白符
\d	匹配数字
\b	匹配单词的开始或结束
^	匹配字符串的开始
$	匹配字符串的结束
常用反义词	
\W	匹配任意不是字母、数字、下划线、汉字的字符
\S	匹配任意不是空白符的字符
\D	匹配任意非数字的字符
\B	匹配不是单词开头或结束的位置
[^x]	匹配除了 x 以外的任意字符
[^aeiou]	匹配除了 aeiou 这几个字母以外的任意字符
常用限定符	
*	重复零次或更多次
+	重复一次或更多次
?	重复零次或一次
{n}	重复 n 次
{n,}	重复 n 次或更多次
{n,m}	重复 n 到 m 次

结合表 2-6，我们通过拆解部分正则表达式例子来讲解基本语法。首先是网址 URL 正则表达式（见图 2-45），表达式中的元字符及特殊字符已在图中标注出来了，即用一个及以上的字符来匹配网络协议，协议后是冒号加双斜线，最后是任意长度的空白符来匹配域名加路径。如图 2-46 所示是身份证号码的正则表达式，结合图中的标注也不难理解。

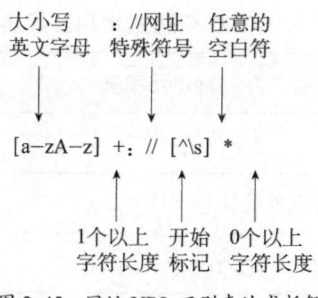

```
大小写          ://网址   任意的
英文字母  特殊符号  空白符
    ↓        ↓      ↓      ↓

   [a-zA-Z]  +:  //  [^\s]  *

            ↑       ↑       ↑
         1个以上   开始   0个以上
         字符长度  标记   字符长度
```

图 2-45　网址 URL 正则表达式拆解

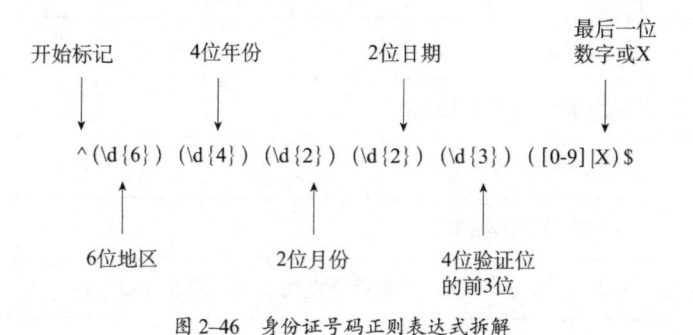

```
开始标记   4位年份      2位日期         最后一位
                                       数字或X
  ↓          ↓           ↓               ↓

  ^(\d{6})  (\d{4})  (\d{2})  (\d{2})  (\d{3})  ([0-9]|X)$

              ↑            ↑            ↑
           6位地区      2位月份      4位验证位
                                    的前3位
```

图 2-46　身份证号码正则表达式拆解

【任务实施】

商品评论图片采集

京东评论图片
采集视频

1. 评论内容字段分析

利用 Chrome 开发者工具分析采集评论中图片信息的地址。右击图片缩略图，选择"检查"可查看第一张图片的 URL（见图 2-47），评论中另外数张图片的 URL 同样在图 2-48 中可见。以同样的方式查看第一张放大图的 URL，将两个 URL 进行对比，如图 2-49 所示，可见仅有部分字段存在区别。故对采集到的缩略图 URL 进行以下两步操作即可得到放大图的 URL。

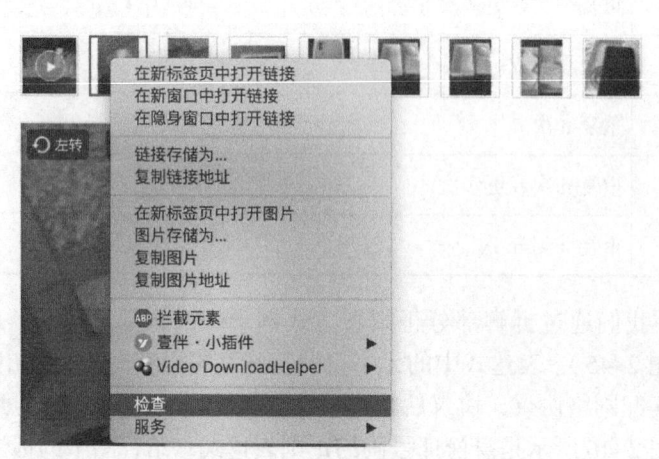

图 2-47　检查获取缩略图的网页代码

（1）将 /n0/s48x48_jfs 字段替换为 /shaidan/s700x700_jfs，其中 700×700 为图片分辨率参数，服务器对高于原图的分辨率会放大重采样。

（2）在图片的 URL 头部补充访问协议 http，使之成为正确可访问的 URL。

修改后的 URL 如下：

http://img30.360buyimg.com/shaidan/s700x700_jfs/t1/159107/15/4338/63862/600e2f0aE9f64cbc0/182a14faa28d5a91.jpg

图 2-48 开发者工具中缩略图网页代码

图 2-49 缩略图和放大图 URL 对比

2. 八爪鱼采集评论图片

对评论内容采集项目中的"提取数据"环节添加"评论图片"数据段：点选缩略图框架；选择采集该元素的 Inner Html（见图 2-50）；修改字段名称。Inner Html 和 Outer Html 的区别在于是否包含框架代码本身，可通过尝试对比了解这两者的区别。

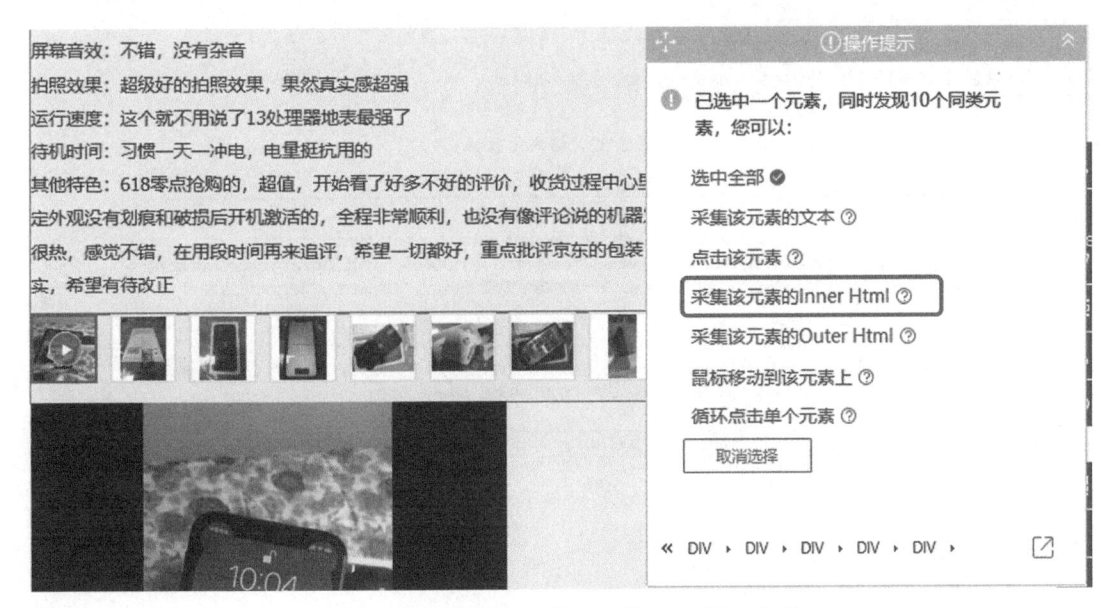

图 2-50 "提取数据"环节添加"评论图片"数据段

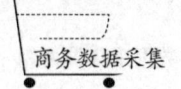

选中"评论图片"字段,单击下方工具栏中的"自定义数据字段"工具(见图2-51),在新窗口中选择"格式化数据"(见图2-52),在新窗口中单击"添加步骤"(见图2-53),再单击"正则表达式匹配"(见图2-54),然后单击"不懂正则?试试正则工具",打开正则表达式工具(见图2-55)。

图2-51 自定义数据字段工具

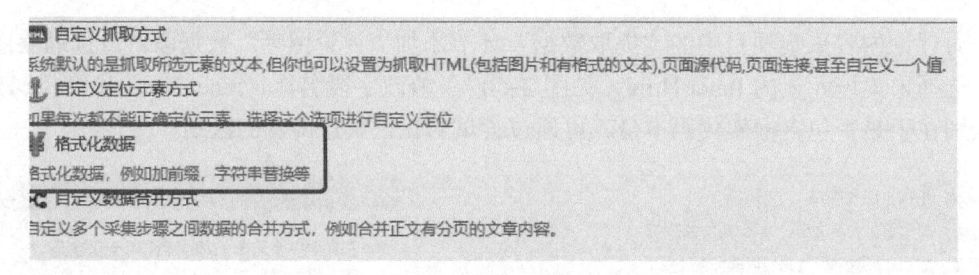

图2-52 格式化数据

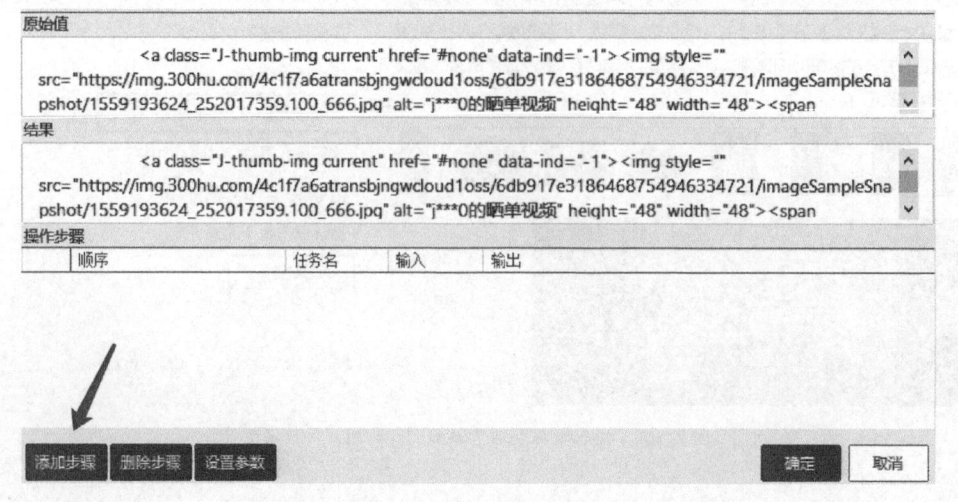

图2-53 单击"添加步骤"

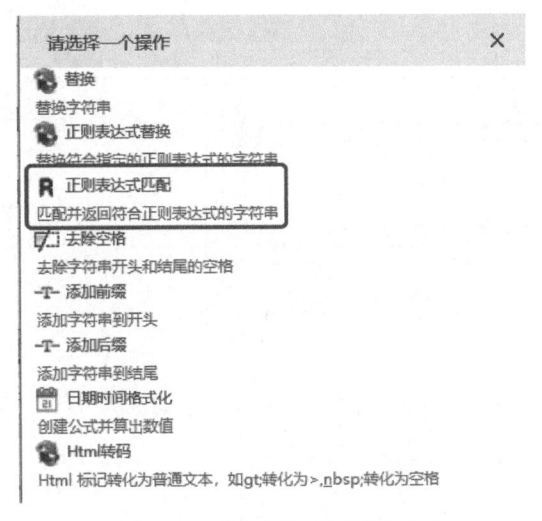

图 2-54 正则表达式匹配格式化数据

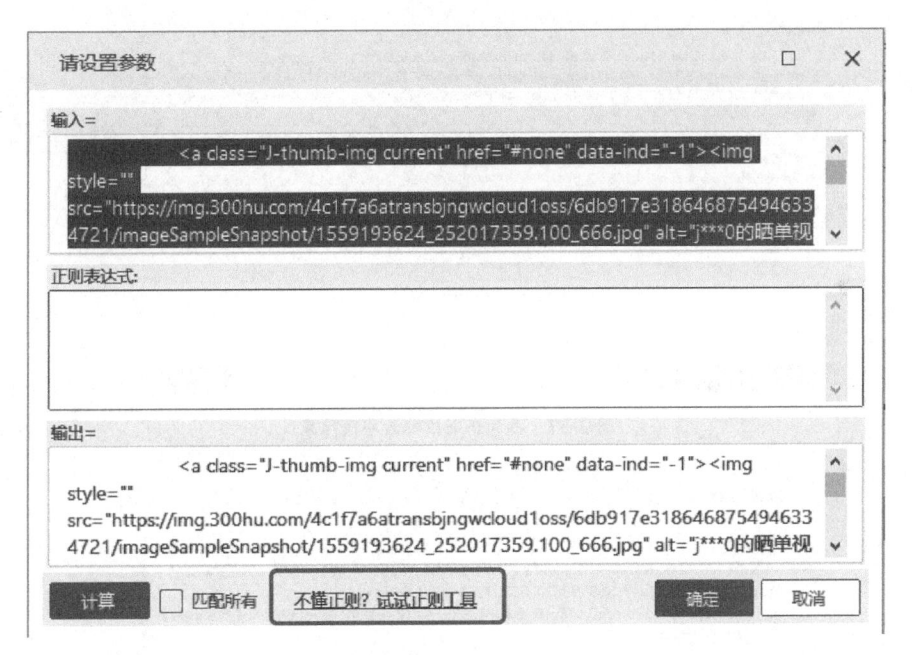

图 2-55 调用正则工具

如图 2-56 所示为正则表达式工具，通过以下 4 步即可生成所需正则表达式：

（1）勾选"开始"（不勾选"包含开始"）、"结束"（"包含结束"）并填写相应字段。本例中所有图片 URL 都以 *src="*（不包含）开始，以 *jpg*（包含）结束。

（2）单击"生成"按钮，即可生成相应的正则表达式。

（3）勾选"匹配所有"选项，否则只匹配第一项。

（4）单击"匹配"按钮检验正则表达式的正确性，结果如图 2-57 所示。

获取待修改的图片 URL 后，可通过"替换"功能修改图片分辨率（见图 2-58）和访问协议（见图 2-59），最终格式化流程如图 2-60 所示。

导出采集数据，如图 2-61 所示，经验证符合采集需求。

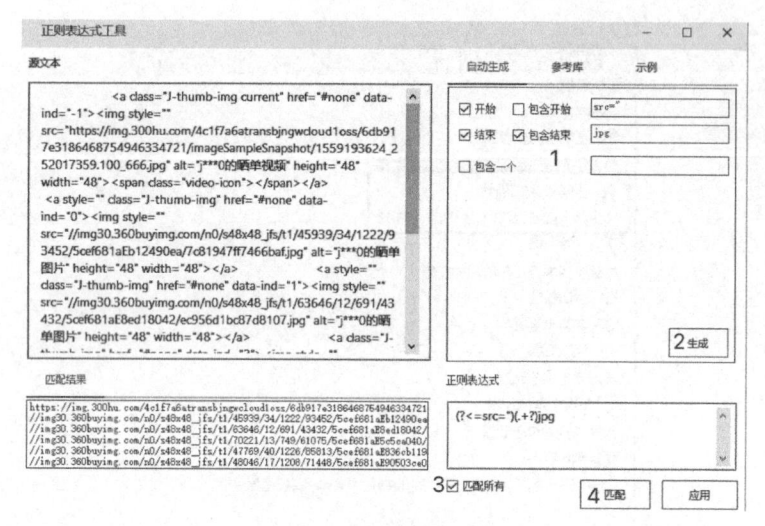

图 2-56　正则表达式工具使用方法

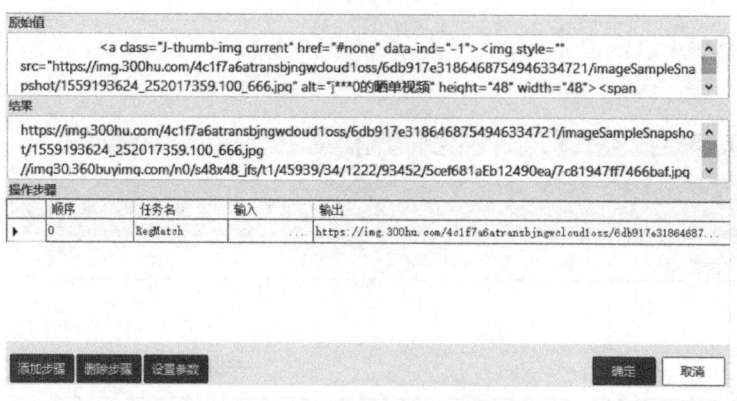

图 2-57　添加正则匹配后字段结果

图 2-58　替换分辨率字段

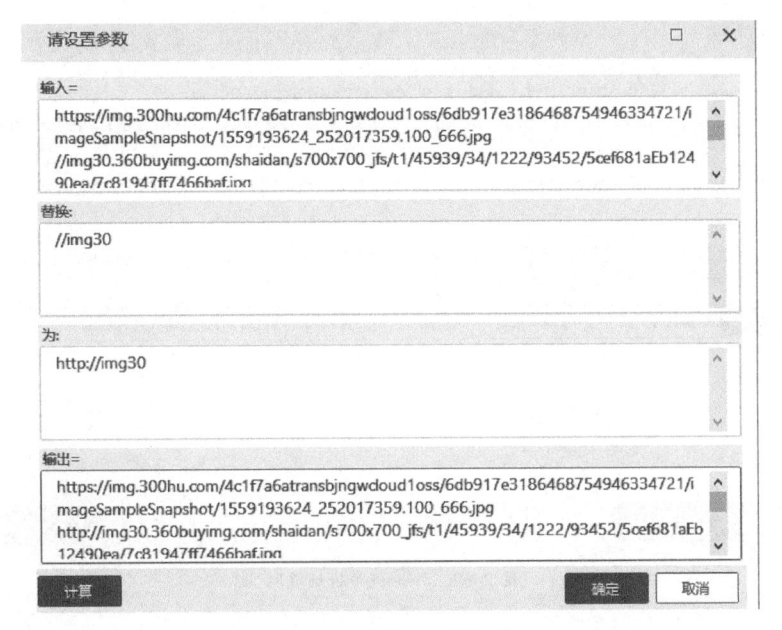

图 2-59 添加 URL 协议头

图 2-60 自定义数据字段后所有步骤

图 2-61 部分评论图片采集结果

【思考题】

如何采集京东评论内容中的视频链接？从视频框架的 Outer HTML 代码中提取视频地址，结果如图 2-62 所示。

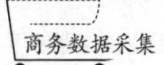

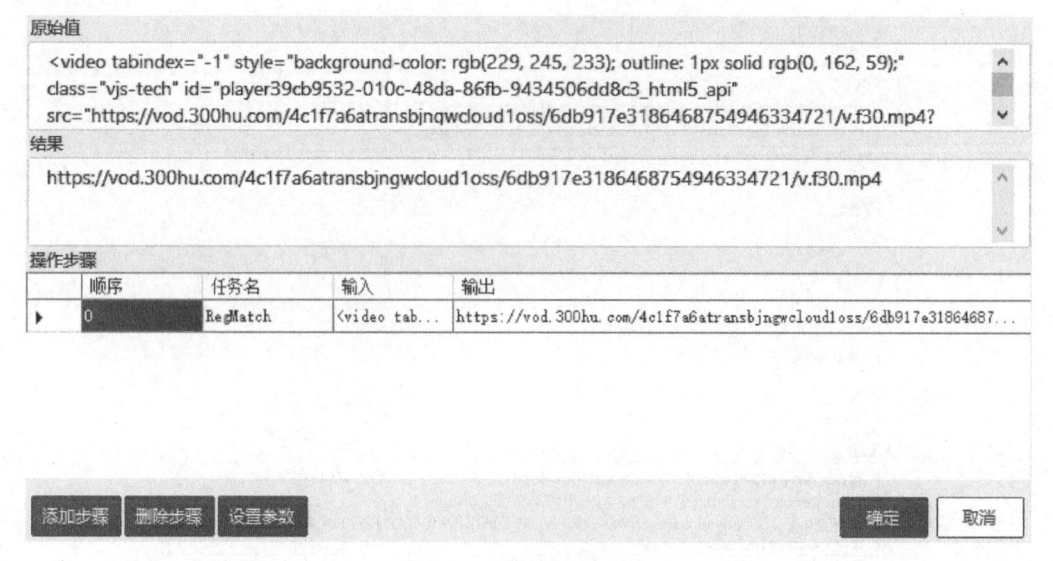

图 2-62　评论视频地址提取

任务2.5　用户登录模式采集——自定义Cookie

在采集任务中，部分数据字段是需要登录账号之后才可使用的，例如，京东商城中的购物车、淘宝的商品列表等，但大部分网站登录都需要各式各样的验证环节，如数字英文验证码、滑动验证码、手机验证码等，Cookie 是实现验证登录的技术手段之一。本任务将分享如何用好八爪鱼的 Cookie 功能，实现利用第一次人工登录后保留的登录信息，来跳过再次访问时的网页验证。

【基础知识】

在浏览网站的过程中，我们经常遇到有些页面只有登录之后才可以访问，登录之后可以连续访问网站多次，但有时过段时间就需重新登录。这里涉及了会话 Session 和 Cookie 的相关知识。

一、静态网页和动态网页

在开始之前，我们需要先了解一下静态网页和动态网页的概念。

<!DOCTYPE html>
<html>
<head>
<meta charset="utf-8">

```
        <title> 教程 </title>
    </head>
    <body>
        <h1>Hello World</h1>
    </body>
</html>
```

这是最基本的 HTML 代码，我们将其保存为一个 .html（htm）文件，然后把它放在某台具有固定公网 IP 的主机上，在主机上安装合适的服务系统，他人可通过访问服务器看到这个页面，这便搭建了一个最简单的网站。

该网页的内容是利用 HTML 代码编写的，文字、图片等内容均通过写好的 HTML 代码来指定，此类页面叫作静态页面。静态网页内容一经发布到网站服务器上，若要修改静态网页的内容，就必须修改其源代码，然后重新上传到服务器上。我们想要给这个网页传入一个参数，让其在网页中显示出来，这是无法实现的。

动态网页应运而生，它可以动态解析 URL 中参数的变化，根据不同的用户请求、时间或环境的需求动态地生成不同的网页内容。我们现在见到的网站多是动态网站，它们不再是一个简单的 HTML，而是可能由动态网站技术（如 PHP、ASP、JSP 等）生成，其功能比静态网页强大和丰富很多。

此外，动态网站还可以实现用户登录和注册的功能。回到任务开头，很多页面是需要登录之后才可以查看的。按照一般的逻辑来说，输入用户名和密码登录后，肯定拿到了一种类似凭证的东西，有了它，我们才能保持登录状态，才能访问登录之后的页面。

那么，这种神秘的凭证是什么？其实它就是 Session 和 Cookie 共同产生的结果，下面我们来一探究竟。

二、无状态 HTTP

在了解 Session 和 Cookie 之前，我们还需要了解 HTTP 的一个特点，叫作无状态。

HTTP 的无状态是指 HTTP 协议对事务处理是没有记忆的，即服务器不知道客户端的状态。当我们向服务器发送请求后，服务器解析此请求，然后返回对应的响应，服务器负责完成这个过程，而且这个过程是完全独立的，服务器不会记录前后状态的变化。这意味着如果后续需要处理前面的信息，则必须重传，这导致需要额外传递一些前面的重复请求，才能获取后续响应。这种效果显然不是我们想要的。例如，我们想查看京东购物车里的商品列表，在无状态的情况下，一个请求需要包含登录信息和购物车请求。如果此时想查看购物车里的某一个具体商品的信息，此时的请求就需要包含登录、购物车请求、商品访问请求等。为了保持前后状态，我们肯定不能将前面的请求全部重传一次，特别是对于需要用户登录的页面。

这时两个用于保持 HTTP 连接状态的技术就出现了，它们分别是 Session 和 Cookie。Session 在服务端，用来保存用户的会话信息；Cookie 在客户端，由 Session 配合生成 Cookie，浏览器在下次访问网页时会自动附带上 Cookie 并发送给服务器，服务器通过识别 Cookie 并鉴定出是哪个用户，然后再判断该用户是否处于登录状态，并返回对应的响应。

我们可以理解为 Cookie 里保存了登录的凭证，有了它，只需要将上次登录成功后获取的 Cookie 放在请求头里直接请求，而不必重新模拟登录。

了解 Session 和 Cookie 的概念后，我们详细剖析它们的原理。

三、Cookie

Cookie 是指某些网站为了辨别用户身份，进行会话跟踪而存储在本地客户端上的数据。

那么，我们怎样利用 Cookie 保持状态？当客户端第一次请求服务器时，服务器会返回一个响应头中带有 set-Cookie 字段的响应给客户端，用来标记是哪一个用户，客户端浏览器会把 Cookie 保存起来。当浏览器下一次再请求该网站时，浏览器会把此 Cookie 放到请求头一起提交给服务器，Cookie 携带了会话 ID 信息，服务器检查该 Cookie 即可找到对应的会话是什么，再通过判断会话来辨认用户状态。

在成功登录某个网站时，服务器会告诉客户端设置哪些 Cookie 信息，在后续访问页面时客户端会把 Cookie 发送给服务器，服务器再找到对应的会话加以判断。如果会话中的某些设置登录状态的变量是有效的，那就证明用户处于登录状态，此时返回登录之后才可以看到的网页内容，浏览器再进行解析便可以看到了。反之，如果传给服务器的 Cookie 是无效的，或者会话已经过期了，那么我们将不能继续访问页面，此时可能会收到错误的响应或者跳转到登录页面重新登录。

四、Session

Session 是用来记录客户状态的机制。客户端浏览器访问服务器的时候，服务器把客户端信息以某种形式记录在服务器上，这就是 Session。Session 相当于程序在服务器上建立的一份用户的档案，用户来访的时候只需要查询用户档案表就可以了。

虽然 Session 保存在服务器中，但是它的正常运行仍然需要客户端浏览器的支持，这是因为 Session 需要使用 Cookie 作为识别标志。HTTP 协议是无状态的，Session 不能依据 HTTP 连接来判断是否为同一客户，因此服务器向客户端浏览器发送一个名为 SESSIONID 的 Cookie，它的值为该 Session 的 ID。Session 依据该 Cookie 来识别是否为同一用户，两者匹配后则会从服务器中取出 Session。

Session 是具有一定生命周期的。Session 在用户第一次访问服务器的时候自动创建。Session 生成后，只要用户继续访问，服务器就会更新 Session 的最后访问时间，并维护该 Session。如果客户端超时未访问服务器或主动退出选择放弃服务，Session 就自动失效。

故 Session 需要和 Cookie 配合，一个处于服务端，一个处于客户端，两者共同协作，实现登录会话控制。

五、Cookie 属性结构

Cookie 都有哪些内容及它的结构如何？以京东为例，在浏览器开发者工具中打开 Application 选项卡，左侧会有一个 storage 部分，最后一项即为 Cookie，将其点开，如图 2-63 所示。

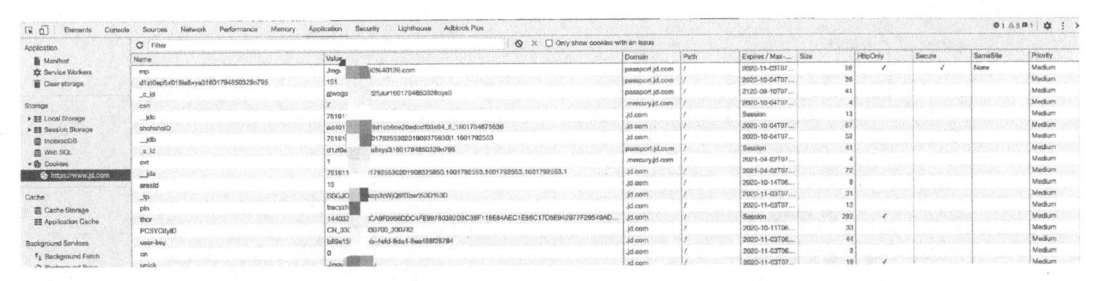

图 2-63 京东登录后主页 Cookie

每个条目都是 Cookie，它有如下属性。

Name：该 Cookie 的名称。一旦创建，该名称便不可更改。

Value：该 Cookie 的值。如果值为 Unicode 字符，则需要为字符编码。如果值为二进制数据，则需要使用 Base64 编码。

Domain：可以访问该 Cookie 的域名。例如，如果设置为 .jd.com，则所有以 jd.com 结尾的域名都可以访问该 Cookie。

Expires/Max-Age：该 Cookie 失效的时间。Max-Age 如果为正数，则该 Cookie 在 Max-Age 秒后失效。如果为负数，则关闭浏览器时 Cookie 即失效，浏览器也不会以任何形式保存该 Cookie。

Path：该 Cookie 的使用路径。如果设置为 /path/，则只有路径为 /path/ 的页面可以访问该 Cookie。如果设置为 /，则本域名下的所有页面都可以访问该 Cookie。

Size：此 Cookie 的大小。

HttpOnly：Cookie 的 HttpOnly 属性。若此属性为 true，则只有在 HTTP 头中会带有此 Cookie 的信息，而不能通过 document.Cookie 来访问此 Cookie。

Secure：该 Cookie 是否仅被使用安全协议传输。安全协议有 HTTPS 等，在网络上传输数据之前先将数据加密，默认为 false。

【任务实施】

京东登录后采集

京东登录后采集视频

八爪鱼中实现用户登录模式主要有两大步：获取登录后的 Cookie 和利用 Cookie 实现二次登录。

1. 获取登录后的 Cookie

主要步骤如下：

（1）https://passport.jd.com/uc/login 为京东登录页面 URL，以此为采集网址新建采集任务。勾选"打开网页前先清理浏览器缓存"选项可避免因反复登录对测试造成影响（见图 2-64）。

（2）单击"账户登录"按钮，该页面采用 Ajax，取消勾选框选的两项（见图 2-65）。

（3）分别选择账号、密码输入框，输入文字（见图 2-66）。

（4）单击"登录"按钮，手动完成滑动验证码即可完成登录。

获取 Cookie 流程图如图 2-67 所示。

图 2-64 八爪鱼打开京东账号登录网页

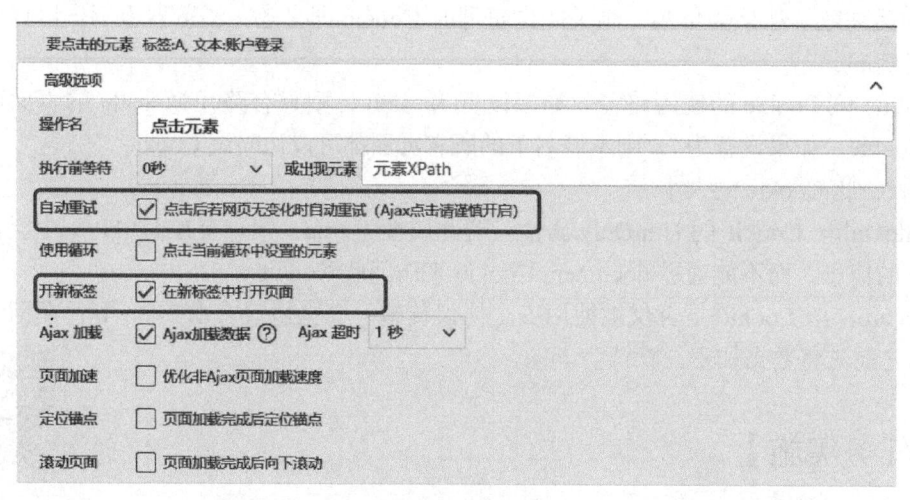

图 2-65 修改点击元素参数

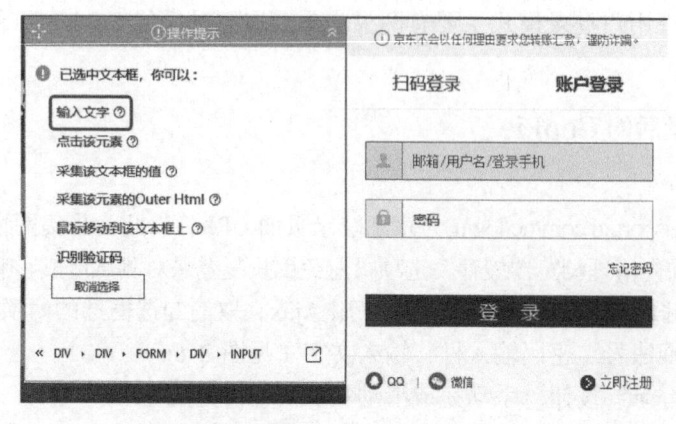

图 2-66 输入登录账号及密码

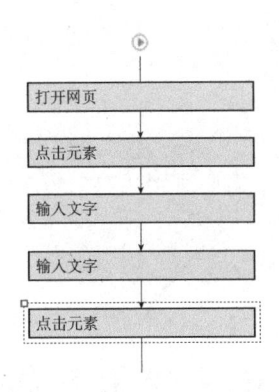

```
    ┌─────────┐
    │ 打开网页 │
    └────┬────┘
         │
    ┌────┴────┐
    │ 点击元素 │
    └────┬────┘
         │
    ┌────┴────┐
    │ 输入文字 │
    └────┬────┘
         │
    ┌────┴────┐
    │ 输入文字 │
    └────┬────┘
         │
    ┌ ─ ─┴─ ─ ┐
      点击元素
    └ ─ ─ ─ ─ ┘
```

图 2–67　获取 Cookie 流程图

2. 利用 Cookie 实现二次登录

主要步骤如下：

（1）在流程图后添加"打开网页"环节，输入要采集的 URL（https://cart.jd.com/cart.action）。

（2）选中"打开网页"环节，点开"缓存设置"，勾选"打开网页的自定义 Cookie"，单击"获取当前页面 Cookie"旁边的箭头，可查看获取的 Cookie 内容。获取登录之后的 Cookie 之后，单击"确定"按钮。八爪鱼会记住这个 Cookie 状态，并以登录之后的状态打开（见图 2–68）。

（3）此时流程图中可只保留最后"打开网页"环节，之后即可按正常的采集流程采集所需数据。

注意：Cookie 是有生命周期的，这个周期有多长时间取决于采集的网站，如果 Cookie 到期了，就需要再重新获取一次登录之后的 Cookie。

图 2–68　使用 Cookie 进行登录

【思考题】

如何利用 Cookie 登录 taobao.com，其过程与京东登录有哪些差别？

项目三

苏宁市场竞争数据采集

【知识目标】

1. 理解 Requests 库的基本用法：GET 和 POST 方法
2. 了解 Requests 库的高级用法：文件上传、Cookie、会话维持
3. 理解 lxml 库获取文本、属性的常用方法
4. 理解 RE 库中常用的方法
5. 了解正则表达式贪婪与非贪婪匹配
6. 了解 JSON 的两种数据结构
7. 理解 JSON 库中读取和写入的方法
8. 了解 Selenium 的基本概念和常用方法

【技能目标】

1. 掌握利用 Chrome 开发者工具及 Postman 分析网页请求响应过程
2. 掌握合理选择 Requests 库方法获取响应内容
3. 掌握利用 lxml 提取网页中文本内容、属性字段
4. 掌握 JSON 数据的读取和写入
5. 能够尝试利用 Selenium 库实现网络爬虫

【思政目标】

1. 遵守数据采集相关法律法规
2. 在编写代码的工作中，培养大胆专注、沉稳耐心的职业素养

项目三 苏宁市场竞争数据采集

【思维导图】

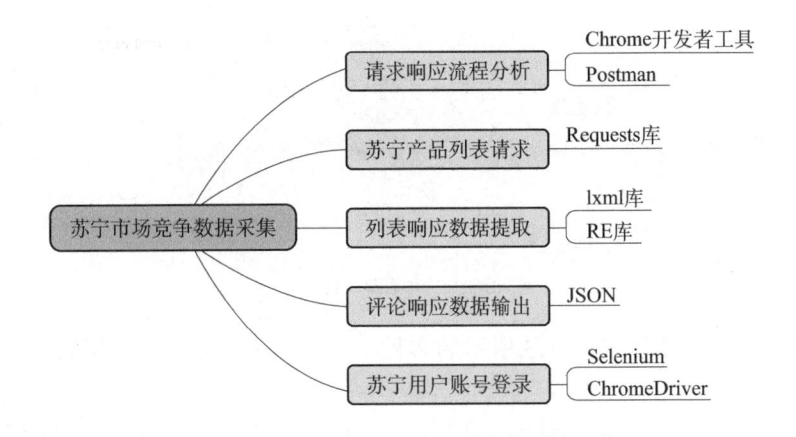

```
                          ┌─ 请求响应流程分析 ─── Chrome开发者工具
                          │                      Postman
                          │
                          ├─ 苏宁产品列表请求 ─── Requests库
                          │
苏宁市场竞争数据采集 ──────┤                      lxml库
                          ├─ 列表响应数据提取 ─── RE库
                          │
                          ├─ 评论响应数据输出 ─── JSON
                          │
                          │                      Selenium
                          └─ 苏宁用户账号登录 ─── ChromeDriver
```

任务3.1 苏宁请求流程分析——Chrome&Postman

【基础知识】

Chrome 开发者工具是一套内置于 Google Chrome 中的 Web 开发和调试工具，可用来对网站的请求响应过程进行调试和分析。

一、打开 Chrome 开发者工具

打开 Chrome 开发者工具的方式主要有三种：
（1）快捷键：F12、Ctrl+Alt+I（MacOS 为 CMD+Alt+I）。
（2）在页面元素上右击，选择"检查"，如图 3–1 所示。
（3）如图 3–2 所示，在 Chrome 工具栏中打开。

Chrome 开发者工具视频

图 3–1 页面右击"检查"

067

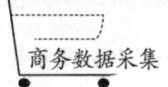

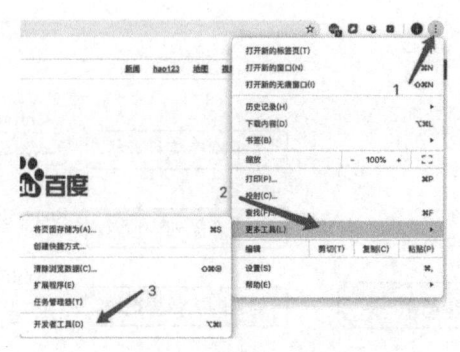

图 3-2 浏览器工具栏

Google Chrome 提供了如图 3-3 所示的多种工具，网络爬虫中最常用的工具是 Elements 和 Network。

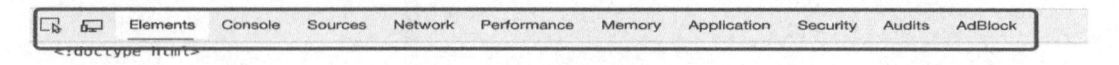

图 3-3 开发者工具提供的工具

二、Elements

Elements 有如下几个功能：
①选择元素：利用鼠标去选择页面上某个元素，并定位其在代码中的位置。
②切换设备：模拟不同设备的显示效果。
③代码区：显示及查找页面代码，选中及提取网页元素的路径。
④样式区：显示选中元素所受的 CSS 样式影响。

1. 选择元素的使用

图 3-3 所示工具栏中第一个箭头即为选择元素工具，可以通过单击网页元素查看其对应的源代码。以采集百度首页的图片地址为例，操作步骤如下（见图 3-4）：

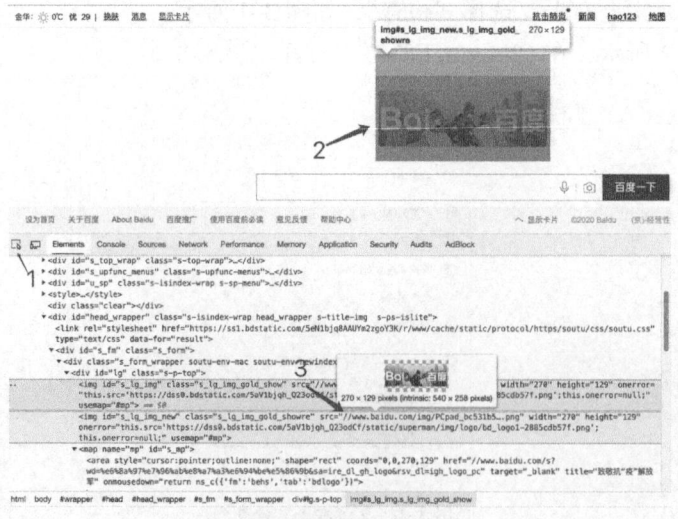

图 3-4 选择元素工具的使用

①单击选择元素。
②单击待采集图片，Elements 会跳转到相关代码。
③将光标移到图片区域会出现缩略图，双击即可选中图片链接。

2. 切换设备的使用

图 3-3 所示工具栏中第二个设备符号即为切换设备工具，用来模拟移动端显示网页，操作步骤如下：

①单击"切换设备"按钮（见图 3-5）。
②单击选择设备，更多设备可在 Edit 中添加。

网页刷新后，即可显示对应移动设备中该网页的显示形式和内容。网页请求格式和移动端基本一致，所以该工具可以利用桌面浏览器的开发者工具爬取移动端网页内容。

上面请求头中提到过 UA，在爬虫中添加该字段可用来伪装浏览器，不同设备、浏览器产生的 UA 是不同的。如图 3-6 所示为切换为移动设备时访问百度主页的 UA，而图 3-7 所示则为 PC 端访问百度主页时的 UA。

图 3-5 切换设备工具的使用

User-Agent: Mozilla/5.0 (iPhone; CPU iPhone OS 13_2_3 like Mac OS X) AppleWebKit/605.1.15 (KHTML, like Gecko) Version/13.0.3 Mobile/15E148 Safari/604.1

图 3-6 移动端访问百度 UA

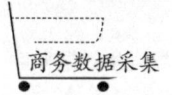

User-Agent: Mozilla/5.0 (Macintosh; Intel Mac OS X 10_14_6) AppleWebKit/537.36 (KHTML, like Gecko) Chrome/80.0.3987.87 Safari/537.36 Edg/80.0.361.50

图 3-7 PC 端访问百度 UA

3. 代码区

如图 3-8 所示标记为 1 的区块为显示网页的代码区，当我们选中某一个代码节点时，网页中相应的元素会被阴影覆盖。

右击代码区可得到标记为 2 的区块，与爬虫最为相关的是 Copy 功能，可以复制该节点的 XPath、Selector。单击 Elements 中的元素，该节点的路径会立即显示在区块 3 中。此外，还可以用快捷键 CMD+F（Windows 系统为 Ctrl+F）调用区块 5，搜索 Elements 中指定的内容。

注意：Elements 里看到的代码不等于请求网址后得到的返回值。它是网页经过浏览器渲染后最终呈现出的效果，包含了异步请求数据，以及浏览器自身对于代码的优化改动。所以，并不能完全按照 Elements 里显示的结构来获取元素，否则很可能会得不到正确的结果。

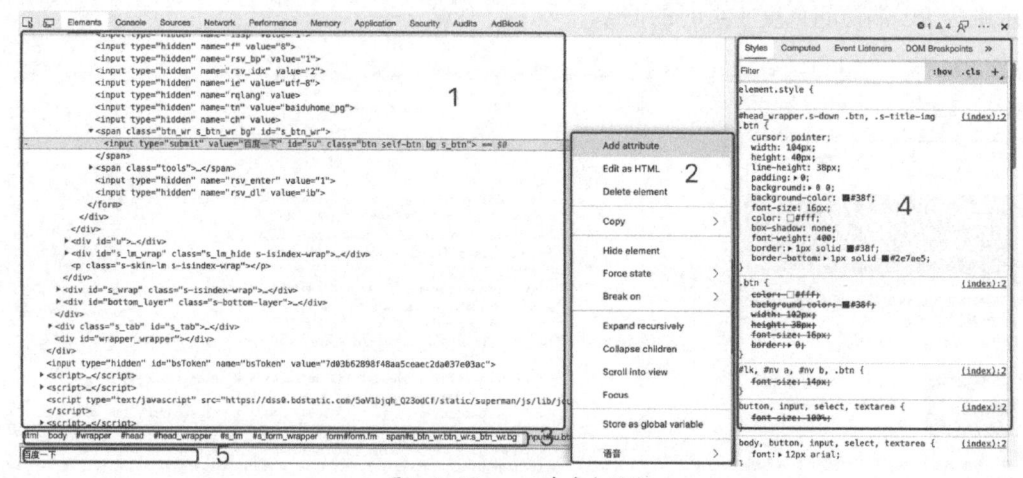

图 3-8 Elements 中多个区块

三、Network

开发者工具 Network 是爬虫中最为常见的功能，Network 的主要功能区如图 3-9 所示。

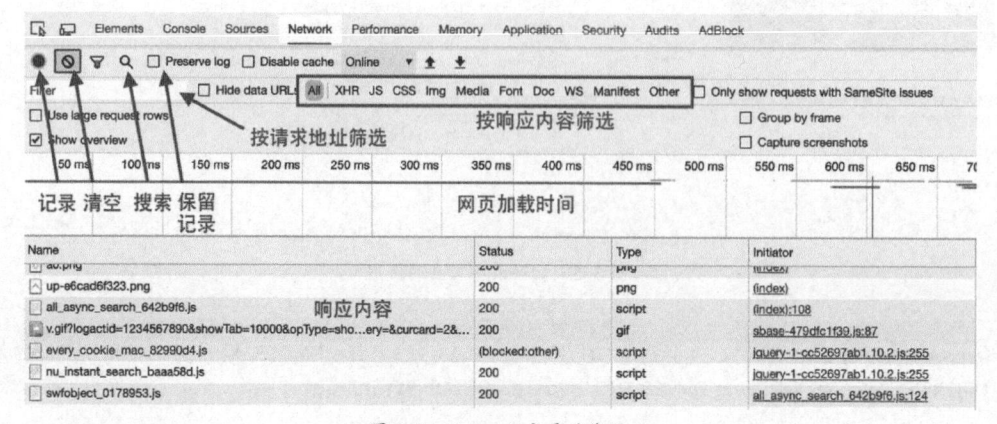

图 3-9 Network 主要功能区

利用 Network 工具进行爬虫分析时主要解决两个问题：抓什么、怎么抓。

抓什么，是指对于那些想要抓取的网页元素，特别是通过异步请求获取到的数据，如何找到其来源。打开 Network 页面，开启记录，然后刷新页面，就可以看到发出的所有请求，包括数据、JS、CSS、图片、文档等都会显示其中。从请求列表中可以寻找你的目标。列表中数据会有很多，除了适时停止记录，还有如下小技巧：

（1）单击"搜索"功能，直接对内容进行查找。
（2）选中 Preserve log，这样在页面刷新和跳转之后，列表不会清空。
（3）Filter 栏可以按类型和关键字筛选请求。

找到包含数据的请求之后，接下来就是用程序获取数据。这时面对的就是第二个问题：怎么抓。并非所有爬虫内容都能直接通过设计一个简单的 URL 后 GET 获取，通常还要考虑这几样东西：

（1）设置请求方法，是 GET 还是 POST。
（2）请求附带的参数数据。GET 通常需要构造携带请求参数的 URL，POST 则需要构造携带请求参数的表单。
（3）Headers 信息。常用的包括 User-agent、Host、Referrer、Cookie 等。其中 Cookie 是用来识别请求者身份的关键信息，对于需要登录的网站必不可少。而另外几项，也经常会被网站用来识别请求的合法性，可以从浏览器的开发者工具中获取。

单击列表中的一个具体请求，上述信息都可以找到。如图 3-10、图 3-11、图 3-12 所示为请求返回的内容。找对请求、设对方法、传对参数及 Headers 信息，大部分网站上的信息就可以通过爬虫得到。

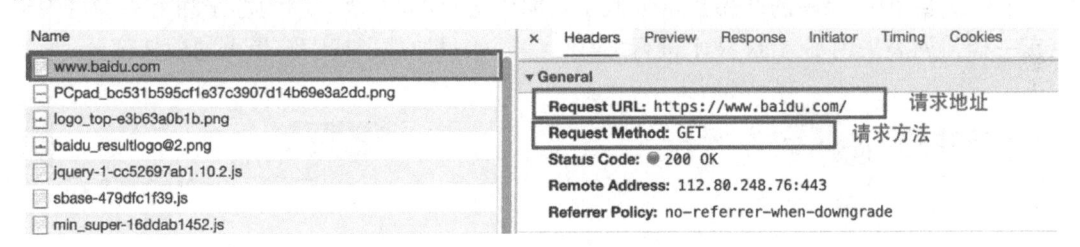

图 3-10　请求方法及请求地址

图 3-11　请求头信息

图 3-12 响应内容

【任务实施】

一、搜索结果列表页分析

打开苏宁主页 www.suning.com，按 F12 键打开 Chrome 开发者工具，在"网络"工具中，勾选"保留日志"避免因网页跳转忽略部分请求过程。

在搜索栏中输入关键词"iphone 11"并按回车键，即跳转至搜索结果列表页。在左侧的请求名称中，会发现名称为"iphone%2011/"的预览中包含了我们想获得的搜索结果（见图 3-13），但结果中的产品数量远低于页面中应有的 90 个。因为苏宁和上一项目中的京东一样，列表采用了 Ajax 技术进行加载，一开始只加载了搜索结果页的框架部分。

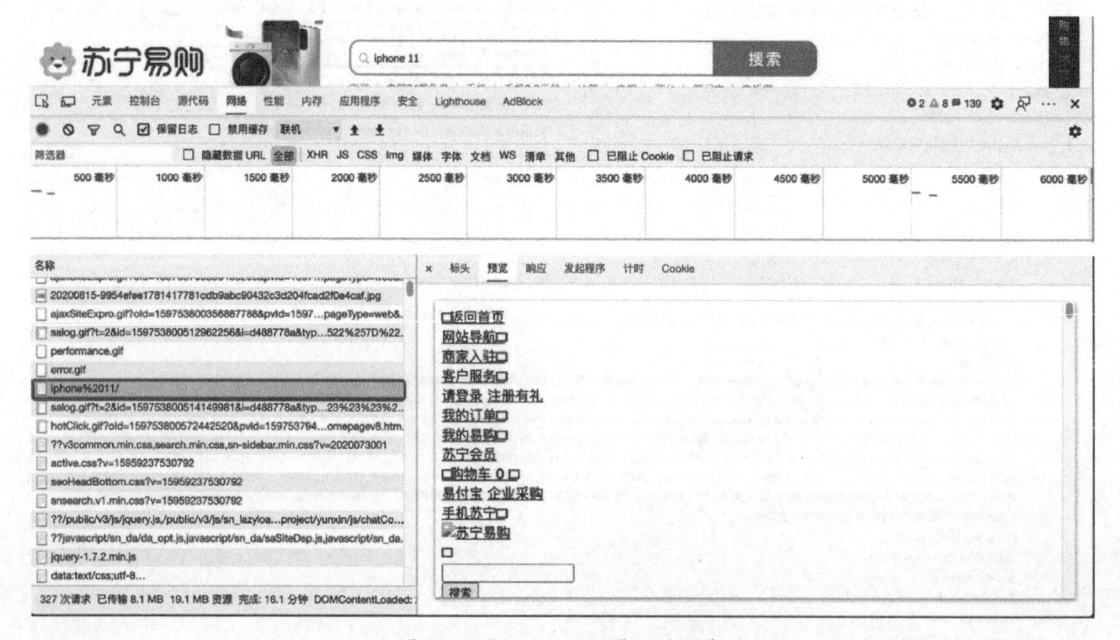

图 3-13 "iphone%2011/" 响应预览

项目三　苏宁市场竞争数据采集

页面继续向下滚动，在"网络"工具中，将筛选器切换到"XHR"，会发现如图 3–14 所示框内的请求名称，点开后在"预览"中可见产品列表。尝试翻页并将所有的请求标头取出（见图 3–15）并进行比较，可猜测该链接为搜索结果页的请求内容，URL 通过 GET 方式请求，cp 参数为翻页计数，page 参数为页内的加载计数，最大为 3，还有部分较复杂分析不出的参数。

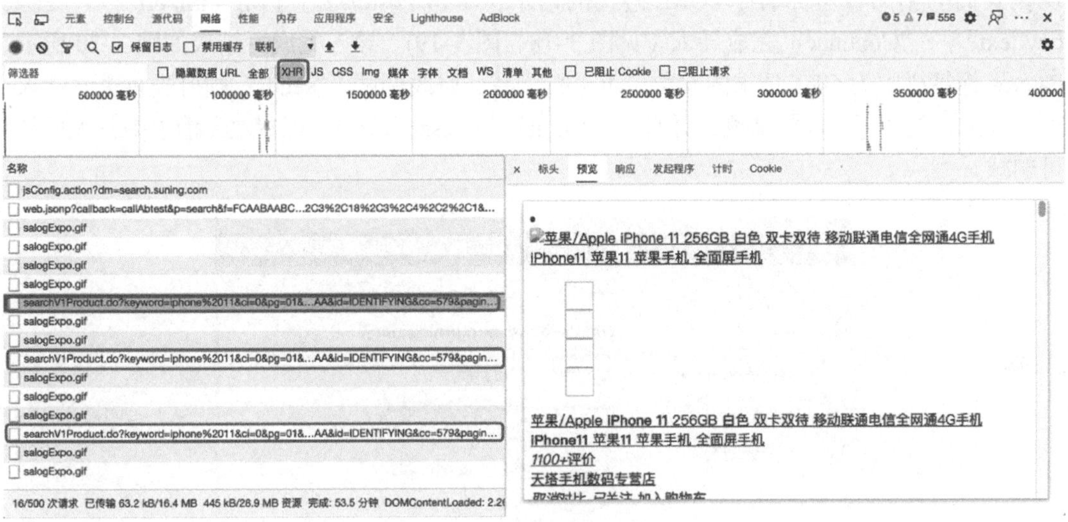

图 3–14　下拉后搜索结果列表请求

https://search.suning.com/emall/searchV1Product.do?
keyword=iphone%2011&ci=0&pg=01&cp=0&il=0&st=0&iy=0&isNoResult=0&n=1&sesab=ACAABAABCAAA&id=IDENTIFYING&cc=579&paging=1&sub=1&jzq=49670

https://search.suning.com/emall/searchV1Product.do?
keyword=iphone%2011&ci=0&pg=01&cp=0&il=0&st=0&iy=0&isNoResult=0&n=1&sesab=ACAABAABCAAA&id=IDENTIFYING&cc=579&paging=2&sub=1&jzq=49669

https://search.suning.com/emall/searchV1Product.do?
keyword=iphone%2011&ci=0&pg=01&cp=0&il=0&st=0&iy=0&isNoResult=0&n=1&sesab=ACAABAABCAAA&id=IDENTIFYING&cc=579&paging=3&sub=1&jzq=49669

https://search.suning.com/emall/searchV1Product.do?
keyword=iphone%2011&ci=0&pg=01&cp=1&il=0&st=0&iy=0&adNumber=0&isNoResult=0&n=1&sesab=ACAABAABCAAA&id=IDENTIFYING&cc=579&sub=1&jzq=49669

https://search.suning.com/emall/searchV1Product.do?
keyword=iphone%2011&ci=0&pg=01&cp=1&il=0&st=0&iy=0&adNumber=0&isNoResult=0&n=1&sesab=ACAABAABCAAA&id=IDENTIFYING&cc=579&paging=2&sub=1&jzq=49643

https://search.suning.com/emall/searchV1Product.do?
keyword=iphone%2011&ci=0&pg=01&cp=1&il=0&st=0&iy=0&adNumber=0&isNoResult=0&n=1&sesab=ACAABAABCAAA&id=IDENTIFYING&cc=579&paging=3&sub=1&jzq=49643

图 3–15　搜索结果列表请求 URL 对比

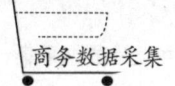

Postman 可以用来验证我们的猜测，并优化请求参数。Postman 的安装非常简单，从官网（https://www.postman.com/downloads/）选择正确版本下载，安装打开后的界面如图 3–16 所示（版本不一样略有区别）。

下面将使用 Postman 进行参数修改和请求重发，使用 Postman 的第一步是建立请求过程。Chrome 可以将请求复制为 cURL 格式，右击→"复制"→"复制为 cURL"（见图 3–17）。现在我们的粘贴板里面有个 cURL 格式的请求，单击 Postman 左上角"Import"→"Paste raw text"→"Continue"完成导入（见图 3–18、图 3–19）。导入完成后结果如图 3–20 所示，Params 标签栏中为 GET 请求的参数，可进行删减、修改调试，"sends"则可进行重发请求。通过调试，验证了上面的猜测，并且"adNumber""sesab""jzq"等参数在请求中并无用处，可删减。

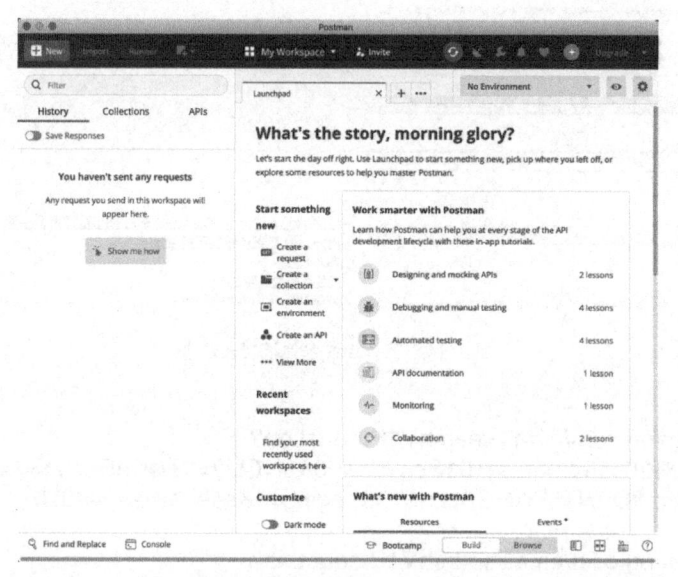

图 3–16　Postman 主界面

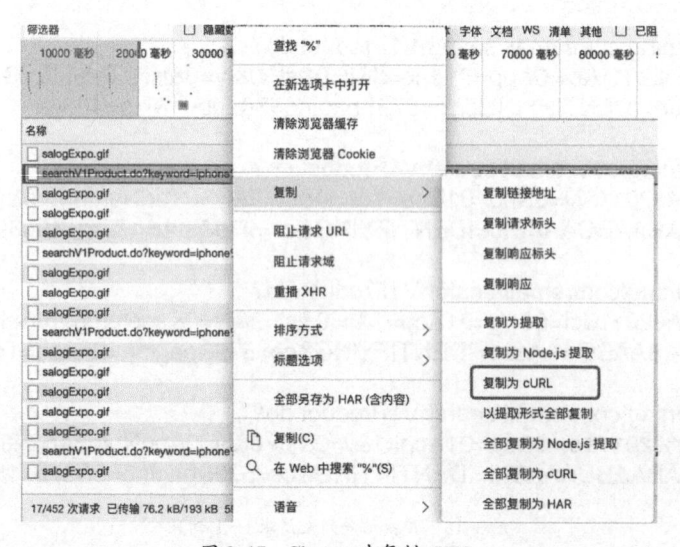

图 3–17　Chrome 中复制 cURL

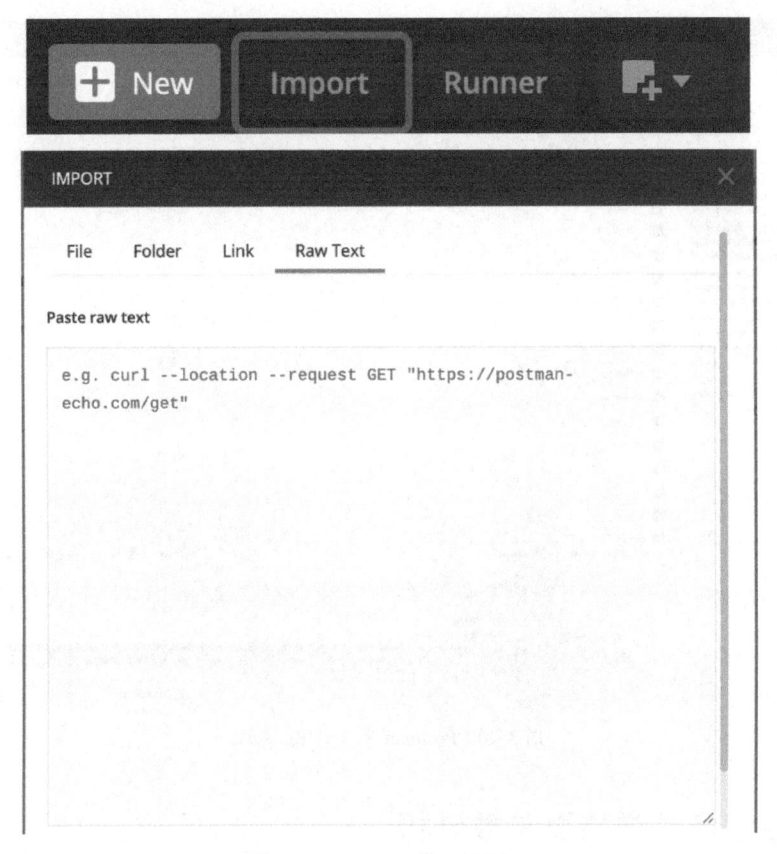

图 3–18　Postman 导入 cURL-1

图 3–19　Postman 导入 cURL-2

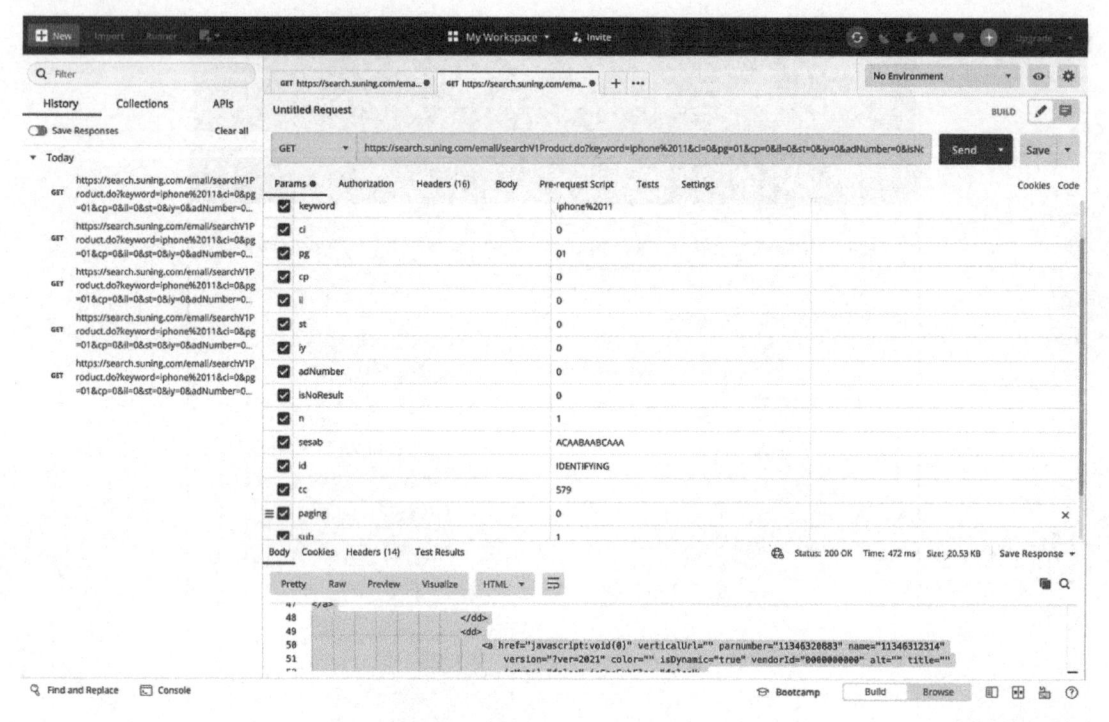

图 3-20　Postman 导入 cURL 完成

二、苏宁产品详情页参数分析

上面通过产品搜索结果页可得到产品的 URL，接下来以获取的某一产品 URL 为例分析产品详情页的请求方式：

https://product.suning.com/0000000000/11346320882.html。

浏览器中请求以上 URL，可得到如图 3-21 所示产品页主框架的响应，但并没有产品销量、价格等内容，相关信息通过另一个 URL 进行请求，可通过搜索功能进行定位。利用鼠标单击请求名称框中任意位置，按 Ctrl+F 组合键调出搜索框，并输入产品活动价等具备区分性的字段内容，可得到有相关内容的请求。结合预览结果，猜测如图 3-22 所示框中部分为产品详情信息的请求，请求地址如下：

https://pas.suning.com/nspcsale_0_000000011346320882_000000011346320882_0000000000_130_579_5790199_20089_1000331_9323_12570_Z001___R1901001_0.5_0___000060021___0___783.75_2_01_20002_20006_.html?callback=pcData&_=1597545244607

经多个产品的测试，将 URL 中 _130_579 后的字段删除，在浏览器中进行请求可得到同样正确的响应结果，故 URL 可缩减为：

https://pas.suning.com/nspcsale_0_000000011346320882_000000011346320882_0000000000_130_579.html。

URL 中 000000011346320882_000000011346320882_0000000000 可由产品的 URL 获得，000000011346320882 为 11346320882 前补 0 至 18 位得到，0000000000 则是产品 URL 中的中间部分数值。详情信息 URL 中的其他部分则固定不变。

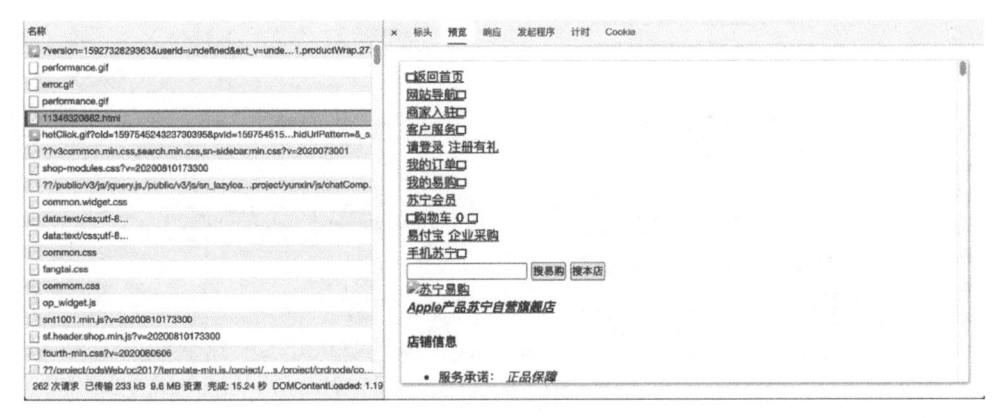

图 3-21　详情页请求

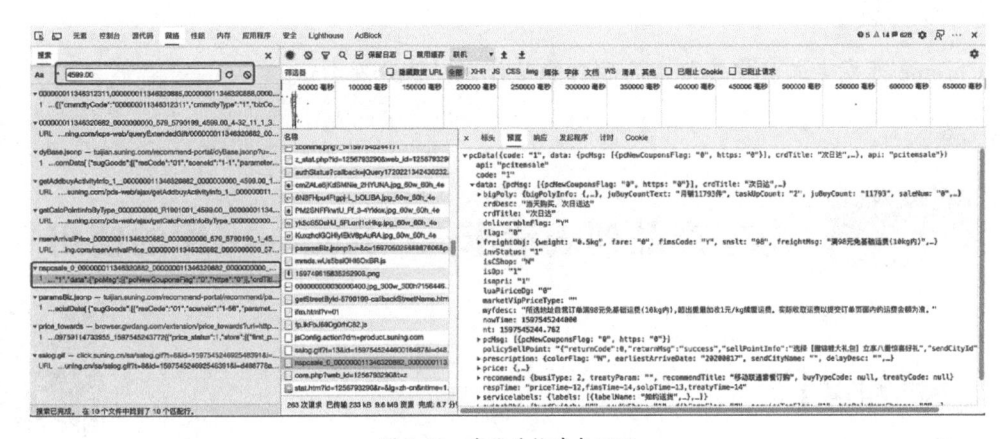

图 3-22　查找价格请求 URL

三、苏宁产品评论参数分析

下拉产品主页加载评论内容，我们同样可以使用搜索功能定位请求，如图 3-23 所示。请求 URL：

https://review.suning.com/ajax/cluster_review_lists/cluster-37201818-000000011346320882-0000000000-total-1-default-10-----reviewList.htm?callback=reviewList

其中 000000011346320882-0000000000 和上述一样，可从产品 URL 中提取。37201818 经过搜索，可从产品页的响应中获取，如图 3-24 所示。

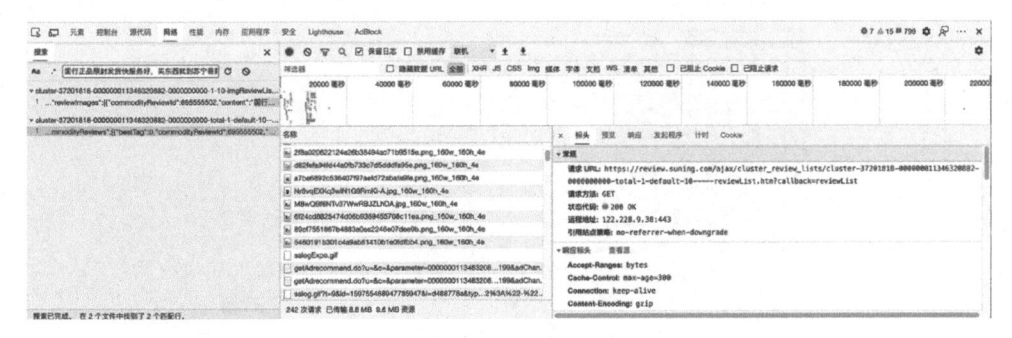

图 3-23　查找评论请求 URL

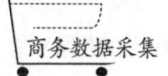

图 3-24 查找 clusterID

【思考题】

Chrome 开发者工具中其他工具的功能是什么？请分别尝试。

任务3.2 苏宁产品列表请求——Requests库的使用

【基础知识】

Requests 库是 Python 中实现 HTTP 请求最简单有效的库之一。官方文档的网址为：https://requests.readthedocs.io/en/master。

Request 库的使用视频

PyCharm 中安装 Requests 的方法非常简单。如图 3-25 所示，打开 PyCharm 的 "Preference" 对话框→"Project Interpreter"→下拉选项中选择正确的版本→单击 "+"。在弹出的 "Available Packages" 对话框中填写 requests，并单击 "Install Package"，即可实现安装，如图 3-26 所示。

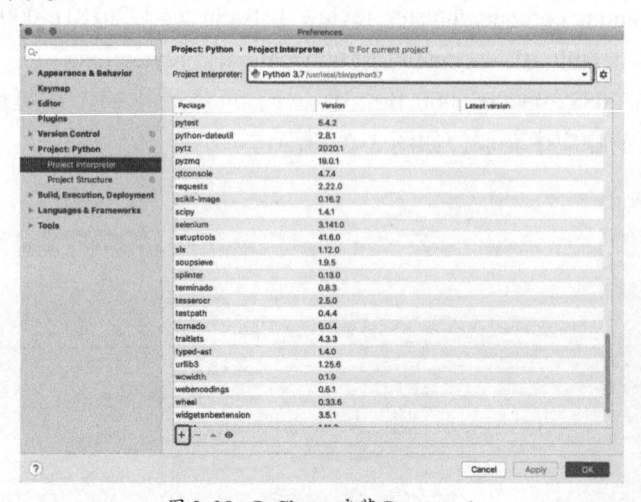

图 3-25 PyCharm 安装 Requests-1

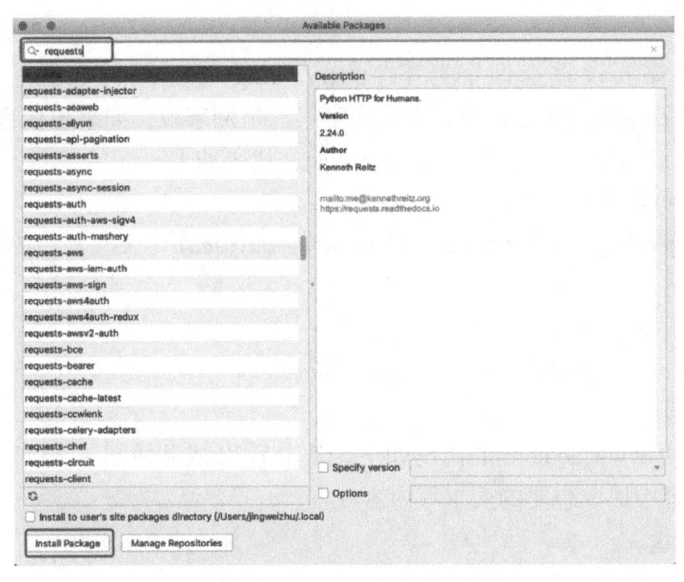

图 3-26　PyCharm 安装 Requests-2

一、基本用法

1. GET 请求

GET 请求视频

GET 是 HTTP 中最常见的请求方法之一，那么如何用 Requests 库实现 GET 方法呢？

构建一个最简单的 GET 请求，请求的 URL 为 http://httpbin.org/get（该网站会返回 GET 请求的请求信息）。GET 请求发出后，Requests 会基于 HTTP 头部对响应的编码做出推测，r.text 可以根据编码将响应内容以文本的形式输出。当因编码错误出现乱码时，可通过 r.encoding 进行修改。

import requests
r = requests.get('http://httpbin.org/get')
print(r.text)
Out:
{
　"args": {},
　"headers": {
　　"Accept": "/*",*
　　"Accept-Encoding": "gzip, deflate",
　　"Host": "httpbin.org",
　　"User-Agent": "python-requests/2.22.0",
　　"X-Amzn-Trace-Id": "Root=1-5f38d21a-8c35f7dc67c4a4ccacd578c4"
　},
　"origin": "60.191.227.157",
　"url": "http://httpbin.org/get"

}

GET 请求常需要设置查询字符串（query string）传递某种数据，Requests 可使用 params 设置关键字参数，params 数据类型为字典。举例来说，如果想传递 key1=value1 和 key2=value2 作为 GET 请求参数到 httpbin.org/get，代码如下：

payload = {'key1': 'value1', 'key2': 'value2'}

r = requests.get("http://httpbin.org/get", params=payload)

print(r.url)

Out:

http://httpbin.org/get?key1=value1&key2=value2

（1）抓取网页。

请求常规网页 www.qq.com 的代码如下，部分输出结果如图 3-27 所示。接下来我们则可以从响应内容中提取想要的文本等内容。

import requests

r = requests.get('https://www.qq.com')

print(r.text)

```
</script><!--[if !IE]>|xGv00|2d5210e6c1b95e3bf4b8983f9cb00ab3<![endif]-->
    <meta content="资讯,新闻,财经,房产,视频,NBA,科技,腾讯网,腾讯,QQ,Tencent" name="Keywords">
    <meta name="description" content="腾讯网从2003年创立至今，已经成为集新闻信息，区域垂直生活服务、社会化媒体资讯和产品为一
    <link rel="shortcut icon" href="//mat1.gtimg.com/www/icon/favicon2.ico" />
    <link rel="stylesheet" href="//mat1.gtimg.com/pingjs/ext2020/qqindex2018/dist/css/qq_fc110da4.css" charse
```

图 3-27　Requests QQ 主页部分响应结果

（2）抓取二进制数据。

上面的例子演示的是抓取 QQ 网页，实际上它返回的是一个 HTML 文档，即文本内容，那么如何获取网页中图片、音频、视频等文件？这些文件都是由二进制码组成的，有特定的保存格式和对应的解析方式，所以想要抓取它们，就需要获取它们的二进制码。以 QQ 主页的 LOGO 为例：

import requests

r = requests.get('https://mat1.gtimg.com/pingjs/ext2020/'
　　　　　'qqindex2018/dist/img/qq_logo_2x.png')

print(r.text)

print(r.content)

这里输出了 Response 对象的两个属性：text 和 content，输出结果如图 3-28 所示，其中前两行是 text 的结果（截取不完整），最后一行是 content 的结果。其中前者出现了乱码，后者结果前带有一个 "b"，代表这是 bytes 类型的数据。由于图片为二进制数据，当错误使用 text 输出 str 类型文本时，乱码也就出现了。

```
�'�I%����Zs�,�Bl <9y5%>X� ≥0�J �hj���Q�m�0�� ��F�m�N� [�F�0%����i�:�M;��� i��������
��P[[ >}������r"�TX□�K�S� ���=���$�� `� G�@h� IEND�B`�/*   |xGv00|f2df6c81f23a28747e0ff89b681
b'\x89PNG\r\n\x1a\n\x00\x00\x00\rIHDR\x00\x00\x01\x06\x00\x00\x00F\x08\x06\x00\x00\x00.\x1a:\xe4\x00\x00\x0
```

图 3-28　text、content 输出结果对比

接下来可使用 PIL 库将图片打开（Image.open 函数）并显示（show 函数），BytesIO 函数实现了在内存中读写 bytes，使得 r.content 可以像文件一样被读取。

from PIL import Image

from io import BytesIO

i = Image.open(BytesIO(r.content))

i.show()

（3）添加 headers。

通常通过 Requests 发送请求时都需要添加 User-Agent 信息，否则将无法得到正确的响应内容，例如，requests.get("https://www.baidu.com") 无法得到与正常浏览网页时一样的代码，这是最简单的反爬虫手段。

因此，可以通过 headers 参数添加 User-Agent 传递头信息，例如：

import requests

head = {'User-Agent':'Mozilla/5.0 (Macintosh; Intel Mac OS X 10_14_6) AppleWebKit/537.36 (KHTML, like Gecko) Chrome/84.0.4147.105 Safari/537.36 Edg/84.0.522.52'}

r = requests.get('https://www.baidu.com',headers = head)

print(r.text)

User-Agent 可以从 Chrome 开发者工具中获取，PC 端如图 3-29 所示，移动端如图 3-30 所示。

Headers 参数还可以传递其他头信息字段。

图 3-29　Chrome 开发者工具中获取 PC 端 User-Agent

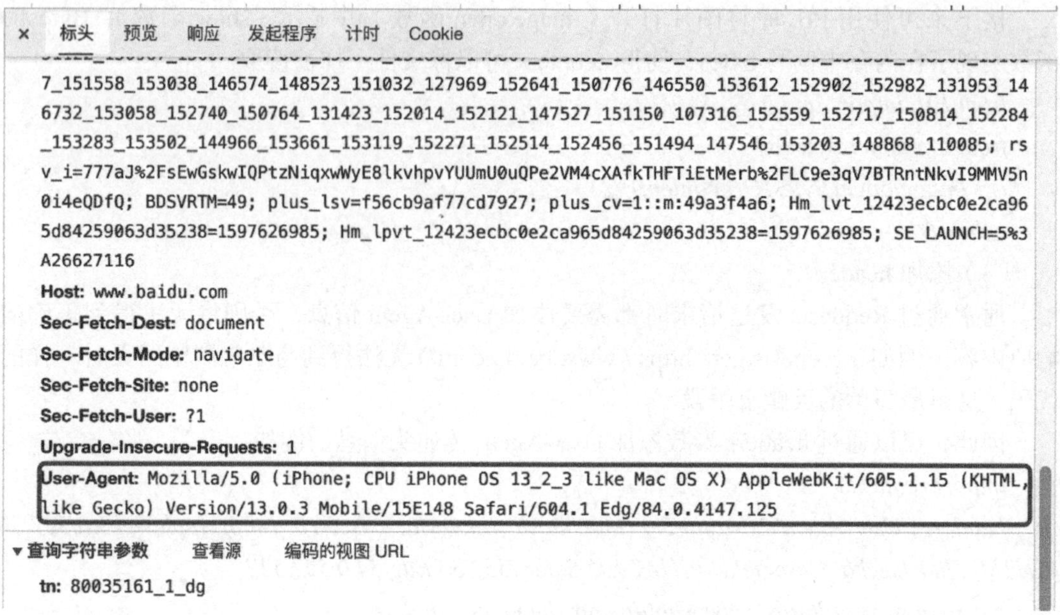

图 3-30　Chrome 开发者工具中获取移动端 User-Agent

2. POST 请求

另一种常见的请求方式是 POST，使用 Requests 实现 POST 请求同样非常简单，只需简单地传递一个字典给 data 参数。数据字典在发出请求时会自动编码为 POST 所需的表单形式：

payload = {'key1': 'value1', 'key2': 'value2'}

r = requests.post("http://httpbin.org/post", data=payload)

print(r.text)

OUT：

{

　"args": {},

　"data": "",

　"files": {},

　"form": {

　　"key1": "value1",

　　"key2": "value2"

　},

　"headers": {

　　"Accept": "*/*",

　　"Accept-Encoding": "gzip, deflate",

　　"Content-Length": "23",

　　"Content-Type": "application/x-www-form-urlencoded",

　　"Host": "httpbin.org",

```
    "User-Agent": "python-requests/2.22.0",
    "X-Amzn-Trace-Id": "Root=1-5f39e002-096a1a00a2df24407f1d4af4"
  },
  "json": null,
  "origin": "60.191.227.157",
  "url": "http://httpbin.org/post"
}
```

请求的 http://httpbin.org/post 会在请求方式为 POST 时返回相关的请求信息。返回信息中 form 部分就是提交的数据。

在表单中多个元素使用同一 key 时，也可以为 data 参数传入一个元组列表。例如：

```
payload = (('key1', 'value1'), ('key1', 'value2'))
r = requests.post('http://httpbin.org/post', data=payload)
print(r.text)
```

3. 响应

发送请求后可以得到响应，前面我们使用 text 和 content 获取了响应的内容。此外，还有很多属性和方法可以获取其他信息，如状态码、响应头、Cookies 等。例如：

```
import requests
r = requests.get('https://www.suning.com')
print(type(r.status_code),r.status_code)
print(type(r.headers),r.headers)
print(type(r.cookies),r.cookies)
print(type(r.url),r.url)
print(type(r.history),r.history)
```

Out:

`<class 'int'> 200`

`<class 'requests.structures.CaseInsensitiveDict'> {'Date': 'Mon, 17 Aug 2020 02:44:17 GMT', 'Content-Type': 'text/html; charset=UTF-8', 'Transfer-Encoding': 'chunked', 'Connection': 'keep-alive', 'Expires': 'Mon, 17 Aug 2020 02:44:56 GMT', 'Server': 'styx', 'Vary': 'Accept-Encoding, Accept-Encoding', 'Cache-Control': 'max-age=300', 'Last-Modified': 'Mon, 17 Aug 2020 02:39:56 GMT', 'Pragma': 'Pragma', 'Content-Encoding': 'gzip', 'X-Ser': 'BC31_dx-zhejiang-wenzhou-2-cache-5', 'X-Cache': 'HIT from BC31_dx-zhejiang-wenzhou-2-cache-5(baishan)', 'strict-transport-security': 'max-age=300'}`

`<class 'requests.cookies.RequestsCookieJar'> <RequestsCookieJar[]>`

`<class 'str'> https://www.suning.com/`

`<class 'list'> []`

这里分别输出 status_code 属性得到状态码，输出 headers 属性得到响应头，输出 cookies 属性得到 Cookies，输出 url 属性得到 URL，输出 history 属性得到请求历史。状态码常用来判断请求是否成功，Requests 内置了一个状态码查询对象 requests.codes：

```
r = requests.get('http://httpbin.org/get')
print(r.status_code == requests.codes.ok)
```
Out:
True

二、高级用法

1. 文件上传

有的网站需要上传提交文件,Requests可以非常简单地实现。
```
url = 'http://httpbin.org/post'
files = {'file': open('qqlogo.png', 'rb')}
r = requests.post(url, files=files)
print(r.text)
```
Out:
{
　"args": {},
　"data": "",
　"files": {
"file": "data:application/octet-stream;……(太长省略)"
　},
　"form": {},
　"headers": {
　　"Accept": "*/*",
　　"Accept-Encoding": "gzip, deflate",
　　"Content-Length": "13646",
　　"Content-Type": "multipart/form-data; boundary=60a3afb1cdde9798f8b95179d5d1d8e1",
　　"Host": "httpbin.org",
　　"User-Agent": "python-requests/2.22.0",
　　"X-Amzn-Trace-Id": "Root=1-5f3a1acb-dcbb4946430a2fc05775b066"
　},
　"json": null,
　"origin": "60.191.201.102",
　"url": "http://httpbin.org/post"
}

我们用前一节保存的qqlogo.png文件来模拟上传的过程,文件和当前脚本在同一目录下。http://httpbin.org/post会返回响应,里面包含了files字段,即上传的文件内容。

2. Cookie

获取百度首页的 Cookies：

head = {'User-Agent':'Mozilla/5.0 (Macintosh; Intel Mac OS X 10_14_6) AppleWebKit/537.36 (KHTML, like Gecko) Chrome/84.0.4147.105 Safari/537.36 Edg/84.0.522.52'}

r = requests.get('https://www.baidu.com/',headers = head)

print(r.cookies)

for key,value in r.cookies.items():

print(key+ ':' +value)

Out：

<RequestsCookieJar[<Cookie BAIDUID=0FCC9AB3028EA78894BF2B10B2D4766B:FG=1 for .baidu.com/>, <Cookie BIDUPSID=0FCC9AB3028EA788A3F91BFC231D8C15 for .baidu.com/>, <Cookie H_PS_PSSID=1468_32439_32348_32046_32399_32117_31321_26350_32502 for .baidu.com/>, <Cookie PSTM=1597634022 for .baidu.com/>, <Cookie BDSVRTM=0 for www.baidu.com/>, <Cookie BD_HOME=1 for www.baidu.com/>]>

BAIDUID:0FCC9AB3028EA78894BF2B10B2D4766B:FG=1

BIDUPSID:0FCC9AB3028EA788A3F91BFC231D8C15

H_PS_PSSID:1468_32439_32348_32046_32399_32117_31321_26350_32502

PSTM:1597634022

BDSVRTM:0

BD_HOME:1

首先调用 cookies 属性即可获得 Cookies（RequestsCookieJar 类型），然后用 items() 方法将其转化为元祖列表，遍历输出每一个 Cookie 的名称和值。

Cookie 可以用来维持登录状态，仍以百度为例，首先登录百度，打开 Chrome 开发者工具，刷新后将 Headers 中的 Cookies 复制出来（见图 3–31）。随后将其设置到 Headers 中，通过 Requests 发送请求，代码如下：

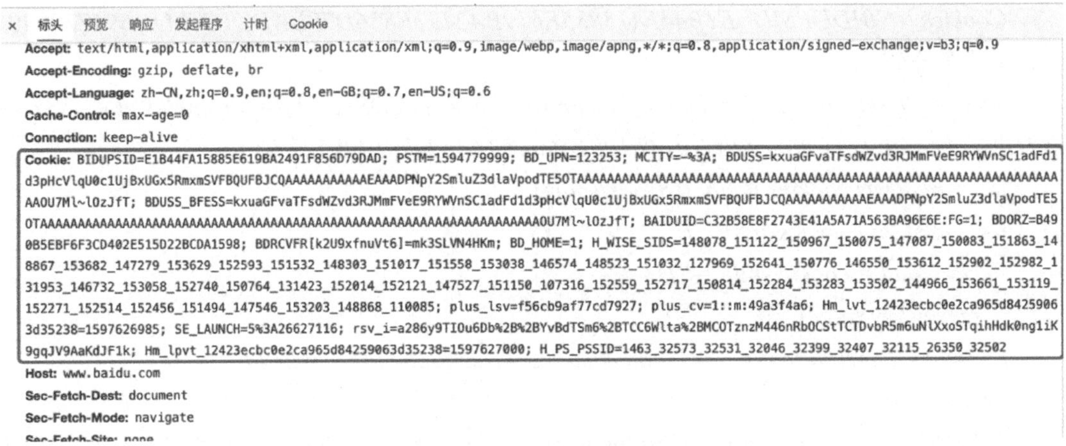

图 3–31　Chrome 开发者工具中获取 Cookie

```
import requests
head = {'Cookie':'BIDUPSID=E1B44FA15885E619BA2491F856D79DAD;
PSTM=1594779999;……( 太长省略 )',
    'User-Agent':'Mozilla/5.0 (Macintosh; Intel Mac OS X 10_14_6) AppleWebKit/537.36
(KHTML, like Gecko) Chrome/84.0.4147.105 Safari/537.36 Edg/84.0.522.52'}
r = requests.get('https://www.baidu.com/',headers = head)
print(r.text)
```

结果中包含了登录后的内容，即个人账号，如图 3-32 所示，证明登录成功。

```
query:"",
qid:"",
cid:"",
sid:"",
stoken:"",
serverTime:"",
user:"Jingw     ",
username:"Jing         ",
loginAction:[],
useFavo:"",
pinyin:"",
favoOn:"",
curResultNum:"0",
rightResultExist:false,
protectNum:0,
zxlNum:0,
pageNum:1,
pageSize:10,
```

图 3-32 Cookies 登录成功

还可以通过构造 RequestsCookieJar 对象设置 cookies 参数来进行请求。

```
import requests
Cookies = 'BIDUPSID=E1B44FA15885E619BA2491F856D79DAD; PSTM=1594779999;
……（太长省略）'
head = {'User-Agent':'Mozilla/5.0 (Macintosh; Intel Mac OS X 10_14_6) AppleWebKit/537.36
(KHTML, like Gecko) Chrome/84.0.4147.105 Safari/537.36 Edg/84.0.522.52'}
jar = requests.cookies.RequestsCookieJar()
for cookie in Cookies.split(';'):
    key,value = cookie.split('=',1)
    jar.set(key,value)
r = requests.get('https://www.baidu.com/',cookies=jar,headers = head)
print(r.text)
```

我们新建了一个 RequestsCookieJar 对象，将复制下来的 Cookies 利用 SPILT 方法进行分割，利用 SET 方法设置每个 Cookie 的 key 和 value，最后通过调用 requests 的 GET 方法并传递 Cookies 参数即可。如此同样可以正常登录百度。

3. 会话维持

在 Requests 中，直接利用 GET 或 POST 可以实现模拟网页的请求，但每一次请求都会建立不同的会话，相当于新建浏览器打开了不同的页面。那么我们就无法在二次请求时获得前一次登录后的个人信息，而 Requests 提供了解决方案——Session 对象。它可以方便地维护一个会话，而不用我们关心 Cookies 的问题。例如：

```
import requests
s = requests.Session()
s.get('http://httpbin.org/cookies/set/sessioncookie/123456789')
r = s.get("http://httpbin.org/cookies")
print(r.text)
```

Out:
```
{
  "cookies": {
    "sessioncookie": "123456789"
  }
}
```

代码中我们先请求了一个测试网址 http://httpbin.org/cookies/set/sessioncookie/123456789，请求该网址时，可以设置一个 cookie，名 number，值 123456789，随后请求 http://httpbin.org/cookies 时可以获取当前的 Cookies。当没有使用 Session 时将无法获取，大家可以动手试试。

会话还可以使用前后文管理器，这样就能确保 with 区块即使发生异常退出后，会话也能被正确关闭。

```
with requests.Session() as s:
s.get('http://httpbin.org/cookies/set/sessioncookie/123456789')
```

4. 超时设置

有时为了防止因服务器不能及时响应出现的错误，可设置一个超时时间，即超过这个时间没有得到响应时就报错。此时需要用到 timeout 参数，该时间指的是从发出请求到服务器返回响应的时间，例如：

```
import requests
r = requests.get('https://www.jd.com/',timeout = 1)
print(r.status_code)
```

我们将超时时间设置为 1s，如果 1s 内没有响应，就会抛出访问异常。

请求分两个阶段：连接（connect）和读取（read），上段代码设置的 timeout 将作用于连接和读取这两者的 timeout 总和，若要分别制定，则可以传入一个元祖：

```
r = requests.get('https://www.jd.com/',timeout =(1,2))
```

如果想要永久等待，则可以直接将 timeout 设置为 None，或者不设置直接留空（默认是 None）：

```
r = requests.get('https://www.jd.com/',timeout = None)
```
或
```
r = requests.get('https://www.jd.com/')
```
注意：

timeout 仅对连接过程有效，与响应体的下载无关。

【任务实施】

苏宁搜索结果列表请求

结合任务 3.1 中的请求分析构造请求参数 params，发送 GET 请求。当响应状态码为 200 时，解析网页中的产品链接，并将提取到的链接去重存放至列表当中。

最终构造 getProductsList 方法如下，方法参数 Keyword 为搜索关键词，MAXPAGES 为最大翻页数：

```python
import requests
from requests.exceptions import RequestException
from lxml import etree


head = {'User-Agent':'Mozilla/5.0 (Macintosh; Intel Mac OS X 10_14_6) AppleWebKit/537.36 (KHTML, like Gecko) Chrome/84.0.4147.105 Safari/537.36 Edg/84.0.522.52'}

def getProductsList(Keyword,MAXPAGES):
    baseURL = 'http://search.suning.com/emall/searchV1Product.do?'
    productsList = []
    for pagenum in range(MAXPAGES):
        for inpagenum in range(3):
            params ={
                'keyword':Keyword,
                'ci':'0',
                'pg':'01',
                'cp':pagenum, # 翻页
                'il':'0',
                'st':'0',
                'iy':'0',
                'isNoResult':'0',
                'n':'1',
                'id':'IDENTIFYING',
                'cc':'579',
                'paging':inpagenum, # 同页加载序号 0-3, 每次 30 个, 共 120 个
                'sub':'1'
```

```
            }
        try:
            response = requests.get(baseURL,params=params,headers = head)
            if response.status_code == 200:
                selector = etree.HTML(response.text)
                for href in selector.xpath('//*[@class="title-selling-point"]/a/@href'):
                    if 'http:'+href not in productsList:
                        #判断重复链接
                        productsList.append('http:'+href)
            else:
                return productsList
        except RequestException:
            return None
    return productsList
```

【思考题】

分析并获取京东搜索结果页产品列表，编写相应的脚本。

任务3.3　列表响应数据提取——lxml&RE库

【基础知识】

一、lxml 库

Python 可以借助 lxml 库来使用 XPath 解析 HTML，PyCharm 中安装 lxml 库的方法和 Requests 相似。以下仍以豆瓣电影喜剧类排行榜中的一个电影简介的 HTML 为例展开，代码如下：

```
text= '''
<div class="movie-list-item unplayable unwatched">
    <div class=»movie-content»>
        <a href=»https://movie.douban.com/subject/5133063/» target=»_blank»>
            <img data-original=»https://img3.doubanio.com/view/photo/s_ratio_poster/public/p2354179225.jpg» class=»movie-img» src=»https://img3.doubanio.com/view/photo/s_ratio_poster/public/p2354179225.jpg» style=»display: block;»>
        </a>
```

lxml 解析页面视频

```
<div class=»movie-info»>
    <div class=»movie-name»>
        <span class="movie-name-text">
            <a href=»https://movie.douban.com/subject/5133063/» target=»_blank»>
                憨豆先生精选辑
            </a>
        </span>
        <span class=»rank-num»>
            1
        </span>
    </div>
    <div class=»movie-crew»>
        罗温·艾金森 / Paul Bown / 理查德·布赖尔斯 / Angus Deayton / 罗宾·德里斯科尔 / 卡罗琳·昆汀 / Rudolph Walker / 理查德·威尔逊
    </div>
    <div class=»movie-misc»>
        1997 / 英国 / 喜剧
    </div>
    <div class=»movie-rating»>
        <span class=»bigstar50»></span>
        <span class=»rating_num»>9.6</span>
        <span class=»comment-num»>3624 人评价 </span>
    </div>
</div>
'''
```

1. 属性匹配

选取网页节点时，可以用 @ 符号进行属性过滤，例如，想获取 class 为 movie-crew 的 div 节点（摄制组字段）时，可以通过如下代码实现：

```
from lxml import etree
html = etree.HTML(text)
result = html.xpath('//div[@class="movie-crew"]')
print(result)
```

我们通过加入 [@class="movie-crew"]，限制了节点的 class 属性为 movie-crew，HTML 文本中符合条件的 div 节点仅有一个，故返回结果如下：

```
[<Element div at 0x108928eb0>]
```

2. 文本获取

XPath 中的 text() 方法可以获取节点中的文本，将上段代码稍作修改如下，获取正确的文本内容：

```
from lxml import etree
```

html = etree.HTML(text)

result = html.xpath('//div[@class="movie-crew"]/text()')

print(result)

Out:

['\n 罗温·艾金森 / Paul Bown / 理查德·布赖尔斯 / Angus Deayton / 罗宾·德里斯科尔 / 卡罗琳·昆汀 / Rudolph Walker / 理查德·威尔逊 \n']

当我们想用 //div[@class="movie-rating"]/text() 获取电影评分 div class="movie-rating" 字段中的文字时，却无法得到正确的结果。因为 text() 前面是 /，/ 的含义是选取直接节点，而 div 的直接节点都是 span 节点，文本都在 span 内。如果想要获取 div 内部的文本，有以下两种方式：

（1）先选取 span 节点再获取文本。

（2）使用 // 直接获取文本。

两种方式的代码及输出如下：

result = html.xpath('//div[@class="movie-rating"]/span/text()')

Out:

['9.6', '3624 人评价 ']

result = html.xpath('//div[@class="movie-rating"]//text()')

Out:

['\n', '\n', '9.6', '\n', '3624 人评价 ', '\n']

后一种方式中的换行符是 div 节点内的文本，尽管能获取 div 内所有的文本，但夹杂的换行符等特殊字符也需要进行清洗。

3. 属性获取

text() 方法获取了节点内的文本，节点的属性值可以用 @ 符号进行获取。例如我们想获取 class="movie-name-text" 中的 href 属性，代码如下：

from lxml import etree

html = etree.HTML(text)

result = html.xpath('//span[@class="movie-name-text"]/a/@href')

Out:

['https://movie.douban.com/subject/5133063/']

注意：

属性获取和属性匹配的方法不同，属性匹配是用中括号加属性名和值来限定某个属性，如 [@class="movie-rating"]，而此处的 @href 指的是获取节点的某个属性值。

4. 属性多值匹配

某些节点的属性可能有多个值，例如，示例代码的第一行 <div class="movie-list-item unplayable unwatched">，这里 div 节点的 class 属性有 movie-list-item、unplayable、unwatched 三个值，此时如果用之前的属性匹配 //div[@class="movie-list-item"] 获取，则会出错。因此，需要用到 contains() 函数，将代码修改为 //div[contains(@class,"movie-list-item")]，则可以正确获取。

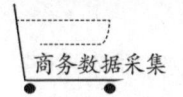

contains() 函数的第一个参数是属性名称，第二个是属性值。

5．多属性值匹配

有时我们需要根据多个属性确定一个节点，此时就需要 and 运算符。例如，我们要匹配 img 节点，代码如下：

from lxml import etree

html = etree.HTML(text)

result = html.xpath('//img[@class="movie-img" and @data-original="https://img3.doubanio.com/view/photo/s_ratio_poster/public/p2354179225.jpg"]')

img 节点有多个属性值，可以通过 class 和 data-origina 属性联合定位，中间用 and 操作符相连，相连之后置于中括号内进行条件筛选。

XPath 表达式中的运算符还有很多，如表 3-1 所示。

表3-1　XPath表达式运算符

运算符	描述	实例	返回值
|	计算两个节点集	//book | //cd	返回所有拥有 book 和 cd 元素的节点集
+	加法	6 + 4	10
-	减法	6 - 4	2
*	乘法	6 * 4	24
div	除法	8 div 4	2
=	等于	price=9.80	如果 price 是 9.80，则返回 true 如果 price 是 9.90，则返回 false
!=	不等于	price!=9.80	如果 price 是 9.90，则返回 true 如果 price 是 9.80，则返回 false
<	小于	price<9.80	如果 price 是 9.00，则返回 true 如果 price 是 9.90，则返回 false
<=	小于或等于	price<=9.80	如果 price 是 9.00，则返回 true 如果 price 是 9.90，则返回 false
>	大于	price>9.80	如果 price 是 9.90，则返回 true 如果 price 是 9.80，则返回 false
>=	大于或等于	price>=9.80	如果 price 是 9.90，则返回 true 如果 price 是 9.70，则返回 false
or	或	price=9.80 or price=9.70	如果 price 是 9.80，则返回 true 如果 price 是 9.50，则返回 false
and	与	price>9.00 and price<9.90	如果 price 是 9.80，则返回 true 如果 price 是 8.50，则返回 false
mod	计算除法的余数	5 mod 2	1

二、RE 库

Python 的 RE 库提供了正则表达式的实现方法，以下介绍部分常用方法。

1. 正则表达式常用方法

（1）match()

match() 方法会尝试从字符串的起始位置匹配正则表达式，如匹配则返回匹配成功的结果，否则返回 None。例如：

import re

text = 'Hello, my name is 朱景伟，my e-mail is jingweizhu1990@126.com.If you have any questions, ask https://www.google.com.'

print(len(text))

result = re.match('Hello,\s\w{2}\s\w{4}\s\w{2}\s[\u4e00-\u9fa5]{2,3}',text)

print(result)

print(result.group())

print(result.span())

Out：

113

<re.Match object; span=(0, 21), match='Hello, my name is 朱景伟 '>

Hello, my name is 朱景伟

(0, 21)

match() 方法返回了 re.Match 对象，表明成功匹配。该对象常用的有两个方法：group() 可以输出匹配到的内容，上例中输出了"Hello, my name is 朱景伟"；span() 可以输出匹配的范围，上例中结果是（0, 21）。

若想从字符串中提取一部分内容，则可使用 () 将想要提取的子字符串括起来。() 标记了一个子表达式的开始和结束位，被标记的每个子表达式会依次对应每一个分组，调用 group() 方法传入分组的索引即可获取提取的结果。例如：

import re

text = 'Hello, my name is 朱景伟，my e-mail is jingweizhu1990@126.com.If you have any questions, ask https://www.google.com.'

print(len(text))

result = re.match('Hello,\s\w{2}\s\w{4}\s\w{2}\s([\u4e00-\u9fa5]{2,3})',text)

print(result)

print(result.group())

print(result.group(1))

Out：

113

<re.Match object; span=(0, 21), match='Hello, my name is 朱景伟 '>

Hello, my name is 朱景伟

朱景伟

我们用 group(1) 成功获取了"朱景伟",若正则表达式后还有 () 包括的内容,则可以依次用 group(2)、group(3) 等来获取。

(2) search()

match() 方法是从字符串的开头开始匹配,若开头不匹配就会造成整个匹配失败。将前面的代码修改如下:

import re

text = 'Hello, my name is 朱景伟, my e-mail is jingweizhu1990@126.com.If you have any questions, ask https://www.google.com.'

print(len(text))

result = re.match('[\u4e00-\u9fa5]{2,3}',text)

print(result)

Out:

113

None

当我们想直接用正则表达式匹配字符串中的中文时,由于开头不匹配,则返回了匹配失败 None 的结果。可见 match() 方法要考虑开头的结果,做匹配提取内容时并不方便,而更适合用来检测某个字符串是否符合正则表达式的规则。

search() 方法在匹配时则会扫描整个字符串,返回第一个成功匹配的结果,没有才返回 None。当我们把上例中的 match() 方法替换为 search() 时,返回匹配到的结果如下:

<re.Match object; span=(18, 21), match='朱景伟'>

(3) findall()

search() 方法可以返回第一个匹配正则表达式的内容,但如果想要获取所有匹配正则表达式的内容,则需要使用 findall() 方法。想匹配字符串中所有的中文位名字,代码如下:

import re

text = 'my name is 张三, your name is 李四, his name is 王五.'

print(len(text))

result = re.findall('[\u4e00-\u9fa5]{2,3}',text)

print(result)

Out:

47

['张三','李四','王五']

findall() 方法返回的是 list 类型,采用 list 索引即可获取对应的内容。

(4) sub()

sub 方法可用来替换修改文本,例如,将所有中文姓名替换为"赵六",代码如下:

import re

text = 'my name is 张三, your name is 李四, his name is 王五.'

print(len(text))

result = re.sub('[\u4e00-\u9fa5]{2,3}','赵六',text)

print(result)

Out:

47

my name is 赵六 , your name is 赵六 , his name is 赵六 .

（5）compile()

compile() 方法可以将正则字符串编译成正则表达式对象，便于在后面的匹配中复用。例如，将上例代码修改如下，可得到相同的结果。

import re

text = 'my name is 张三 , your name is 李四 , his name is 王五 .'

pattern = re.compile('[\u4e00-\u9fa5]{2,3}')

result = re.sub(pattern,' 赵六 ',text)

print(result)

2. 贪婪与非贪婪匹配

Python 正则匹配中常遇到贪婪与非贪婪的问题，特别是使用 .* 这一通用匹配时。

Python 中默认采用的是贪婪模式（见图 3-33），贪婪模式下字符串查找会直接走到字符串结尾去匹配，如果不相等就向前寻找，即回溯，例如：

import re

text = '<table><td><th> 贪婪 </th></td></table> 贪婪 '

result = re.findall(r'<.>',text)*

print(result)

Out:

['<table><td><th> 贪婪 </th></td></table>']

['<table><td><th>贪婪</th><td></table>']

图 3-33　贪婪模式

而非贪婪模式（见图 3-34）下会自左向右查找匹配，不会出现回溯的情况，例如：

import re

text = '<table><td><th> 贪婪 </th></td></table> 贪婪 '

result = re.findall(r'<.?>',text)*

print(result)

Out:

['<table>', '<td>', '<th>', '</th>', '</td>', '</table>']

['<table><td><th>贪婪</th><td></table>']

图 3-34　非贪婪模式

在用正则表达式做匹配时，字符串中间常用非贪婪匹配，也就是用 .*? 替代 .*。而在字符串结尾，.*? 则有可能匹配不到任何内容。

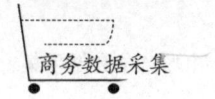

3. 修饰符

正则表达式可以包含以下可选标志修饰符来控制匹配的模式，将上面的代码稍作修改如下：

import re
text = '''<table>
<td><th> 贪婪 </th></td>
</table>
贪婪 '''
result = re.findall(r'<.>',text)*
print(result)
Out:
['<table>', '<td><th> 贪婪 </th></td>', '</table>']

在字符串中加了换行符，输出结果便有所不同。由于 . 匹配的是除换行符外的任意字符，当遇到换行符时，.* 就不能匹配。只需要加一个修饰符 re.S 即可修正，result = re.findall(r'<.*>',text,re.S)。

因为 HTML 节点常有换行，所以 re.S 在网页匹配中十分常用。另外还有如表 3-2 所示的修饰符，其中最为常用的是 re.S 和 re.I。

表3-2 正则表达式修饰符

标志	含义
re.S	使匹配包括换行在内的所有字符
re.I	使匹配对大小写不敏感
re.L	本地化识别（locale-aware) 匹配
re.M	多行匹配，影响 ^ 和 $
re.X	该标志通过给予更灵活的格式以便将正则表达式写得更易于理解
re.U	根据 Unicode 字符集解析字符，这个标志影响 \w、\W、\b、\B

【任务实施】

一、苏宁产品 URL 提取

通过请求搜索结果页 URL 可得到该页面的 HTML，在线 HTML 格式化后得到如图 3-35 所示结果。可以发现产品 URL 都在 a 节点的 href 属性中，但不同产品的 a 节点并无共性，可通过查找其父节点 class="title-selling-point" 的 div 进行定位。

```
<div class="title-selling-point">
    <a sa-data="
{'eletp':'prd','prdid':'11346320883','shopid':'0070177123','salestatus':'{invStatus}','searchvalue
':'ssdsn_pic31-1_jz'}" name="{pageType}_pro_name31-1_0_0_11346320883_0070177123" title="【评价晒图，
送U型枕】" target="_blank" href="//product.suning.com/0070177123/11346320883.html">苹果(Apple)   <b
class="highlight">iPhone 11 </b>128G 黑色 移动联通电信4G全网通手机---买即送PP体育会员
        <em style="display:none">【评价晒图，送U型枕】</em>
    </a>
</div>
```

图 3-35　在线 HTML 格式化结果

参考"属性获取"部分内容，利用 lxml 库实现代码如下：

selector = etree.HTML(responsetext)
selector.xpath('//*[@class="title-selling-point"]/a/@href')

二、苏宁 clusterId 提取

评论请求 URL 中 clusterId 需要从产品页的响应中获取，部分响应代码如图 3-36 所示。该段内容由 JS 生成，无法通过 XPath 进行节点定位，可采用正则表达式进行提取，正则表达式 r'clusterId":"(.*?)"' 中 r 表示使用原生字符串（不转义）。代码实现如下：

```
"cshopFeeText":"实际以提交订单页为准。", "svipBookingObjButtonText":"开通SUPER会员参与",
"svipBookingObjSvipUrl":"https://supervip.suning.com/snprime-web/toIndex.do", "promFeeText":"免运
费，实际以提交订单页为准" }; /*funcDescProperties.spsBrandId 苏皮士事业部编码*/ sn.spsFlag = false; /*五菱
汽车标识*/ sn.isSGMW = false; ; /*电摩标识*/ sn.isElectricMotorcycle = false; ; /*彩电一口价售后服务商品组
标识*/ sn.isTVAfterService = false; ; sn.review = { "vendorCode":"0000000000",
"clusterId":"37201818" }; /*右侧工具条样式重置*/ var SnSidebar_config={
feedbackHref://qss.suning.com/dab6a.htm" }; if(sn.prdType == "S"){ /*商品通子码关系*/ var passFlag =
'0'; var gProduct = gProduct ||{ "gors":"",/*0 通 1子*/ "gType":"0", "gInfo":"", "itemSubCount":""
}; sn.pageFlag=1; gProduct.gors = parseInt(passFlag)-1; sn.passPartNumber = '000000011346320883';
if(gProduct.gors ==1){ sn.tempPartNumber = sn.partNumber; }else{ sn.tempPartNumber = ''; }
```

图 3-36　正则表达式提取 clusterId

clusterIdRE = re.compile(r'clusterId":"(.?)"', re.S)*
clusterId = re.findall(clusterIdRE, ProductPagetext)

【思考题】

获取京东搜索结果页产品的 URL，编写相应的脚本。

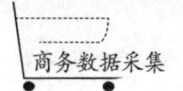

任务3.4 评论响应数据输出——JSON

【基础知识】

一、JSON 基础知识

JSON（JavaScript Object Notation）是一种轻量级的数据交换格式。JSON 本身是一串字符串，只是它有固定格式，符合这个数据格式要求的字符串就是 JSON。JSON 常被用作数据传输，因为它易于程序之前的读写操作。

JSON 具有以下两种数据结构。

①JSON 对象（键值对数据结构）如图 3-37 所示，以"{"开始，以"}"结束。中间包裹的为 "Key : Value" 的数据结构 {"name":"json"}，表达的意思就是 name = json，它们是字符串（String），要用双引号引起来。JSON 对象中可以包含多个 key/value 对，用逗号分隔，例如：

```
{
    name: "zhangsan",
    birthday:"1990-01"
}
```

图 3-37 键值对数据结构

②JSON 数组的数据结构如图 3-38 所示，以"["开始，以"]"结束，中间为装起来的数据。数组可以包含多个对象，对象间用逗号隔开，例如：

```
{
    teachers: [{
            "name": "zhangsan",
            "birthday":"1990-01"
    },{
            "name": "lisi",
            "birthday":"1989-02"
    }]
}
```

图 3-38 数组数据结构

JSON 数据结构中的 value 可以是 string、number、object、array、boolean（true/false）、null 这几种数据类型，这些结构可以嵌套。

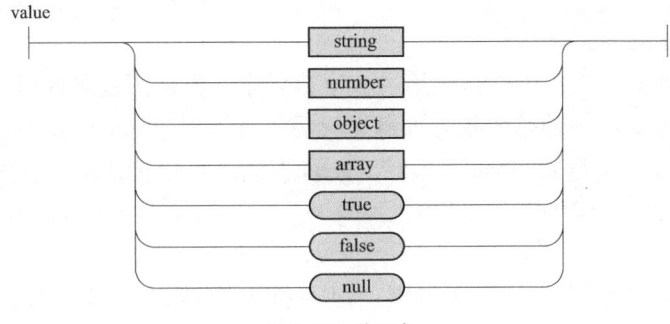

图 3-39　值形式

可以借助在线工具格式化 JSON 数据：https://www.sojson.com/simple_json.html。

二、JSON 用法

1. 读取 JSON

调用 JSON 库的 loads() 方法可将 JSON 文本字符串转为 JSON 对象，例如，以下代码：

import json
str= '''
[{
　　"name": "zhangsan",
　　"gender": "male",
　　"birthday":"1990-01"
},{
　　"name": "lisi",
　　"gender": "female",
　　"birthday":"1989-02"
}]'''
print(type(str))
data = json.loads(str)
print(data)
print(type(data))
Out:
<class 'str'>
[{'name': 'zhangsan', 'gender': 'male', 'birthday': '1990-01'}, {'name': 'lisi', 'gender': 'female', 'birthday': '1989-02'}]
<class 'list'>

这里使用 loads() 方法将字符串转为 JSON 对象，由于最外层是中括号，故最终得到的是列表类型。此时我们就可以用索引来获取对应的内容，例如，想取得第一个元素内的 name 属性，以下代码都可以获得 'zhangsan'：

  data[0]['name']

  data[0].get('name')

通过中括号加 0 索引，可以得到第一个字典元素，再调用键名即可得到相应的键值。获取键值有两种方式：一种是中括号加键名；另一种是通过 get() 方法传入键名。当键名不存在时，get() 方法会返回 None 不报错。get() 方法还可以传入第二个参数作为默认值，如 data[0].get('age',20) 的返回结果为 20。

注意：

JSON 的数据需要用双引号来包围，但字符串默认以单引号存储，可以使用 str.replace("'",'"') 方法进行替换。

2. 输出 JSON

JSON 库中的 dumps() 方法可以将 JSON 对象转化为字符串。例如，以下代码：

```
import json
data = [{
    "name": "zhangsan",
    "gender": "male",
    "birthday": "1990-01"
},{
    "name": "lisi",
    "gender": "female",
    "birthday": "1989-02"
}]
with open('data.json','w') as f:
    f.write(json.dumps(data,indent=2))
```

先定义 JSON 类型的 data 变量（注意和读取例子中的区别），利用 dumps() 方法将 JSON 对象转化为字符串，调用文件 write() 方法写入文本。indent 参数代表缩进字符个数，便于阅读 JSON 对象。写入结果如图 3–40 所示。

```
[
  {
    "name": "zhangsan",
    "gender": "male",
    "birthday": "1990-01"
  },
  {
    "name": "lisi",
    "gender": "female",
    "birthday": "1989-02"
  }
]
```

图 3–40　JSON 写入结果

当 JSON 中有中文时,需要指定参数 ensure_ascii=False,代码如下,输出结果如图 3-41 所示。

with open('data.json','w') as f:
f.write(json.dumps(data,indent=2,ensure_ascii=False))

```
[
  {
    "name": "张三",
    "gender": "male",
    "birthday": "1990-01"
  },
  {
    "name": "李四",
    "gender": "female",
    "birthday": "1989-02"
  }
]
```

图 3-41　JSON 含中文写入结果

【任务实施】

评论响应数据输出

对于任意一页评论,GET 请求后将得到共 10 条评论框,评论框中包含昵称、内容、评论时间等所有信息。

commenttext = requests.get(commenturl, headers=head).text

Out:

*reviewList({"commodityReviews":[{"bestTag":500,"commodityReviewId":746703367,"content":" 电池续航 : 目前这 1 电池续航能力还是不错的。
 拍照效果 : 拍照清晰
 显示效果 : 显示效果流畅操作方便
 反应速度,蛮快的切换起来非常流畅,一点也不卡顿。","publishTime":"2020-07-27 ……(太长省略)"})*

可见 reviewList() 中包含一个 JSON 结构的字符串,利用正则表达式将其提取后使用 json.loads() 方法读取,获得评论的 JSON 对象。索引对象即可获得想要提取的信息。

部分代码实现如下,定义 commentsdict 字典变量是为了后续将提取的数据以 JSON 格式存储。

commenttext = re.findall('\\((.*)\\)', commenttext)[0]

commentjson = json.loads(commenttext)

for index in range(len(commentjson['commodityReviews'])):

commentsdict = {}

commentsdict["commentname"] = commentjson['commodityReviews'][index]['userInfo']['nickName'] # 评论姓名

commentsdict["commentcontent"] = commentjson['commodityReviews'][index]['content'] # 评论内容

commentsdict["commentqualitystar"] = commentjson['commodityReviews'][index] ['qualityStar'] #星级

  commentsdict["commenttime"] = commentjson['commodityReviews'][index]['publishTime']
#发表时间

  在获取所有产品标题、价格信息和评论相关字段后,需要将数据以 JSON 的格式存储,关键步骤如下:

  (1)将 productdict 变量以字典的形式保存单个产品的所有信息。

  (2)将 productslist 变量以列表的形式保存所有产品及其对应的信息。

  (3)productsdict 字典变量的 key= 搜索关键词,value=productslist。

  (4)用 json.dumps() 方法将 productsdict 以 JSON 格式存储。

  具体代码如下,苏宁采集 JSON 结果如图 3–42 所示。

```
productslist = []
for urlindex in urllist:
    productdict = {}
    productdict['product'] = getOneProductPage(urlindex,MAXCOMMENTPAGES)
    productslist.append(productdict)
#get products json
productsdict = {"keywords":keywords,"productslist":productslist}
with open('data.json', 'w') as f:
    f.write(json.dumps(productsdict, indent=2, ensure_ascii=False))
```

```
{
  "keywords": "iphone 11",
  "productslist": [
    {
      "product": {
        "product_name": "AppleiPhone1164G白色移动联通电信4G全网通手机",
        "productprice": "4599.00",
        "comments": [
          {
            "commentname": "1***6",
            "commentcontent": "国行正品原封发货快服务好,买东西就到苏宁易购。",
            "commentqualitystar": 5,
            "commenttime": "2019-12-19 15:05:31",
            "commentuseful": 44,
            "commentpics": [
              "https://image.suning.cn/uimg/ZR/share_order/157673909642898217.jpg",
              "https://image.suning.cn/uimg/ZR/share_order/157673909628893222.jpg",
              "https://image.suning.cn/uimg/ZR/share_order/157673909633218132.jpg",
              "https://image.suning.cn/uimg/ZR/share_order/157673909639317326.jpg"
            ]
          },
          {
            "commentname": "1***m",
            "commentcontent": "电池续航:一天妥妥的。<br/>拍照效果:虽然是双摄,但效果实属上等层。<",
            "commentqualitystar": 5,
            "commenttime": "2020-06-27 16:50:41",
            "commentuseful": 2,
            "commentpics": [
              "https://image.suning.cn/uimg/ZR/share_order/159324774570967296.jpg",
              "https://image.suning.cn/uimg/ZR/share_order/159324774556276251.jpg",
              "https://image.suning.cn/uimg/ZR/share_order/159324774567557586.jpg",
              "https://image.suning.cn/uimg/ZR/share_order/159324774551647840.jpg",
              "https://image.suning.cn/uimg/ZR/share_order/159324774552414365.jpg"
            ]
```

图 3–42 苏宁采集 JSON 结果

最终实现代码请扫码获取。

【思考题】

获取京东搜索结果页产品信息，并以 JSON 格式输出保存，编写相应的脚本。

最终代码

任务3.5　苏宁用户账号登录——Selenium&ChromeDriver

【基础知识】

Selenium 是一个自动化测试工具，可以利用它驱动浏览器执行特定的动作，如单击、下拉等操作，同时还可以获取浏览器当前呈现页面的源代码，做到可见即可爬。相比 Requests 爬虫需要分析请求 URL 的方式，Selenium 方便了不少。

一、环境配置

Selenium 库在 PyCharm 中的安装方法和 Requests、lxml 等库一样。想要使用 Selenium，还需要配置浏览器 driver，我们选用当下最流行的 Chrome。

在 Chrome 浏览器主界面中右上角单击"…"，在打开的下拉菜单中依次单击"帮助"→"关于 Google Chrome"菜单项，即可查看 Chrome 的版本号（见图 3–43）。

在 http://npm.taobao.org/mirrors/chromedriver/ 网站中选择正确的 ChromeDriver 和系统版本（见图 3–44），下载完成后将 ChromeDriver 的可执行文件配置到环境变量下。配置完成后，就可以在命令行下直接执行 ChromeDriver 命令（见图 3–45）来验证是否安装正确。

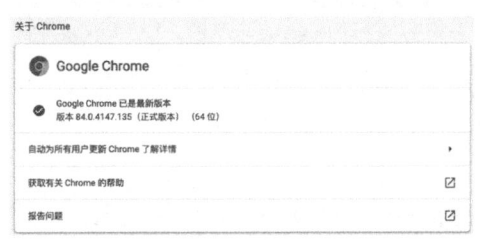

图 3–43　Chrome 版本查看

图 3–44　ChromeDriver 下载

图 3-45　ChromeDriver 安装成功

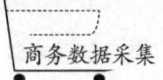

二、基础用法

1. 打开浏览器

我们用最简洁的代码来打开 Chrome 浏览器，并访问 https://www.baidu.com 这个网站，浏览器中会显示"Chrome 正受到自动测试软件的控制"，如图 3-46 所示，表示这个窗口是我们的程序打开的。

from selenium import webdriver
#声明浏览器对象
driver = webdriver.Chrome()
#访问页面
driver.get("https://www.baidu.com")

图 3-46　Selenium 打开浏览器

2. 设置浏览器参数

为了避免每次运行程序都打开一个窗口，也可设置无窗口访问，代码如下：

from selenium import webdriver
#设置无窗口
chrome_options = webdriver.ChromeOptions()
chrome_options.add_argument('--headless')
#声明浏览器对象
driver = webdriver.Chrome(options=chrome_options)
#访问页面

driver.get("http://www.baidu.com")

最常用的还有添加 User-Agent：

chrome_options.add_argument(
    'User-Agent="Mozilla/5.0 (Windows NT 10.0; Win64; x64) AppleWebKit/537.36 (KHTML, like Gecko) Chrome/70.0.3538.67 Safari/537.36"')

禁用图片加载提升网页速度：

prefs = {"profile.managed_default_content_settings.images": 2} #修改为1则加载图片
chrome_options.add_experimental_option("prefs", prefs)

3. 查找单个元素

Selenium 查找元素有两种方法：一是指定使用哪种方法查找元素，比如 CSS 选择器或 XPath；另一种是直接使用 find_element() 方法，传入的第一个参数为需要使用的元素查找方法，第二个参数为查找值，以下代码查找的节点一样，均输出 input。

```python
from selenium import webdriver
from selenium.webdriver.common.by import By
#声明浏览器对象
driver = webdriver.Chrome()
#访问页面
driver.get("https://www.baidu.com")
#通过 id 查找
element = driver.find_element_by_id("kw")
print(element.tag_name)
#通过 name 查找
element = driver.find_element_by_name("wd")
print(element.tag_name)
#通过 xpath 查找
element = driver.find_element_by_xpath('//*[@id="kw"]')
print(element.tag_name)
#通过另一种方式查找
element = driver.find_element(By.ID, "kw")
print(element.tag_name)
```

4. 查找多个元素

我们也可以通过 find_elements() 方法获取多个属性，结果会以 list 的形式返回，同样是百度主页，修改代码如下：

```python
#查找多个元素
elements = driver.find_elements(By.CLASS_NAME, 'mnav')
for e in elements:
    print(e.text)
```

Out:
新闻
hao123
地图
视频
贴吧
学术
更多

5. 页面操作

我们可以使用 Selenium 来模拟页面操作，例如，鼠标单击事件、键盘事件等。在以下代码中，我们先找到百度的搜索框对应的元素，然后模拟在搜索框中输入关键词"selenium"，接下来模拟单击"百度一下"按钮，我们可以看到页面中出现了搜索"selenium"的结果。接着使用 clear() 方法清空搜索框，然后模拟输入关键词"python"并且模拟键盘的 Enter 键操作，同样获得了搜索"python"的结果。

```
from selenium import webdriver
from selenium.webdriver.common.keys import Keys
import time

#声明浏览器对象
driver = webdriver.Chrome()
#访问页面
driver.get("http://www.baidu.com")
#获取百度搜索框元素
element = driver.find_element_by_id("kw")
#在搜索框中输入关键词 selenium
element.send_keys("selenium")
#点击"百度一下"按钮
driver.find_element_by_xpath('//*[@id="su"]').click()
time.sleep(5)
#清空搜索框关键词
element.clear()
time.sleep(2)
#在搜索框中输入关键词 python，并模拟键盘的 Enter 操作
element.send_keys("python", Keys.ENTER)
time.sleep(5)
driver.close()
```

6. 延迟等待

在 Selenium 中，get() 方法会在网页框架加载结束后结束执行，此时如果获取 page_source，则可能并不是浏览器完全加载完成的页面。若某些页面有 Ajax 请求，则在网页源代码中也不一定能成功获取。所以，这里需要等待一定时间，确保节点已经加载出来。Selenium 中有隐式等待和显式等待两种方式，其中显式等待最为常用。

显式等待是对指定的元素进行等待。首先判定等待条件是否成立，如果成立，则直接返回；如果条件不成立，则等待最长时间为设置的等待时间，如果超过等待时间后仍然没有满足等待条件，则抛出异常。

```
from selenium import webdriver
from selenium.webdriver.common.by import By
from selenium.webdriver.common.keys import Keys
from selenium.webdriver.support.ui import WebDriverWait
from selenium.webdriver.support import expected_conditions as EC
#声明浏览器对象
driver = webdriver.Chrome()
#访问页面
driver.get("https://www.baidu.com/")
#设置搜索关键词
element = driver.find_element_by_id("kw")
element.send_keys("selenium", Keys.ENTER)
#此时页面右边的"相关术语"还没有加载出来，肯定会报错
element1 = driver.find_element_by_class_name("opr-recommends-merge-p")
print(element1)
#显式等待10秒，直到页面右边的"相关术语"出现
WebDriverWait(driver, 10).until(EC.presence_of_element_located((By.CLASS_NAME, "opr-recommends-merge-p")))
#获取页面右边的"相关术语"
element2 = driver.find_element_by_class_name("opr-recommends-merge-p")
print(element2)
```

【任务实施】

苏宁登录状态采集

利用 Cookie 可以实现账号的登录，Selenium 则可简单地操作浏览器的 Cookie。以下函数代码实现扫码登录后获取 Cookie，get_cookies() 为 Selenium 获取 Cookies 的方法，返回 Cookies 列表。

```
cookies = []
def login():
    #get login suning cookies
```

```
chrome_options = webdriver.ChromeOptions()
prefs = {"profile.managed_default_content_settings.images": 1}
chrome_options.add_experimental_option("prefs", prefs)  #不加载图片设置
chrome_options.add_argument(
    'User-Agent="Mozilla/5.0 (Windows NT 10.0; Win64; x64) AppleWebKit/537.36 (KHTML, like Gecko) Chrome/70.0.3538.67 Safari/537.36"')
browser = webdriver.Chrome(options=chrome_options)
wait = WebDriverWait(browser, 10)  #等待网页反应最多 10 秒
#苏宁登录 URL
browser.get('https://passport.suning.com/ids/login')
#等待扫码登录
while True:
    print("Please login in suning!")
    time.sleep(3)
        #登录完成后跳转苏宁主页
    if "https://www.suning.com/" == browser.current_url:
        break
global gcookies
gcookies= browser.get_cookies()
browser.close()
```

在获取 Cookies 后,即可在新的浏览器中使用 add_cookie() 添加 Cookies 实现登录:

```
browser.get('https://www.suning.com/')
for cookie in gcookies:
    browser.add_cookie(cookie)
```

利用 Selenium 实现 suning 搜索结果页列表采集的最终代码请扫码查看。

【思考题】

利用 Selenium 实现京东搜索结果页产品信息采集,编写相应的脚本。

最终代码

项目四

采集数据存储

【知识目标】

1. 了解数据存储的作用
2. 了解数据的存储类型
3. 了解各类文件存储的文件格式
4. 掌握 MySQL 数据库的语法和常见操作
5. 了解 MongoDB 数据库存储的基本原理

【技能目标】

1. 能够将数据存储于 Excel、CSV 类型文件中
2. 能够完成 MySQL 数据库的安装和运行
3. 能够实现在 MySQL 数据库中对数据进行增、删、查、改
4. 能够实现 MySQL 数据库与 Excel 文件之间的数据交互
5. 能够实现 MongoDB 数据库的存储与查询

【思政目标】

1. 具备良好的数据保密意识
2. 在数据存储工作中培养严谨、耐心的工作态度和职业素养

【思维导图】

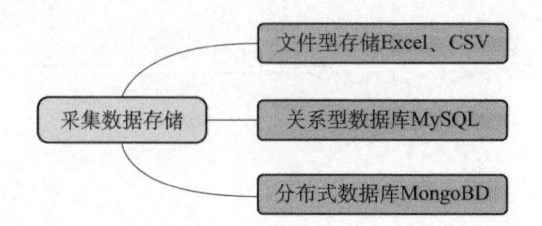

采集数据存储 ── 文件型存储Excel、CSV
　　　　　　 ── 关系型数据库MySQL
　　　　　　 ── 分布式数据库MongoBD

采集数据后，我们如何将这些数据完整、有序地保存下来呢？此时我们就要开始学习数据存储的知识了。那么，什么是数据存储？

数据存储是指将数据以某种格式记录在计算机内部或外部的存储介质中的过程。我们可以将数据存储在计算机硬盘中，也可以将数据存储在移动设备中。但无论是内部存储介质还是外部存储介质，我们都需要选择一种或多种方便后续数据分析与维护的存储格式。

数据存储的格式种类繁多，最常用的有文件类型存储与数据库存储。文件类型存储是最传统的数据存储方式。通过将数据放在单独的文件中，既方便数据的管理与携带，又有利于数据后期的共享。数据库存储是指将数据记录存储在数据库中，通过数据库中统一、稳定、有序的管理，从而实现数据集的长期存储和维护。

任务4. 最简单的文件型存储——Excel、CSV文件

【基础知识】

Excel 文件与 CSV 文件视频

通常情况下，针对采集到的数据，若选择文件存储，常用的存储类型有 Excel、CVS、TXT 等。文件存储是最原始、最便捷的存储方式。大多数情况下，我们主要关心该文件类型是否方便后期数据的处理，处理的速度是否令人满意及存储空间是否够用等问题。本任务中分别对 Excel 文件、CVS 文件的存储进行介绍。

一、Excel 文件

Excel 的全称是 Microsoft Office Excel，是由微软公司开发的一款办公软件，因其能方便、快捷且高效地处理业务数据，深受广大办公族和学生族的喜爱。Excel 的应用范围非常广泛，包括财务会计、统计分析、证券管理、决策管理、市场营销等众多领域。

我们可以使用 Excel 创建 xls/xlsx 等格式的工作簿（电子表格集合）用于分析数据和业务决策。另外，也可以使用 Excel 跟踪数据，生成数据分析模型，编写公式以对数据进行计算，以多种方式透视数据，并以各种具有专业外观的图表来显示数据。

二、CSV 文件

CSV 即 Comma Separate Values（逗号分隔值），有时也称为字符分隔值。CSV 文件以纯文本形式存储表格数据（数字和文本）。CSV 文件由任意数目的记录组成，记录间以某种换行符分隔；每条记录由字段组成，字段间的分隔符是其他字符或字符串，最常见的是逗号或制表符。通常，所有记录都有完全相同的字段序列，通常也都是纯文本文件。

CSV 相比 Excel 文件更简单，xls/xlsx 文本是电子表格，包含了文本、数值、公式和格式等内容，CSV 中则不包含这些内容，是特定字符分隔的纯文本，结构简单清晰。因此，CSV 文件格式经常用来作为不同程序之间的数据交互的格式。

【任务实施】

一、使用 Excel 存储数据

以八爪鱼采集的京东列表页数据为例，选择以 Excel 文件的格式导出，如图 4-1 所示，然后单击"确定"按钮。

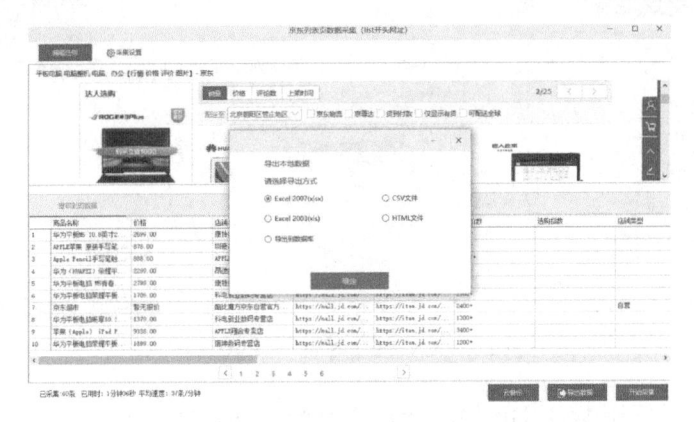

图 4-1　导出 Excel 文件

此时打开导出的 Excel 文件（见图 4-2），所有的数据已在 Excel 文件中。

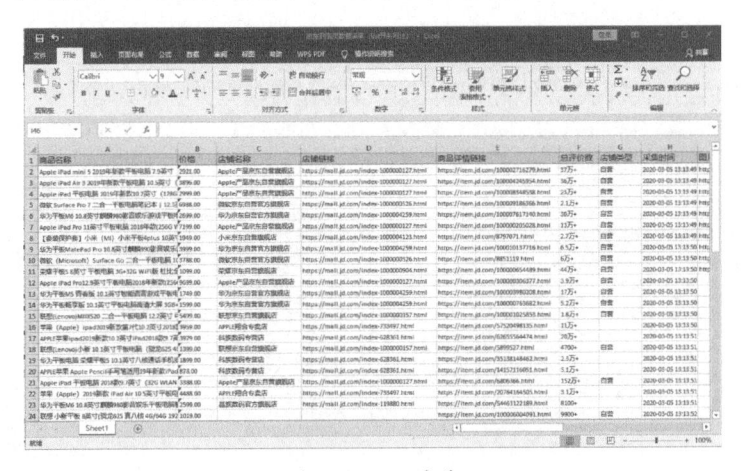

图 4-2　Excel 文件

Excel 就是一张电子表格，用于记录和分析数据。Excel 可以将电子表格视为列和行的集合，列和行相交的点称为单元格，单元格的地址由表示列的字母和表示行的数字确定。Excel 中数据项被存储在单元格中，可以对任意单元格数据进行添加、修改和计算。

在各类数据采集方式中，除了通过八爪鱼这类数据采集软件直接导出外，也可通过 Python 脚本等方式将数据写入 Excel 文件中。

二、使用 CSV 存储数据

同样以京东列表页数据为例，我们在八爪鱼中选择以 CSV 文件格式导出（见图 4-3），然后单击"确定"按钮。

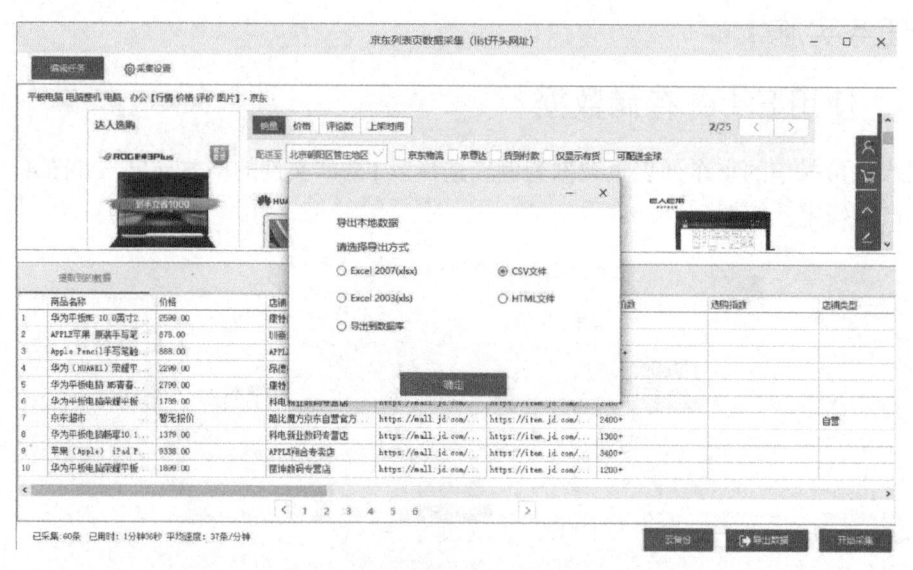

图 4-3　八爪鱼数据导出——CSV 文件

CSV 文件建议使用 WORDPAD 或记事本打开。我们可以通过记事本打开文件（见图 4-4），当然我们也可以使用 Excel 开启（见图 4-5）。

图 4-4　记事本打开 CVS 文件

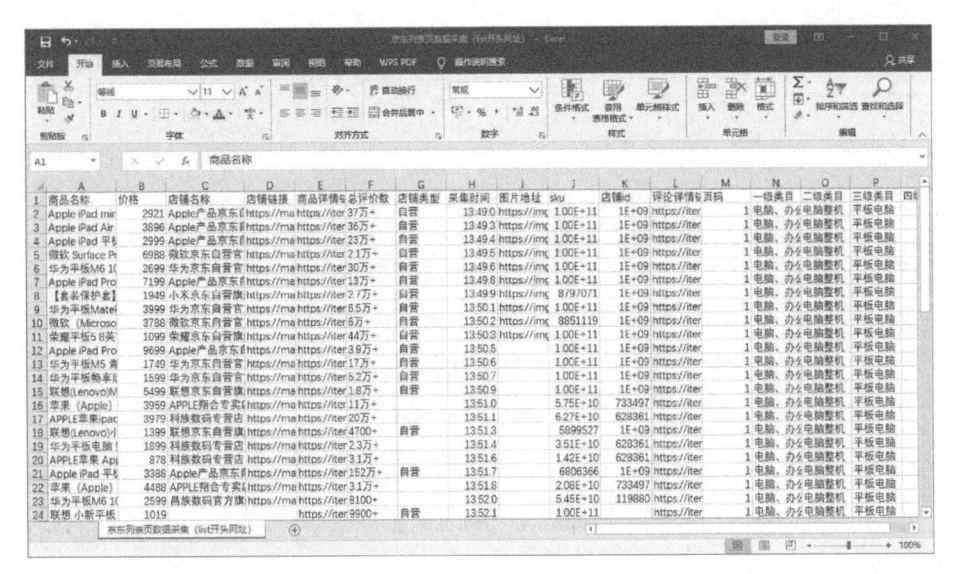

图 4-5 Excel 打开 CSV 文件

如果 PC 上安装了 Microsoft Office Excel，则 CSV 文件会默认被 Excel 打开。需要注意的是，当双击打开 CSV 文件后即便不做任何修改，Excel 在关闭时也总会提示是否要改成正确的文件格式。此时，选择"否"即可，Excel 会提示你以 xls 格式另存为 Excel 的一个副本。

打开 CSV 文件后，具体文件格式如下：

（1）第一条记录可以是字段名，如本例中的商品名称、价格、店铺名称等。
（2）每条记录占一行，以逗号为分隔符。
（3）逗号前后的空格会被忽略。
（4）若字段中包含逗号、换行符、空格，则该字段必须用双引号括起来。
（5）字段中的双引号用两个双引号表示。

面对同样的数据内容，CSV 文件大小相比于 Excel 文件要小很多。Excel 文件不能进行流式处理，会导致占用较大的内存，很容易出现内存溢出的问题。通过 CSV 文件导出，则可以像导出 TXT 文件一样，以文本流的方式进行流式处理，不但能导出海量信息，而且流式处理占用内存极低，服务器对浏览器的响应非常迅速，可以轻松导出几百万行的数据。但是，CSV 文件并没有像 Excel 文件那样有更方便的可视化界面，且不能简单高效地进行数据分析，因此，在文件类型选择时，要按具体需求进行选择。

三、Excel 与 CSV 文件互转

在业务场景中，我们不可避免地会涉及不同文件类型之间的转换。事实上，文件转换能帮助我们更好地实现不同数据格式间的转换。下面，我们以 Excel 文件与 CSV 文件之间的转换为例进行讲解。

1. Excel 文件转 CSV 文件

我们以前面已获取的数据为例，将其存放在 Excel 文件中，并命名为"商品信息.xlsx"，如图 4-6 所示。

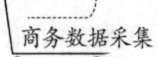

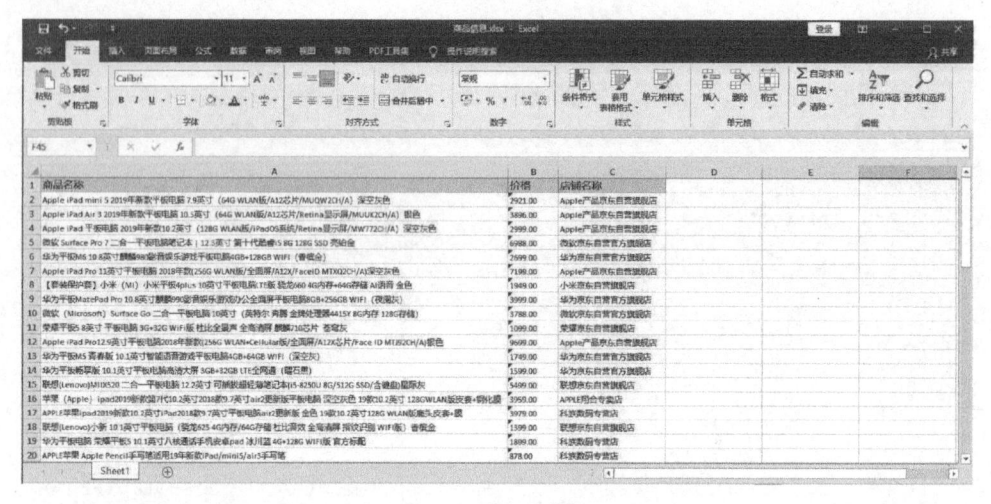

图 4-6 商品信息表

单击"文件"菜单，选择"另存为"，指定需要存放的地址后，选择文件保存类型为"CSV（逗号分隔）（*.csv）"，重新指定文件名称后单击"保存"按钮，如图 4-7 所示。

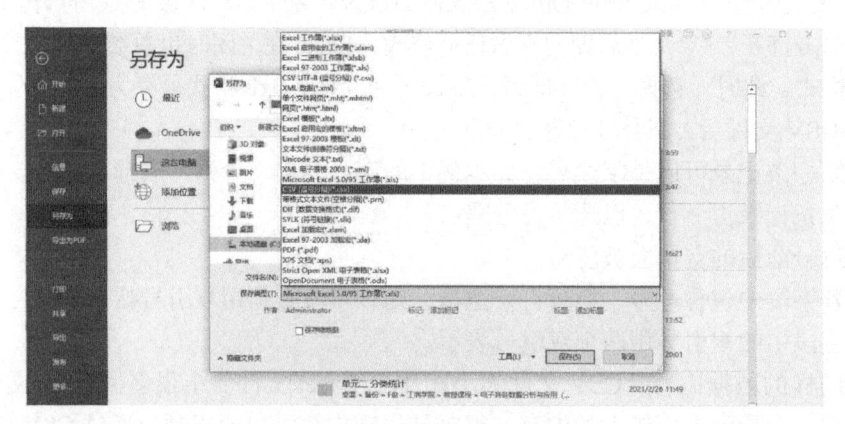

图 4-7 Excel 文件转 CSV 文件

以记事本的格式打开新的 CSV 文件后，可看到以逗号为分隔符的字段内容（见图 4-8）。

图 4-8 CSV 格式数据

2. CSV 文件转 Excel 文件

同样我们以上例中生成的 CSV 数据文件为例，其中包含了商品名称、价格、店铺名称三个字段，将 CSV 文件类型转换成 Excel 文件。

选择以 Excel 的格式打开 CSV 文件，单击"文件"菜单，选择"另存为"，出现"另存为"对话框，如图 4–9 所示。

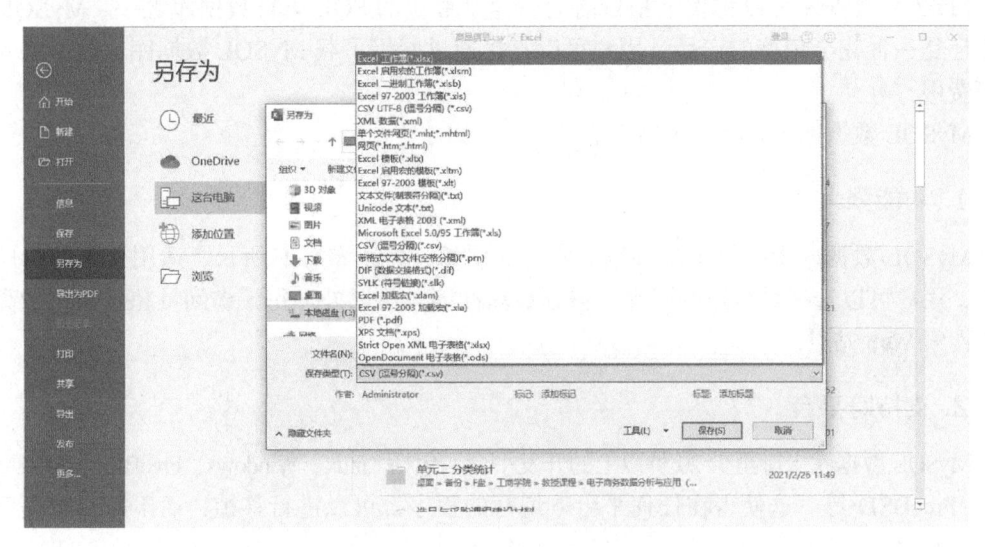

图 4–9 CSV 文件转 Excel 文件

在"另存为"对话框中，选择保存类型为"Excel 工作簿 (*.xlsx)"，此时文件名的后缀会自动修改为".xlsx"，我们只需单击"保存"按钮即可。重新使用 Excel 打开文件，即可看到 xlsx 格式的数据文档。

【思考题】

说一说 Excel 与 CSV 两种文件存储格式的区别。

任务4.2 最普通的关系型数据库——MySQL

【基础知识】

一、MySQL 认知

MySQL 数据库是由瑞典 MySQL AB 公司开发的一个关系型数据库管理系统。通过它可以有效地组织和管理存储在数据库中的数据。MySQL 数据库是目前使用人数最多的

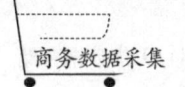

SQL（Structured Query Language，结构化查询语言，简称 SQL）数据库之一。

MySQL 是一个真正的多用户、多线程的 SQL 数据库服务器。它以客户机/服务器的结构实现，由一个服务器守护程序 mysqld 及很多不同的客户程序和库组成，能够快捷、有效和安全地处理大量的数据。相较于 Oracle 等数据库来说，MySQL 的使用较为简单。

MySQL 数据库可以称得上是目前运行速度最快的 SQL 语言数据库之一。MySQL 数据库还是一种完全免费的产品，用户可以直接通过网络下载 MySQL 数据库，而不必支付任何费用。

MySQL 数据库主要有以下特点。

1. 功能强大

MySQL 数据库中提供了多种数据库存储引擎，各引擎各有所长，适用于不同的应用场合，用户可以选择最合适的引擎以得到最高性能，可以处理每天访问量超过数亿的高强度的搜索 Web 站点。

2. 支持跨平台

MySQL 数据库支持至少 20 种以上的开发平台，包括 Linux、Windows、FreeBSD、IBMAIX、AIX、FreeBSD 等。这使得在任何平台下编写的程序都可以进行移植，而不需要对程序做任何的修改。

3. 运行速度快

高速是 MySQL 数据库的显著特性。在 MySQL 数据库中，使用了极快的 B 树磁盘表（MyISAM）和索引压缩；通过使用优化的单扫描多连接，能够极快地实现连接；SQL 函数使用高度优化的类库实现，运行速度极快。

4. 支持面向对象

MySQL 数据库是基于面向对象编程语言（OOP）的数据库，其数据都是以对象/类的形式表示的，并存储在面向对象数据库中。

5. 安全性高

灵活和安全的权限与密码系统，允许基本主机的验证。连接到服务器时，所有的密码传输均采用加密形式，从而保证了密码的安全。

6. 成本低

MySQL 数据库是一种完全免费的产品，用户可以直接通过网络下载。

7. 支持各种开发语言

MySQL 数据库为各种流行的程序设计语言提供支持，为它们提供了很多的 API 函数，包括 PHP、ASP.NET、Java、Eiffel、Python、Ruby、Tcl、C、C++、Perl 语言等。

8. 数据库存储容量大

MySQL 数据库的最大有效表尺寸通常是由操作系统对文件大小的限制决定的，而不是由 MySQL 内部限制决定的。InnoDB 存储引擎将 InnoDB 表保存在一个表空间内，该表空间可由数个文件创建，表空间的最大容量为 64TB，可以轻松处理拥有上千万条记录的大型数据库。

9. 支持强大的内置函数

MySQL 数据库提供了大量的内置函数，包括数学函数、字符串函数、日期和时间函数、条件判断函数、系统信息函数、加密函数及其他函数。这些内置函数可以帮助用户更方便地处理表中的数据。

二、MySQL 的安装

MySQL 是一款开源的数据库软件，由于其免费的特性得到了全世界用户的喜爱，是目前使用人数最多的数据库。我们可以从 MySQL 官方网站中下载 MySQL。

MYSQL 下载与安装视频

1. 下载 MySQL 安装包

MySQL 的下载地址为"https://dev.mysql.com/downloads/mysql/"。在本书中，我们下载安装 MySQL5.7.30 版本。MySQL5.7.30 版本属于历史版本，因此，进入页面后，在页面的右侧单击"Looking for previous GA version？"选项，进入历史版本下载页面（见图 4-10）。

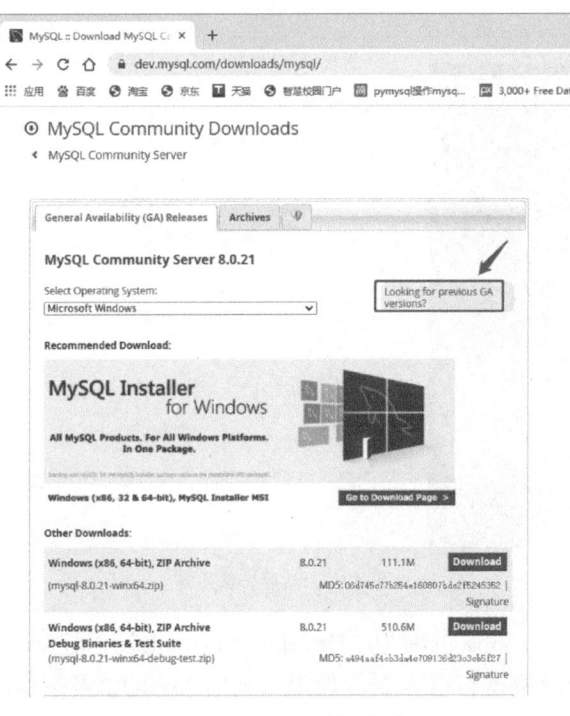

图 4-10　MySQL 下载链接页面

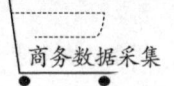

进入历史版本下载页面后，选择相应的 MySQL 版本及操作系统，我们选择"5.7.30"版本，再选择"Microsoft Windows"操作系统（见图 4-11）。此时，页面下方就会出现相应版本的安装包，我们根据操作系统的不同，选择适合自己的安装包进行下载即可，这里我们选择"mysql-installer-community-5.7.30.0.msi"。

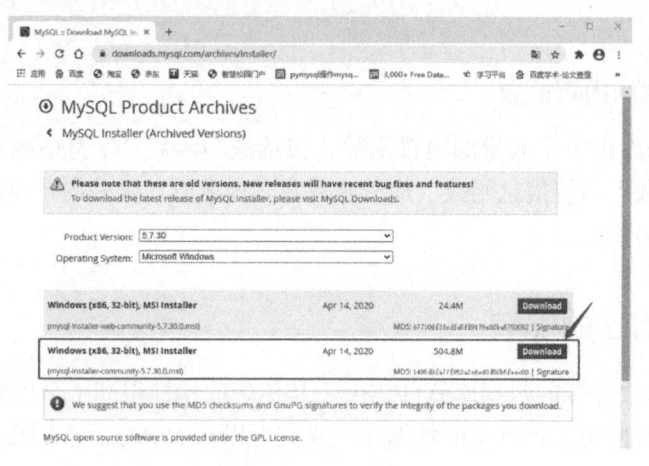

图 4-11　MySQL 下载主页面

2. 运行安装包

下载完成后双击运行"mysql-installer-community-5.7.30.0.msi"文件，运行成功后，进入欢迎界面，勾选"I accept the license terms"表示同意该协议，再单击"Next"按钮进入类型选择页面，如图 4-12 所示。

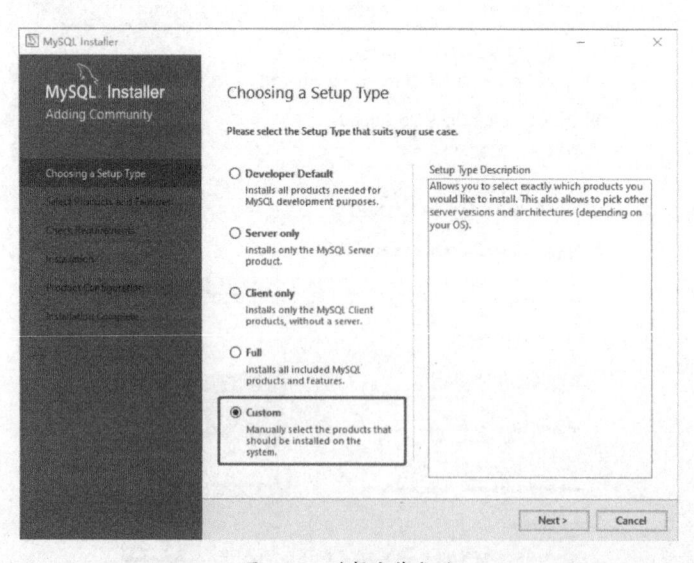

图 4-12　选择安装类型

在类型选择页面中，默认选项为"Developer Default"，此选项表示安装 MySQL 开发所需的所有产品。当然根据自己需要，如果只安装 MySQL 服务器产品，即选择"Server only"，或只安装 MySQL 客户端产品，即选择"Client only"，又或安装所有包含的

MySQL 产品和功能，即"Full"选项。除此之外，用户也可以手动选择系统上需要安装的产品，此时选择"Custom"即可。对新手而言，可选择"Custom"选项，只安装 MySQL 即可，单击"Next"按钮进入下一步选择安装产品页面。

在选择安装产品页面中，选择 MySQL Server5.7.30 和 ODBC，如图 4-13 所示，其余的应用按需添加，可通过中间向左的箭头从右侧的选项框中拖回左侧的选项框中。全部完成后，单击"Next"按钮，进入校验安装需求页面。

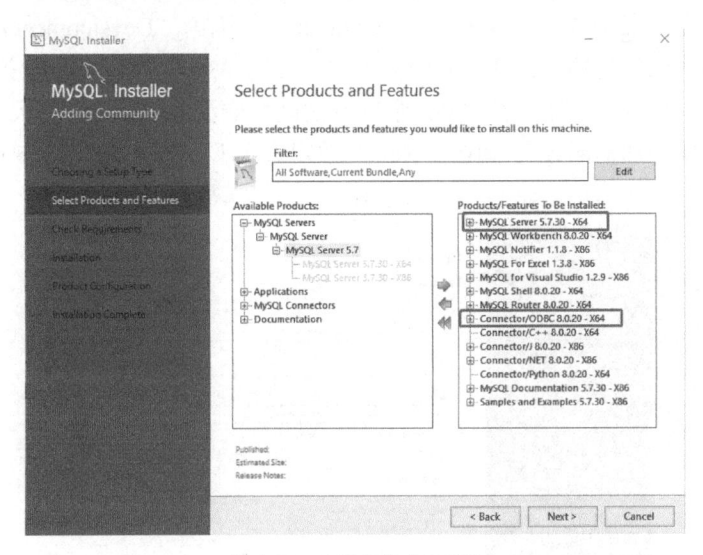

图 4-13 选择安装产品页面

在校验安装需求页面中，我们单击右下角的"Execute"按钮，安装向导就会将安装所需的其他配置先自动按序帮我们安装好。全部安装好后，单击"Next"按钮进入正式安装 MySQL 的页面中。

在正式安装的页面中，直接执行"Execute"按钮，进行 MySQL 的安装。安装完成后的页面如图 4-14 所示。

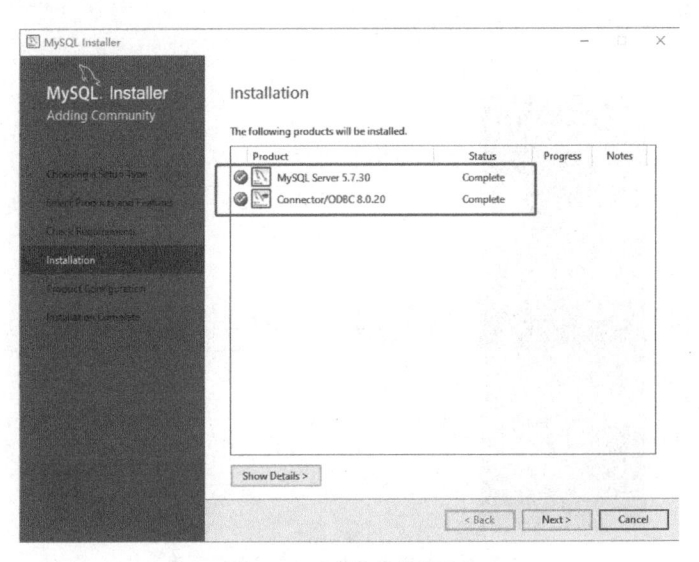

图 4-14 正式安装完成页面

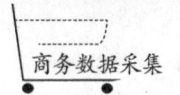

安装完成后，我们还需要对安装完成的 MySQL 进行配置，安装向导会引导我们进行配置。单击"Next"按钮，由此进入 MySQL 服务器的类型配置页面。

在 MySQL 服务器的类型配置页面中，有两种 MySQL 服务器的类型，即单机、集群。在本书的使用中只涉及单机模式，所以默认选择第一种类型，即独立的 MySQL 服务器，单击"Next"按钮进入连接配置页面。

在连接配置页面中，我们还需要配置服务器类型和连接端口。对于服务器类型，如图 4-15 所示。我们选择默认的"Development Computer"，因为"Development Computer"用于小型的应用及学习已经足够了；端口号中输入"3306"，3306 是 MySQL 服务的默认端口号，也可修改为其他端口号，但建议在 3306 到 3309 之间。取消"Windows 防火墙对该端口的网络访问"选项（图中加框部分），单击"Next"按钮进入下一步（见图 4-15）。

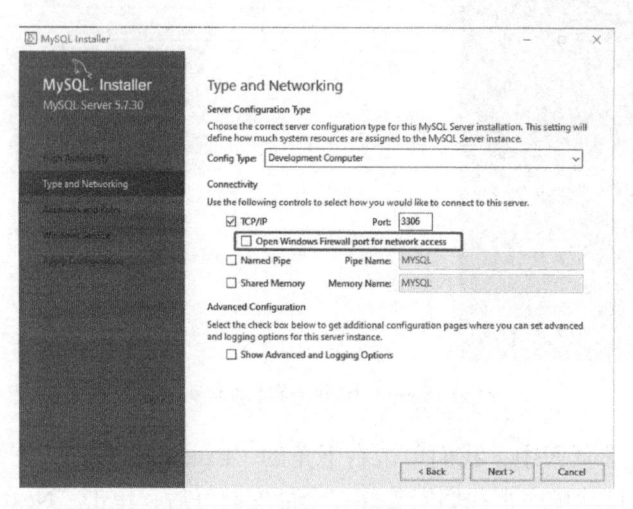

图 4-15 MySQL 连接配置页面

在配置 root 用户信息页面中，设置 root 账户的密码。root 账户是目前正在安装的 MySQL 数据库中拥有最大权限的账户，该密码务必要记住，如图 4-16 所示。完成后，单击"Next"按钮进入 MySQL 服务配置页面。

图 4-16 MySQL root 用户信息配置页面

在 MySQL 服务配置页面中，我们需要指定 MySQL 服务的名字（见图 4–17）。系统默认的名称为"MySQL57"，我们可以直接使用这个名称，也可以自定义。单击"Next"按钮，安装向导会自动帮我们把 MySQL 服务安装配置好。

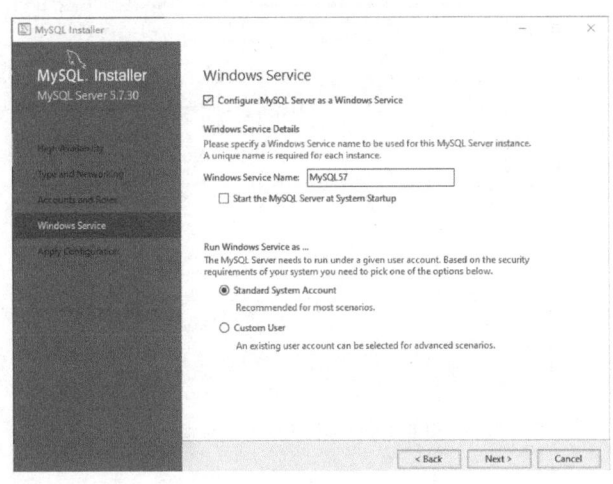

图 4–17　MySQL 服务配置页面

进入应用配置页面，单击"Execute"按钮进行安装配置，完成后单击"Finish"按钮，就可完成 MySQL 的安装。

3. 配置环境变量

为了能在任意路径中使用 MySQL，需要添加 MySQL 安装路径到环境变量中。在桌面上找到"我的电脑"，右击选择"属性"，进入"系统"对话框（见图 4–18）。在"系统"对话框的左侧，选择"高级系统设置"，进入系统属性对话框。在系统属性对话框中，选择右下角的"环境变量"，由此进入"环境变量"对话框（见图 4–19）。在"环境变量"对话框下，选择"新建"环境变量，进入"编辑用户变量"对话框，如图 4–20 所示。在这里，我们新建一个变量，名为"MYSQL_HOME"，值为"C:\Program Files\MySQL\MySQL Server 5.7\"（实际安装路径）。输入完成后，单击"确定"按钮。

图 4–18　系统属性选项卡

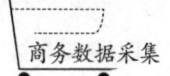

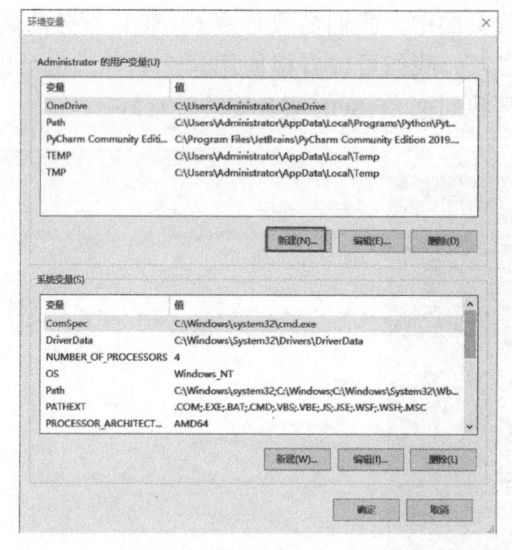

图 4-19 "环境变量"对话框

图 4-20 添加新变量

MYSQL 环境变量配置视频

回到"环境变量"对话框下,单击"Path"变量,再单击"编辑"按钮,进入"编辑环境变量"对话框。在"编辑环境变量"对话框中单击"新建"按钮,再在值输入框中输入"%MYSQL_HOME%\bin"字符串,如图 4-21 所示。表示在 MYSQL_HOME 所在的目录下找到 bin 文件,将 bin 文件中的可执行文件地址配置到 Path 变量中。完成后,单击右下角的"确定"按钮,退出此对话框。

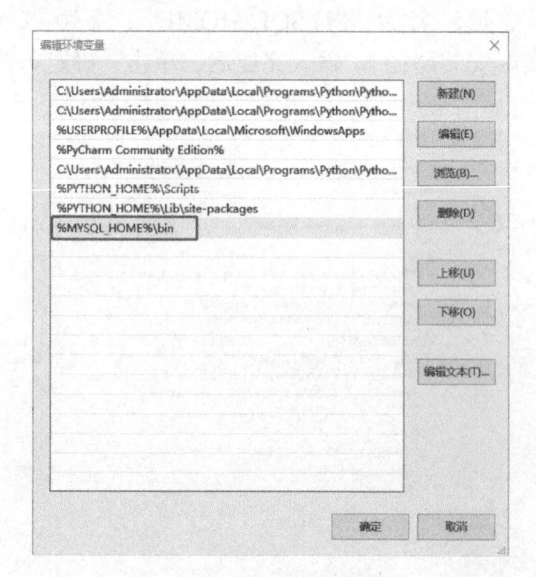

图 4-21 添加 Path 变量值

4. 登录 MySQL

运行 CMD 命令窗口，在 CMD 命令窗口中执行登录语句：mysql -uroot -p，输入安装时设置的 root 密码：admin123，再按回车键就可以顺利登录 MySQL 数据库了（见图 4-22）。在此执行结果中，我们也可以看到我们安装的 MySQL 版本 5.7.30。

这里要说明的是，在真实业务场景中，我们一般不会直接使用 root 作为常用账号，因为 root 账户通常默认是数据权限最大的账户。为了安全起见，我们会开设新的稍低权限的账户用作正常业务数据的读取。但在本书中为了减少账户管理的步骤，我们仍使用 root 作为直接操作数据的账户。

图 4-22 登录 MySQL

三、MySQL 可视化客户端的使用

SQLyog 安装简介视频

安装好 MySQL 数据库后，我们可以直接通过 CMD 命令实现 MySQL 数据库的登录与操作，但 CMD 命令的操作界面对于新手来说并不十分直观。我们需要一款 MySQL 的可视化工具来帮助解决此问题。下面我们将介绍一款非常强大的 MySQL 可视化工具——SQLyog。

SQLyog 是一款免费易上手的 MySQL 数据库可视化工具，操作界面简洁且处理数据速度快。安装运行 SQLyog 后即进入登录页面（见图 4-23）。

图 4-23 SQLyog 登录

在第一次登录 SQLyog 时，我们要初始化一个连接。单击图 4-23 中的"新建"按钮，为新建的连接命名为"localhost"（见图 4-24）。单击"确定"按钮，进入连接配置界面（见图 4-25）。

图 4-24 创建连接

图 4-25 连接配置界面

在连接配置界面中，我们需要提供多项连接参数：

（1）我的 SQL 主机地址：数据库的主机名称或 IP 地址，也可以是域名。若主机地址是本机，可以输入"localhost"或"127.0.0.1"。

（2）用户名：连接数据库的用户名，这里我们使用"root"进行登录。

（3）密码：连接数据库的密码，输入密码"admin123"。

（4）"保存密码"选项框：是否保存密码方便下次登录。

（5）端口：连接 MySQL 数据库的端口号，MySQL 数据库安装时的默认端口号为 3306，但服务器另行通知的情况例外，需自行修改。

(6)数据/库：需要连接的数据库名称，可以为空。

以上配置项完成后，单击"连接"按钮，进入 SQLyog 主界面（见图 4–26）。

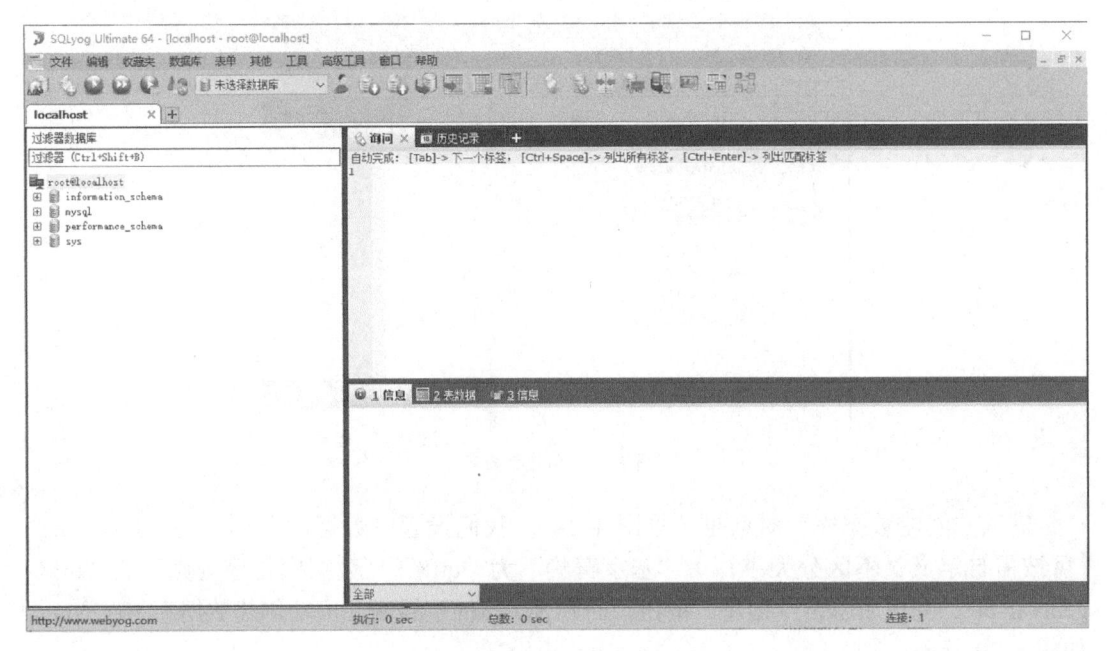

图 4–26　SQLyog 主界面

SQLyog 主界面中，登录成功后在左边的目录栏中可以看到四个数据库，分别是 information_schema、mysql、performance_schema 和 sys。

information_schema 数据库提供了访问数据库元数据的方式，元数据是用于描述数据的数据，如数据库名、表名、数据类型和访问权限等。mysql 数据库是核心数据库，类似于 SQL Server 中的 master 表，主要负责存储数据库用户、权限设置、关键字等。performance_schema 数据库主要用于收集数据库服务器性能参数，并且库里表的存储引擎均为 PERFORMANCE_SCHEMA，而用户不能创建存储引擎为 PERFORMANCE_SCHEMA 的表。sys 数据库中所有的数据来自 performance_schema 数据库。其目的是将 performance_schema 数据库中的复杂度降低，使用户能更好地阅读这个库中的内容，从而更快地了解数据库的运行情况。

以上四个数据库是系统使用的数据库，不要随意动它们，在使用中建议自行添加新的数据库。

【任务实施】

一、MySQL 数据库的数据操作

同样以京东列表页数据为例，我们将采集结果导入数据库中。

创建数据库与
数据表视频

1. 创建数据库

首先，我们要在 MySQL 数据库中创建一个新的数据库。进入 SQLyog 的主界面，在

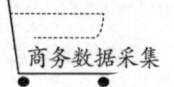

左边的目录栏中单击根目录,右击选择"创建数据库"(见图4–27)。

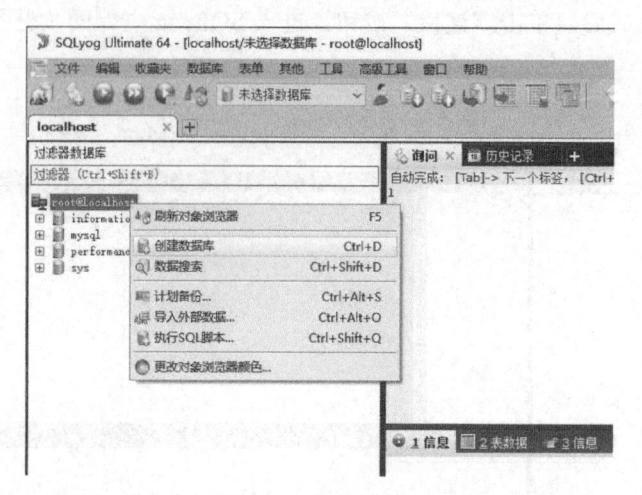

图4–27 创建数据库

进入"创建数据库"对话框(见图4–28),我们设置"数据库名称"为"JingDong"(可按需自定义,不区分大小写),"基字符集"为"utf8","数据库排序规则"为"utf8_general_ci",完成后单击"创建"按钮。回到SQLyog主界面,成功创建数据库JingDong,如图4–29所示。

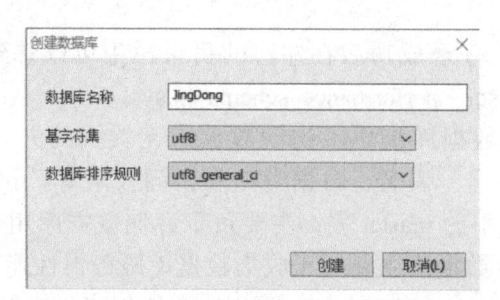

图4–28 "创建数据库"对话框

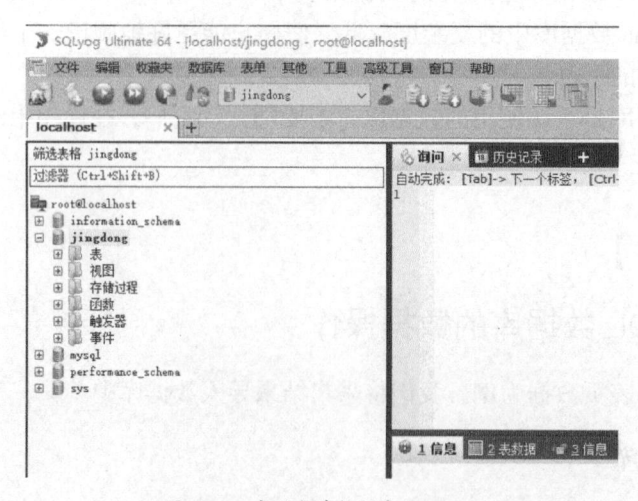

图4–29 成功新建数据库jingdong

创建数据库时指定数据库编码很重要。指定数据库的编码可以在很大程度上避免导入数据和导出数据带来的乱码问题。MySQL 数据库可以支持多种字符集存储字符串，常见的几个字符集有 latin1、GBK、GB2312、BIG5、UTF8、UTF8MB4、UTF16、UTF32 等。为了支持中文字符，可指定基字符集为"utf8"。utf8 是互联网上使用最广的一种 Unicode 实现方式。utf8 中包含了全世界所有国家需要用到的字符，通用性强。

数据库排序规则（collation）指的是对字符集中字符串之间的比较、排序制定的规则，在 MySQL 中字符集和排序规则是相关联的。除非特殊需求，只要设置了字符集，就设置了默认的排序规则。对于 utf8 字符集，其默认排序规则为 utf8_general_ci。一般情况下，排序规则分为两种：utf_bin 和 utf_general_ci。utf_bin 排序规则中每个字符串用二进制数据编译存储，区分大小写。而 utf8_general_ci 排序规则不同，它不区分大小写，虽然它的准确度稍差，但校对速度快，一般创建数据库时会选择这个排序规则。这里，我们设置数据库的排序规则为"utf8_general_ci"。

2. 创建数据表

选择 jingdong 数据库下的表文件夹，右击选择"创建表"选项（见图 4-30），进入创建表页面（见图 4-31）。

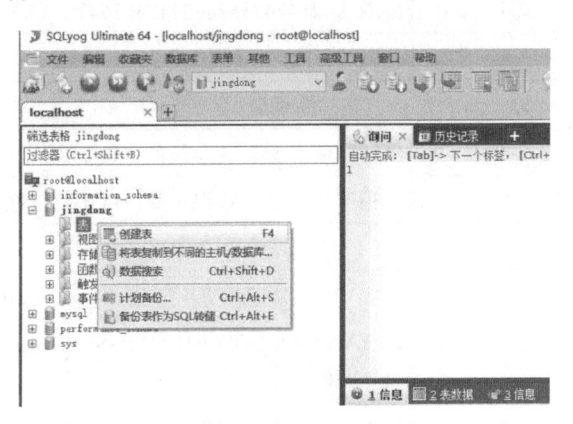

图 4-30　创建表

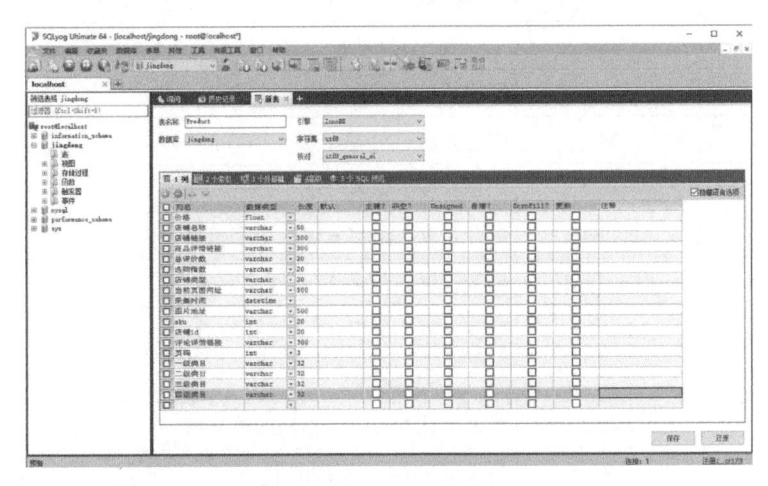

图 4-31　创建表页面

在创建表页面中，我们要确定表名称，这里我们将表命名为"Product"（不区分大小写），选择其所在的数据库为"jingdong"，选择引擎为"Innodb"，字符集为"utf8"，核对为"utf8_general_ci"。

设置完表格属性后，我们再继续添加表中的列。此处我们添加的列必须要包含八爪鱼采集器中导出的所有列。在下面窗格中双击"列名"下的空单元格，再设置相应的"数据类型"和"长度"。

MySQL 中的数据类型主要包括五大类：整型、浮点型、字符串型、日期时间型和其他类型。常用的数据类型如表4-1所示。

表4-1 MySQL数据类型

数据类型	字节长度	含义
整型		
TinyInt	1	范围（−128~127）
SmallInt	2	范围（−32768~32767）
MediumInt	3	范围（−8388608~8388607）
Int	4	范围（−2147483648~2147483647）
BigInt	8	范围（±9.22×10^{18}）
浮点型		
Float(M,D)	4	单精度浮点型，M 总位数，D 小数位数
Double(M,D)	8	双精度浮点型，M 总位数，D 小数位数
日期时间型		
Date	3	以 YYYY-MM-DD 的格式显示，如：2009-07-19
Date Time	8	以 YYYY-MM-DD HH:MM:SS 的格式显示，如：2009-07-19 11:22:30
TimeStamp	4	以 YYYY-MM-DD 的格式显示，如：2009-07-19
Time	3	以 HH:MM:SS 的格式显示，如：11:22:30
字符串型		
Char(M)	M	固定长度，最多 255 个字符
VarChar(M)	M	固定长度，最多 65535 个字符
Tiny Text	Max:255	固定长度，最多 255 个字符
Text	Max:64K	可变长度，最多 65535 个字符
Medium Text	Max:16M	可变长度，最多 $2^{24}-1$ 个字符
Long Text	Max:4G	可变长度，最多 $2^{32}-1$ 个字符
其他类型		
Enum	1 或 2	最大可达 65535 个不同的枚举值
Set	8	最大可达 64 个不同的值

通常情况下，为防止导出时报错，我们建议将每列的类型尽量设置为文本型。即便不是文本型的列也尽量选择先设置为文本型，待数据导入数据库后，再进行数据类型转换。例如，本例中的"价格"字段，我们知道"价格"通常是数值型的字段，且对精度有一定的要求（包含小数点），但此处若直接设置为 float 类型进行导入，采集器端就会因数据类型问题而报错。

当我们将所有新加列设置好后，单击右下角的"保存"按钮。此时，若创建表成功，我们就可以在左边的目录栏中看到新表 product（见图 4–32）。

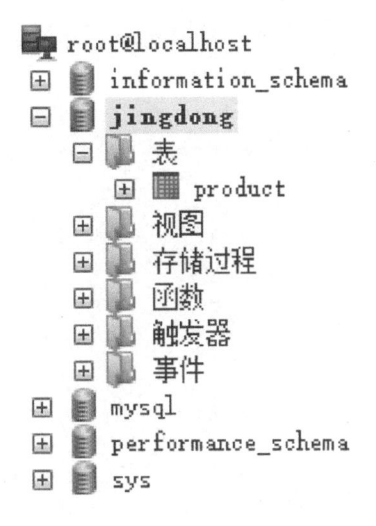

图 4–32　成功添加新表 Product

3. 数据库连接配置

在 MySQL 数据库中创建完新表后，我们回到八爪鱼采集器中，进入导出数据的那一步（见图 4–33）。选择"导出到数据库"选项，单击"确定"按钮，进入数据导出向导页面。

八爪鱼数据导入视频

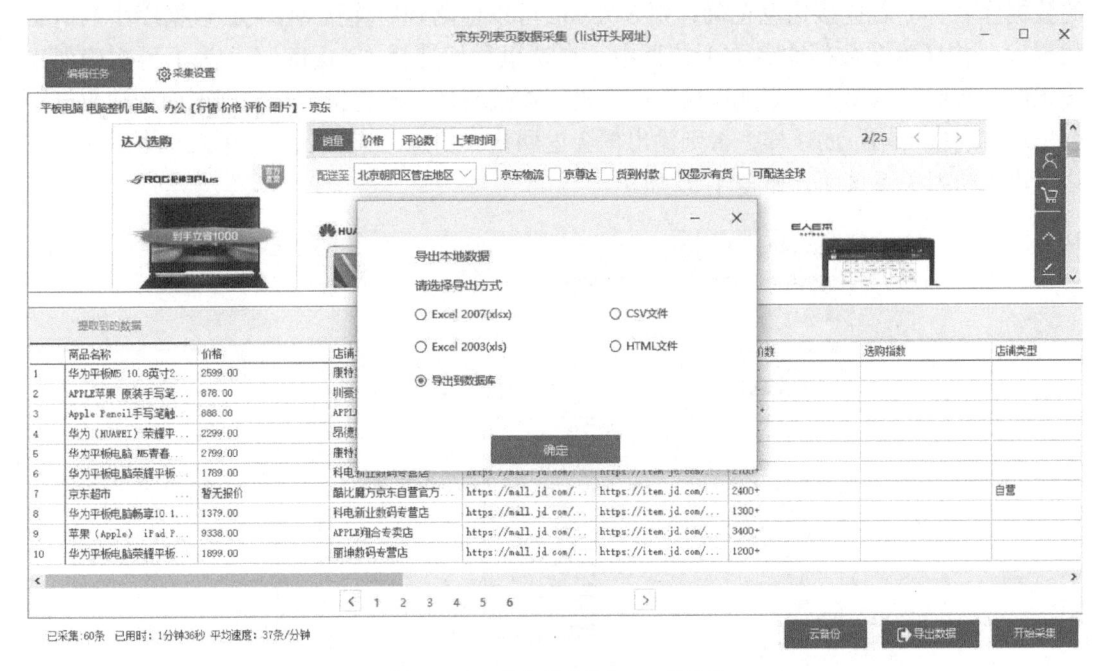

图 4–33　八爪鱼数据导出——数据库

在向导页面中，单击"下一步"按钮，进入数据库连接配置页中（见图 4–34）。

图 4-34　数据库连接配置页

在数据库连接配置页中，选择数据库类型为"MySql"，服务器为"localhost"，端口为"3306"，用户名为"root"，密码输入"admin123"，数据库编码为"utf8"，选择正确的数据库名称。若连接信息正确，则 SQLyog 可以检测到所连接 MySQL 数据库中的所有数据库，并显示在数据库名称下拉框中，在这里我们选择"jingdong"。为了再次确保连接正确，我们可以单击"测试连接"按钮进行连接测试，若连接成功，则下面的输出框中会出现"连接可用"的字样，否则输出框会返回错误信息。连接成功后单击"下一步"按钮，进入映射关系页面，如图 4-35 所示。

图 4-35　映射关系页面

4. 映射关系设置

在映射关系页面中，我们要指定数据将要导出的数据表，并设置字段的映射关系。在"选择数据表"下拉框中，选择"product"表，"字段映射"内容中显示了导出数据表中的所有字段、字段类型及与product表对应的目标数据字段和数据类型。通常我们导出的数据字段默认的都是文本类型（String），因此对应数据库中的表字段尽量也都设置为文本类型，从而减少数据导出时引起不必要的错误。

5. 执行数据导出

数据字段设置完成后，单击"下一步"按钮，进入导出数据页面（见图4-36）。单击"导出"按钮。在导出数据页面中，若出现导出报错，报错信息会在导出数据页面的输出框中显示，可根据报错信息进行调试。若导出数据成功，页面会自动跳转到导出完成页面中，单击"完成"按钮即可退出当前导出流程。

图4-36 导出数据界面

6. 查看导出数据

在八爪鱼采集器中完成数据导出后，数据被保存在MySQL数据库中。我们回到SQLyog主界面，在左侧目录栏中单击product表，右击选择"打开表"，导入的数据表格就被打开了（见图4-37）。至此，MySQL数据导入完成。

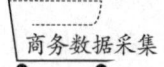

图 4-37 数据导入完成

7. 表数据的编辑

观察导入的数据表发现，虽然数据已经全部导入，但数据表中仍存在诸多问题。有些数据列类型需要转换，如"价格"字段，"价格"字段是以文本型数据导入的，但价格应是数值型数据，因此需要对该字段的类型进行转换。但这里需要注意的是，有些列可以直接进行字段类型转换，如"价格"字段，而有些列不能直接进行转换，如"总评价数"字段，因为该字段的内容形态并不统一，这就需要对这列数据进行调整和运算了。

在进行列类型转换前，必须对该列中的数据进行浏览，查找列中是否有异常数据的存在。若列中存在异常数据，则先将这些异常数据进行处理，否则列类型转换时容易出现报错。我们需要将"价格"列数据从文本型转换为数值型。

打开 SQLyog 中的 product 表，查看"价格"列数据，如图 4-38 所示。

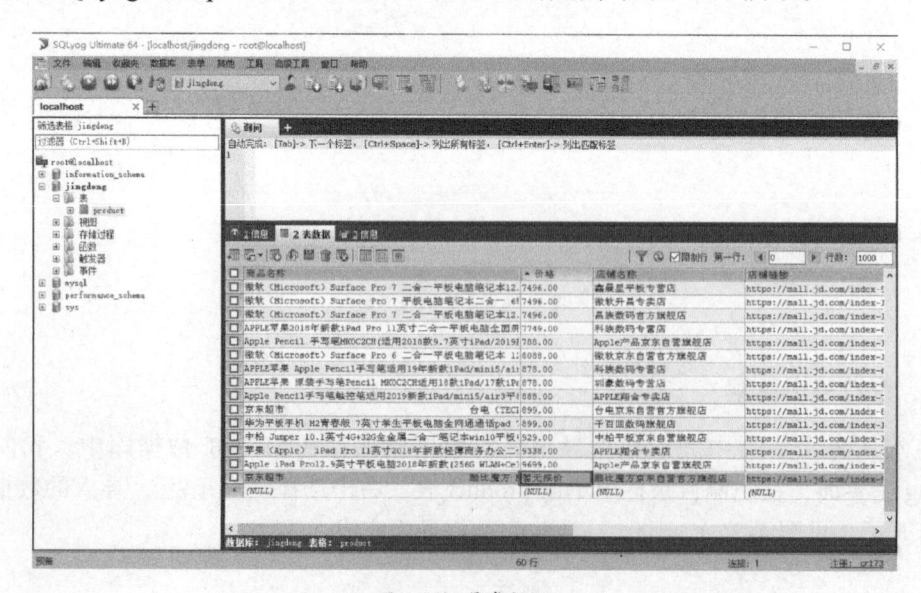

图 4-38 异常数据

我们发现"价格"列中有一项异常数据为"暂无报价",该数据项内容原本为文本型数据,不能转换为数值型,可暂且先将此字段替换为空值 null,确保不会影响后续整列数据类型的转换。双击该异常单元格,替换文本"暂无报价"为"null",单击"保存"按钮(见图 4–39)。注意,每次在修改完成字段内容后,必须要单击"保存"按钮,否则任何修改都将不被保存,一旦关闭窗口,所有修改将被还原。

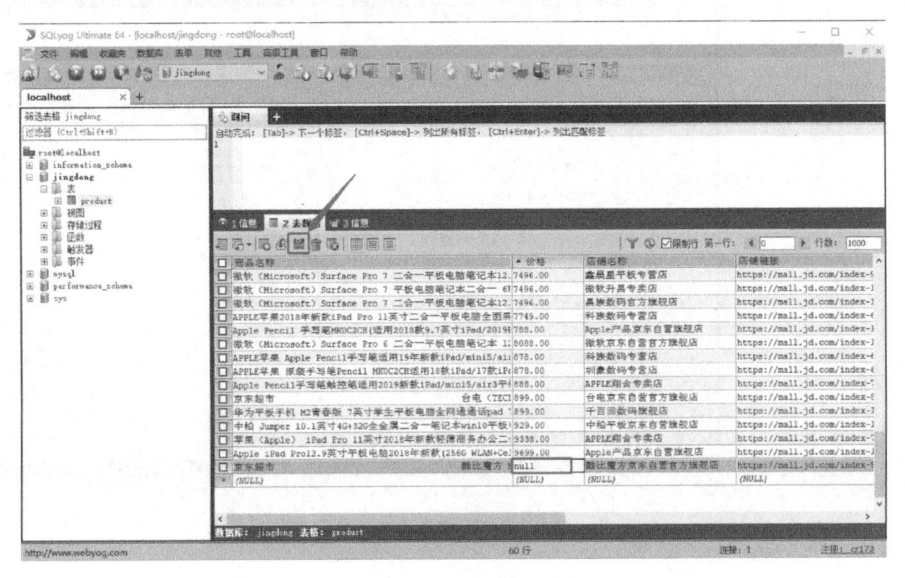

图 4–39 更新异常数据

完成字段内容修改后,在左侧的目录栏中,选中 product 表,右击选择"改变表",进入表编辑页面。在表字段编辑区域中,修改"价格"字段的类型为"float",即浮点型数据,单击右下角的"保存"按钮(见图 4–40),页面会返回修改成功的对话框,再单击"确定"按钮就完成了"价格"字段的列类型修改。

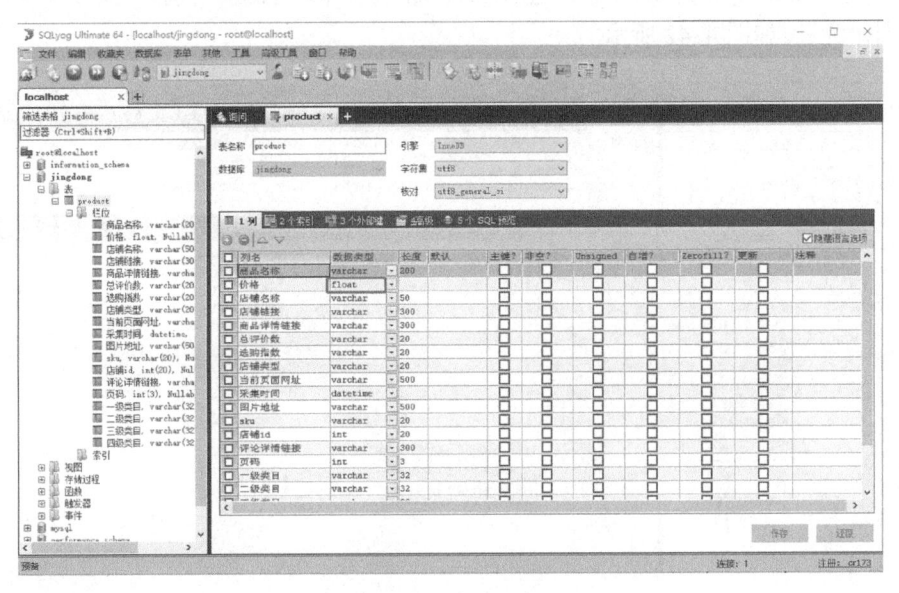

图 4–40 修改字段类型

重新打开 product 表（见图 4-41），此时的"价格"列已经被成功地转换为 float 型的数据。该列整列靠右，为数值型数据。

图 4-41 "价格"字段类型修改成功

8. MySQL 表数据的导出

在业务处理过程中，有时候需要为第三方提供部分数据库中的数据。然而，我们并不方便给予他们数据库的查看权限，毕竟数据库中的数据都是企业内部的核心数据，不是供外来者随意查阅的。此时我们就需要掌握如何将数据库中的数据表导出的具体操作。

假设我们需要导出 product 表，选择 product 表，单击右键，选择"备份/导出""导出表数据作为"，如图 4-42 所示。

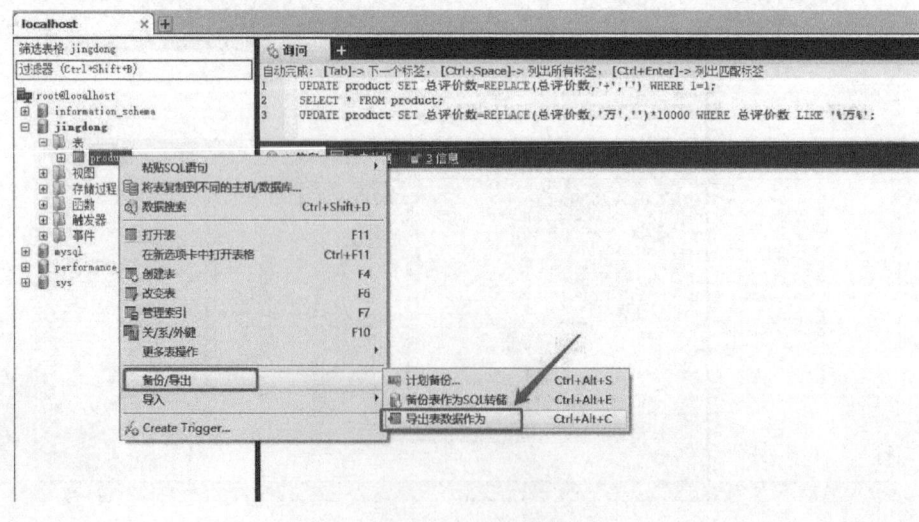

图 4-42 导出表数据

在打开的对话框中选择默认的"CSV"文件导出格式,选择导出的字段及导出的文件地址和文件名。当所有基本选项设置好后,单击右下角的"导出"按钮(见图4-43),即可导出数据表。

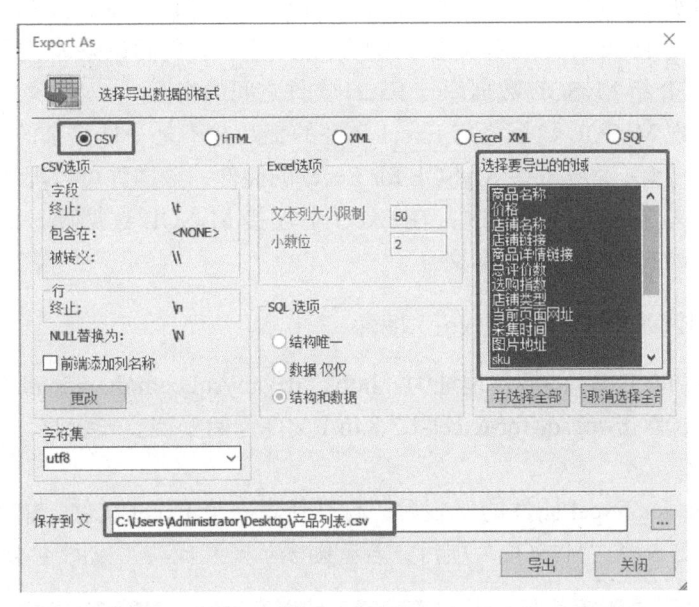

图4-43 导出数据文件

当数据被成功导出后,系统会出现一个对话框,询问是否要直接打开文件。当我们选择"是"后,便可直接打开刚导出的CSV数据文件(见图4-44)。

图4-44 数据导出成功

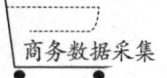

二、MySQL 数据库与 Excel 文件的交互

数据库是一个专业的、统一的，且专门用于数据存储和管理的系统，但它并不是一座孤岛。数据库中提供了各式各样的用于连接外部程序和文件的接口，以此方便我们实现各类数据的交互。接下来我们以最常用的 Excel 文件为例，介绍 MySQL 数据库与 Excel 文件之间的交互。

MySQL 与 Excel 文件的交互视频

事实上，实现 MySQL 数据库与 Excel 文件的交互并不是一件复杂的事情。要实现这个目标主要分为三步：首先安装 MySQL for Excel 的插件，该插件可以理解为连接 MySQL 数据库和 Excel 文件的接口；其次，在 Excel 中连接 MySQL 数据库；最后，才能实现 Excel 与 MySQL 数据库之间的数据交互。

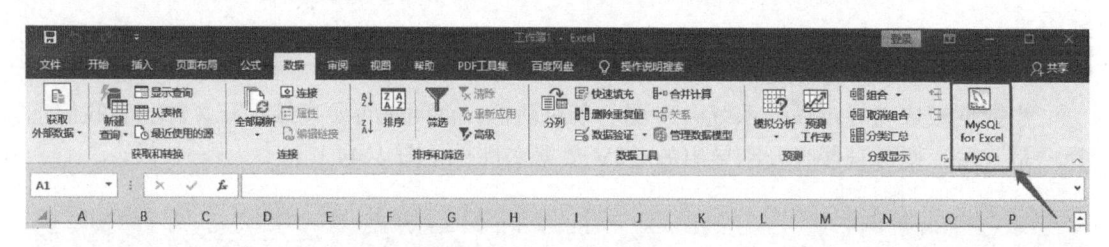

1. 下载安装 MySQL for Excel 插件

下载 MySQL for Excel 的插件地址为：https://dev.mysql.com/downloads/windows/excel/。

下载完成后，双击 mysql-for-excel-1.3.8.msi 文件开始安装。安装时，按照安装向导一步一步操作即可。

完成 MySQL for Excel 插件的安装后，打开任意一个 Excel 文件，单击"数据"选项卡，查看最右侧是否有"MySQL"项目，若有则表示安装成功（见图 4-45）。

图 4-45 成功安装 MySQL for Excel 插件

单击"MySQL for Excel"按钮，Excel 文件的右边就会出现一个功能项目区（见图 4-46）。

在此功能区中，可以实现与本地数据库建立连接，也可以与远程数据库进行连接，还可以创建新连接，并进行连接管理。

2. 连接 MySQL 数据库

MySQL for Excel 插件安装成功后需要创建一个新的数据库连接。在"MySQL"项目下，单击"New Connection"按钮，进入新连接配置页面（见图 4-47）。

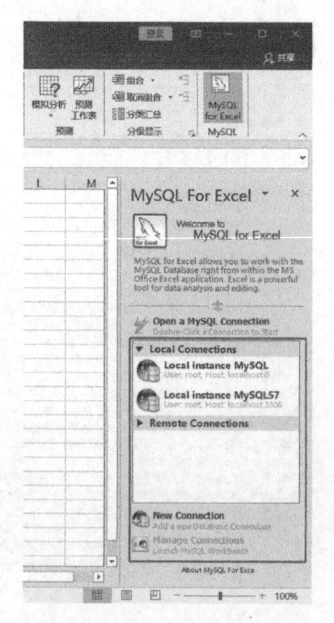

图 4-46 MySQL 功能区项目

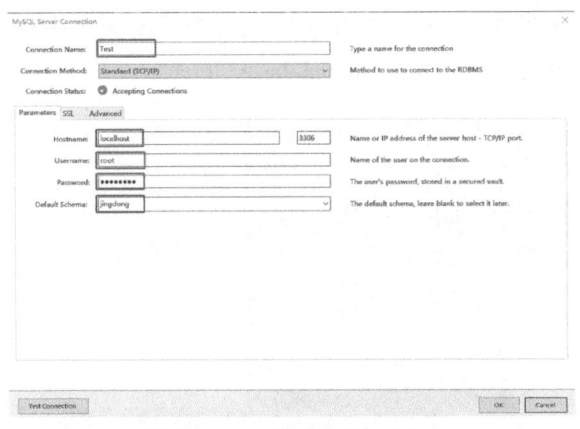

图 4-47 MySQL 新连接配置页面

在新连接配置页面中，设置数据源名称（可自定义）为"Test"，连接主机地址为"127.0.0.1"或者"localhost"，表示本机地址，端口号为"3306"，数据库登录名称为"root"，密码为"admin123"，需要连接的数据库为"jingdong"。完成配置后，单击"OK"按钮。

返回 Excel 主页面中，我们就可以看到我们新添加的本地连接"Test"（见图 4-48）。双击 Test 数据库就可进入该连接中的数据库（见图 4-49）。其中的数据库分为两类：用户自定义的数据库和系统数据库。我们以用户自定义数据库"jingdong"为例，双击 jingdong 数据库，此时，就可以直接查看该数据库中的数据表 product（见图 4-50）。

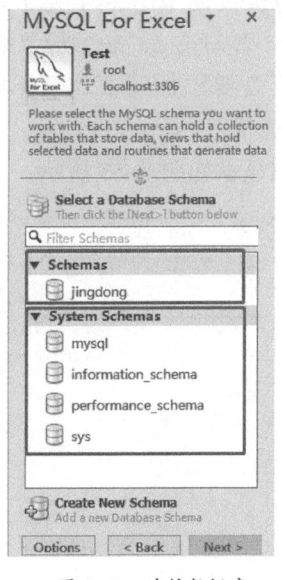

图 4-48 连接数据信息　　图 4-49 连接数据库　　图 4-50 连接数据表

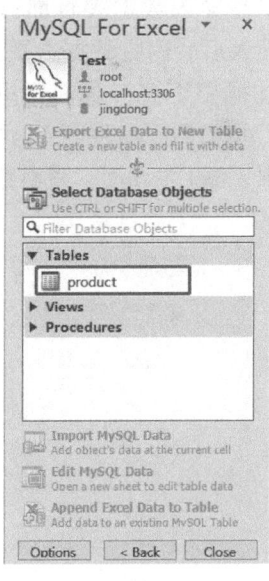

3. MySQL 与 Excel 的交互

场景一：将 MySQL 中的数据导入 Excel。

（1）找到要导出的数据表。假设我们要导出 product 表中的数据，那么我们选中 product 表，右击选择"Import Selected and Related Tables"，即导入选中和关联的表格，

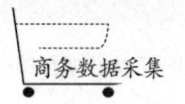

进入导入数据表页面（见图 4-51）。除此之外，右击后的菜单中还有两个选项，分别是"Preview Data"（预览数据）和"Refresh Database Objects"（刷新数据库对象）。

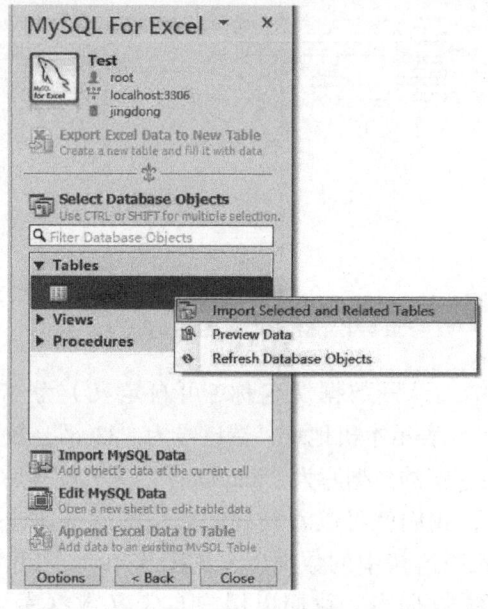

图 4-51 导入数据表页面

（2）在导入数据表页面，勾选页面下方的 1 和 2 选项（见图 4-52）。若勾选 1，表示数据导入后会附带数据透视表；若勾选 2，表示导入数据，建立表连接；若勾选 3，则表示添加摘要汇总，我们这里不需要添加摘要，暂不勾选。最终，在页面右下角单击"Import"按钮后，就可导入数据表了。

回到 Excel 主界面，表格数据显示如图 4-53 所示。

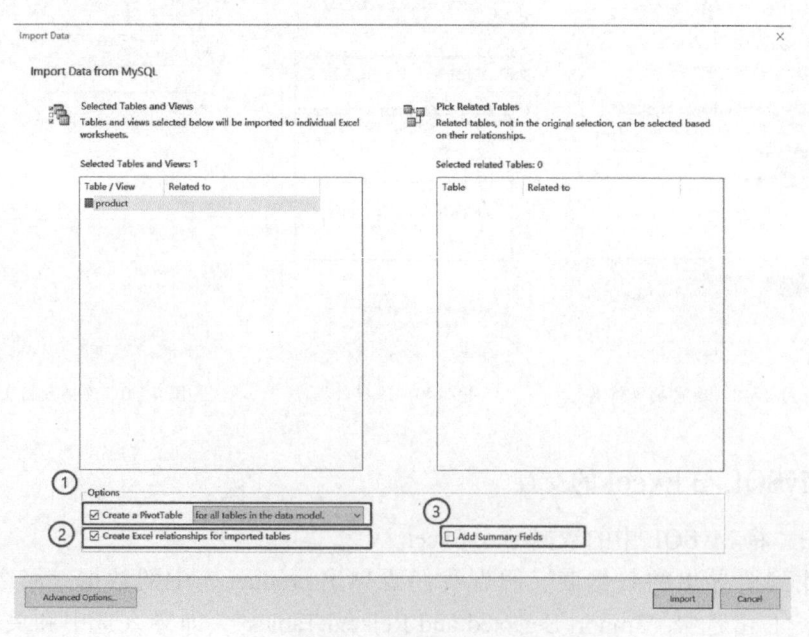

图 4-52 导入数据表页面

项目四　采集数据存储

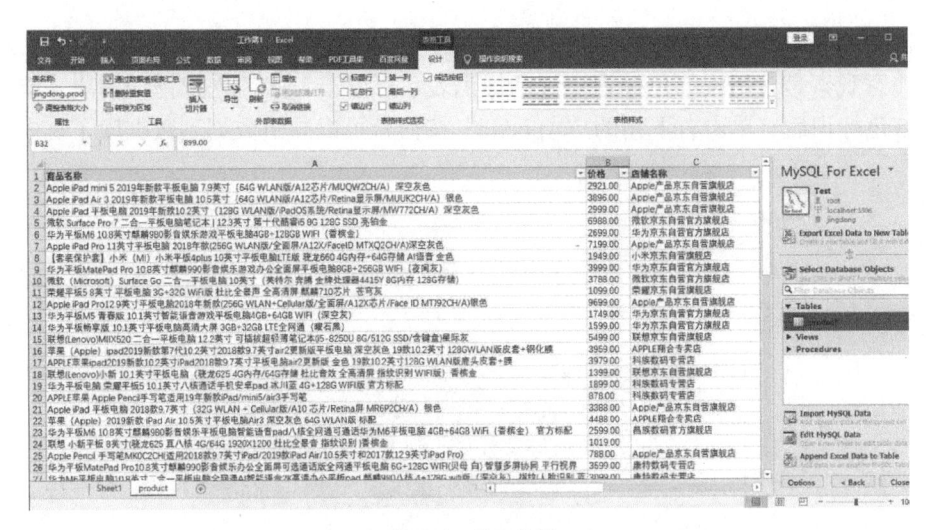

图 4-53　导入数据

场景二：将 Excel 中的数据导入 MySQL。

以 product 表为例，假设在数据库中我们要新建一个 info 表，里面包含 product 中的"商品名称"和"价格"字段。

（1）在 MySQL 数据库中创建数据表。仔细查看要导入的数据表，查看其字段及其数据类型。创建时，数据库中新建数据表的字段顺序、数据类型与 Excel 中要导入的数据表的字段顺序及数据类型一致。

打开 SQLyog 工具，在 jingdong 数据库下创建名为 info 的表格，表中包含"商品名称"和"价格"两列。字段类型和长度可参考 product 表中的"商品名称"和"价格"字段。

（2）导入数据。先选择要导入的数据，即商品名称列和价格列；再在 MySQL 项目下选择要导入的数据表 info；最后，单击"Append Excel Data to Table"选项添加数据。具体步骤如图 4-54 所示。

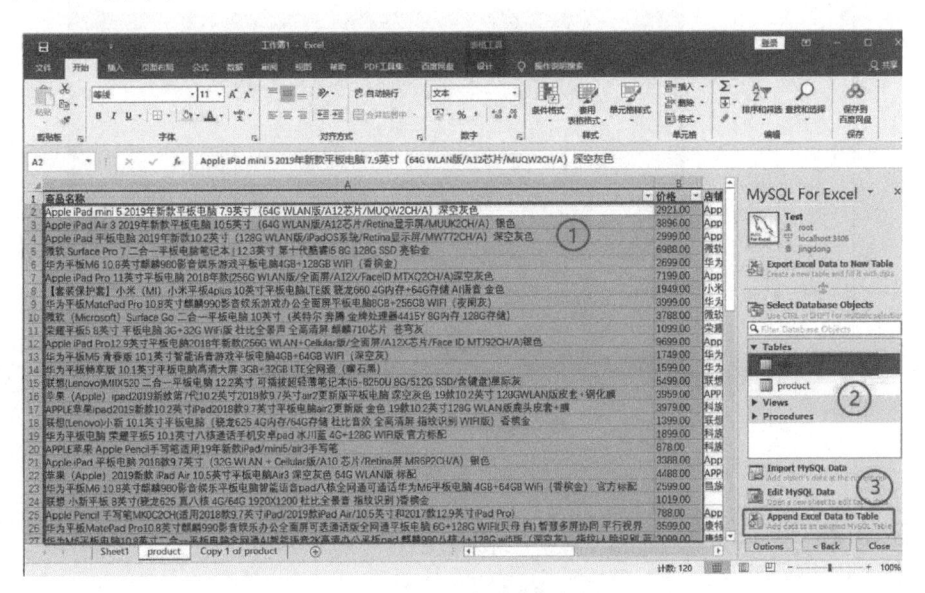

图 4-54　导入数据步骤

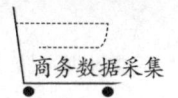

单击"Append Excel Data to Table"选项后，进入数据导出页面（见图 4-55）。在此页面中，注意观察是否出现红色标识。红色标识表示有出错，必须先把错误解决才能继续导出。无红色标识后，单击右下角的"Append"按钮就可以导出数据到数据库了。

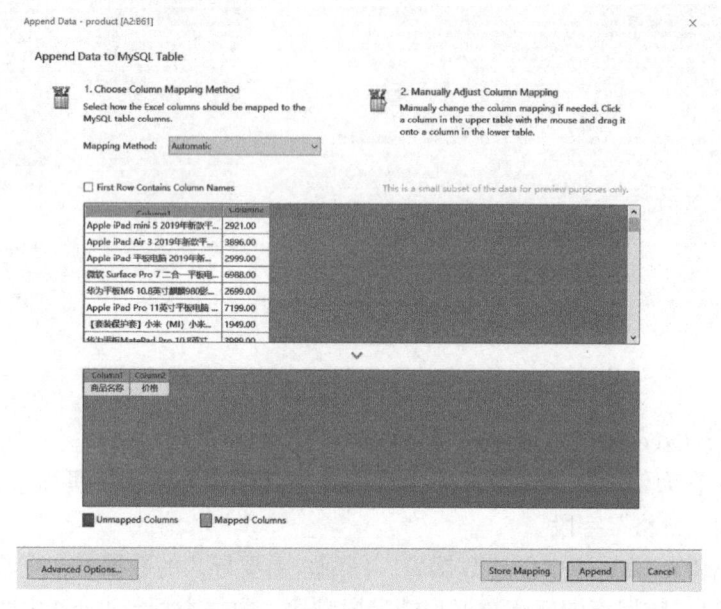

图 4-55　数据导出页面

此时，可在 SQLyog 中查询导入的数据表数据。我们在 SQLyog 中右击 info 表，选择"打开表"选项，可以看到所有的数据已经全部导入（见图 4-56）。

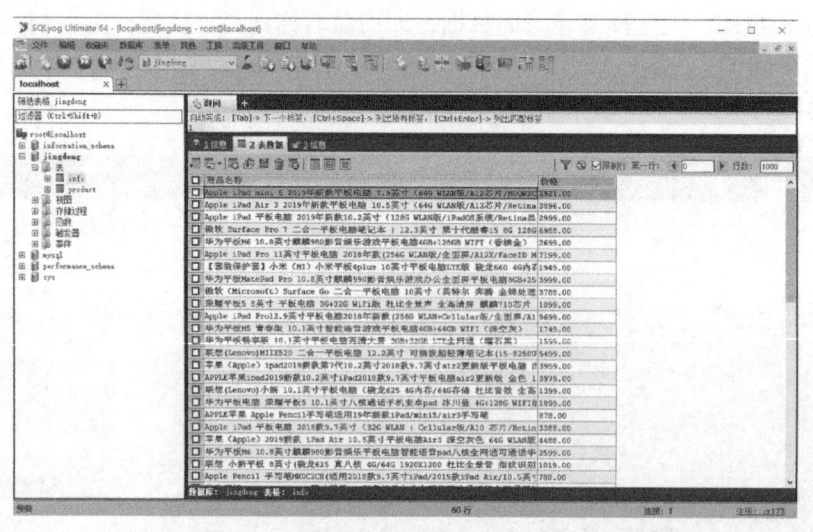

图 4-56　导入数据成功

【思考题】

如何通过 SQL 语句实现增删查改操作呢？

任务4.3 最潮流的分布式数据库——MongoDB

【基础知识】

一、MongoDB 认知

MongoDB 是一个基于分布式文件存储的数据库,由 C++ 语言编写,旨在为 Web 应用提供可扩展的高性能数据存储解决方案。事实上,MongoDB 是一个介于关系型数据库和非关系型数据库之间的产品,是非关系型数据库当中功能最丰富,也是目前最流行的 NoSQL 数据库之一。

MongoDB 是一个面向文档存储的数据库,以一种直观文档的方式来实现数据的存储,相比传统的关系型数据库,它支持的数据库结构更松散,也更容易被扩展,为程序的编写带来了极大的方便。在 MongoDB 中,数据被存储于文档之中。MongoDB 文档类似于 JSON 对象,数据结构由键值对组成,即(Key: Value)。其字段值也可以包含其他文档、数组及文档数组,因此可以存储比较复杂的数据类型。不过,MongoDB 文档虽然很像 JSON 格式,但在存储的时候,MongoDB 为文档增加了序列化的操作,因此最终存进磁盘的实际上是一类称作 BSON 的格式,即 Binary-JSON。

二、MongoDB 的安装

1. 下载 MongoDB

进入 MongoDB 官网(网址为 https://www.mongodb.com/download-center/community),如图 4–57 所示。

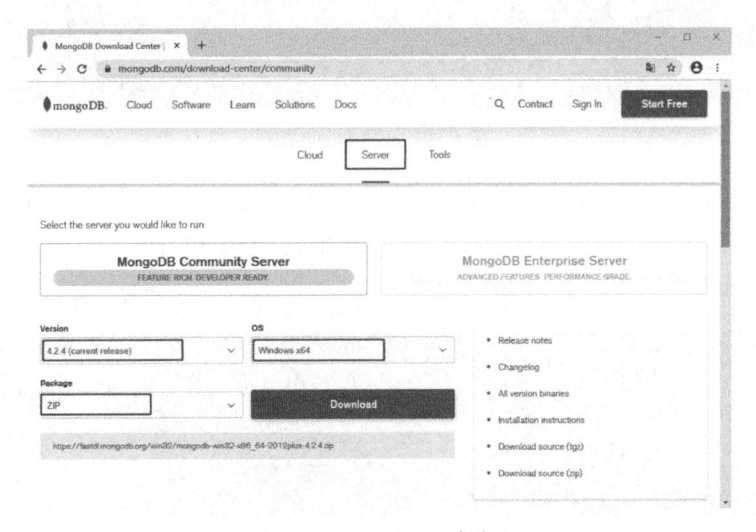

图 4–57　MongoDB 下载界面

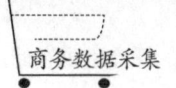

在此页面中选择你所运行的操作系统、MongoDB 的版本及安装包类型（本书中选择 ZIP 类型），然后单击"Download"下载按钮等待下载。

2. 创建数据库文件的存放位置

下载完成后，将压缩包解压到任意目录下，并将该目录路径作为安装路径，在目录下添加路径"\data\db"用于存放数据库文件（见图 4–58）。MongoDB 命令不会自主创建文件夹，若没有此文件，则 MongoDB 无法正常启动。

图 4–58　添加路径 \data\db

3. 启动 MongoDB

运行 CMD 命令窗口，进入安装主目录 mongodb-win32-x86_64-2012plus-5.2.4 的 bin 目录下（见图 4–59），执行如下命令：

mongod.exe --dbpath C:\Users\Administrator\Downloads\mongodb-win32-x86_64-2012plus-5.2.4\data\db

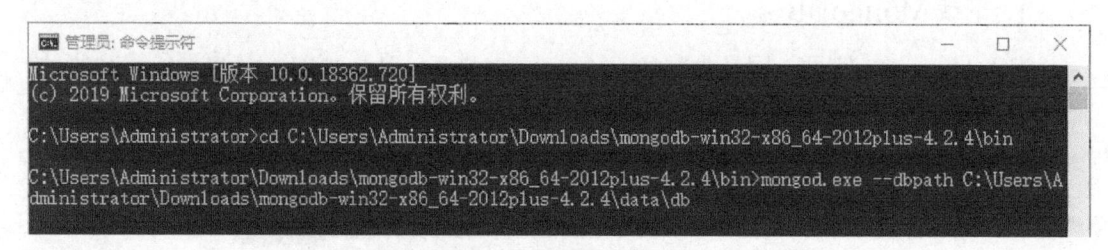

图 4–59　启动 MongoDB

命令中，dbpath 后的地址即创建的 db 文件的路径。若出现如图 4–60 所示的输出内容，则说明 MongoDB 启动成功。MongoDB 默认连接端口为 27017，若进入 http://127.0.0.1:27017/ 页面，可查看到如图 4–61 所示内容。

图 4–60　启动 MongoDB 成功

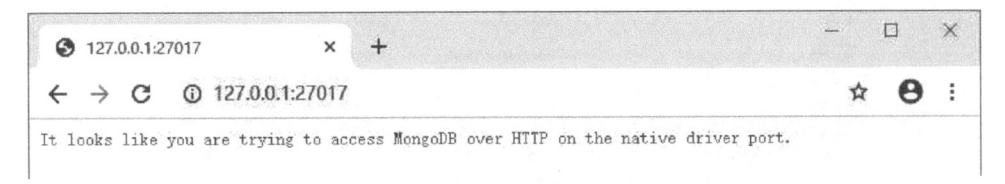

图 4-61 访问本机 27017 端口

此时，若再运行一个 CMD 命令窗口（不关闭之前的命令窗口），进入 bin 文件夹下执行 mongo.exe，若输入 show dbs 命令就可以看到 MongoDB 默认的数据库了（见图 4-62）。

图 4-62 查询所有数据库

为了方便每次开机的时候自动启动 MongoDB 服务，我们最好注册 MongoDB 服务。

4. 注册 MongoDB 服务

在 mongodb-win32-x86_64-2012plus-5.2. 这个根目录下创建 conf 与 log 文件夹（见图 4-63）。在 conf 文件夹下创建文件：mongo.config（见图 4-64），编辑 mongo.config 文件，输入如下内容：

port = 27017

dbpath=C:\Users\Administrator\Downloads\mongodb-win32-x86_64-2012plus-5.2.4\data\db

logpath=C:\Users\Administrator\Downloads\mongodb-win32-x86_64-2012plus-5.2.4\log\mongod.log

logappend = true

图 4-63　创建 conf 与 log 文件夹

图 4-64　创建 mongo.config

mongo.config 中，port 指的是 MongoDB 的运行端口，默认情况下为 27017；dbpath 指的是数据存储的位置；logpath 指的是 MongoDB 的日志文件，我们指定每次 MongoDB 启动时将日志写入 mongod.log 文件中。若 MongoDB 有报错，则可以查看此文件中的报错信息进行调试。

打开 CMD 命令窗口，注册 MongoDB 服务，执行如下命令：

mongod --config C:\Users\Administrator\Downloads\mongodb-win32-x86_64-2012plus-5.2.4\conf\mongo.config --install --serviceName "MongoDB"

注册成功后，启动 MongoDB 服务，执行命令：net start MongoDB（见图 4-65）。

图 4-65　启动 MongoDB 服务

在主目录下打开 log 下的 mongod.log 文件可以查看到，MongoDB 启动成功并打印了日志，如图 4-66 所示。

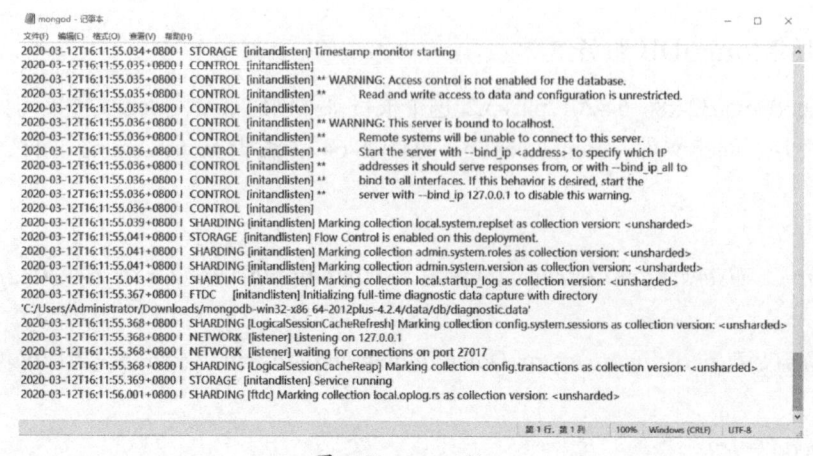

图 4-66　mongod.log

重新运行 CMD 命令窗口，进入 mongodb 根目录下的 bin 文件中，执行命令：mongodb 127.0.0.1:27017，MongoDB 服务器连接成功（见图 4-67）。

图 4-67　连接 MongoDB 服务器

至此，我们可以直接在 mongo.exe 里面对 MongoDB 数据库进行数据操作了，但是纯黑色的用户界面看起来并不美观友好，因此需要一款专门的 MongoDB 可视化客户端来操作 MongoDB 数据库。

三、MongoDB 可视化客户端的使用

市面上 MongoDB 的可视化客户端种类繁多，最常用的有 MongoVUE、RoboMongo 和 Mongochef。本书将选择 MongoChef 作为 MongDB 的可视化工具进行讲解。

我们可以进入 MongoChef 的官网进行下载，地址为：https://studio3t.com/download/，如图 4-68 所示。

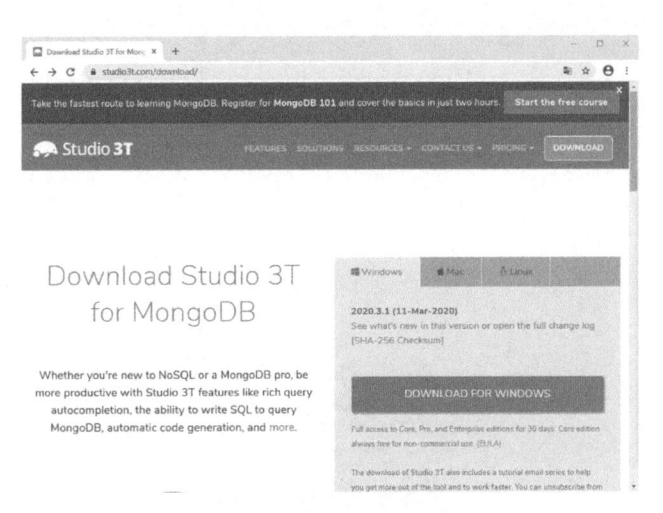

图 4-68　下载 MongoChef 界面

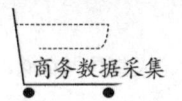

下载完成后解压，运行 studio-3t-x65.exe 文件进行安装。安装后，运行 Studio 3T，进入主界面（见图 4-69）。

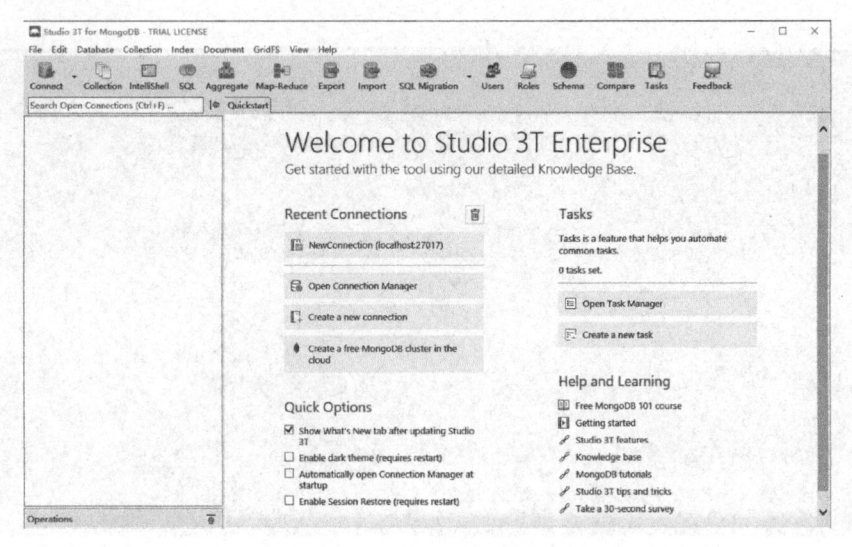

图 4-69　Studio 3T 主界面

【任务实施】

MongoDB 数据导入与查询

1. 创建数据库连接

单击左上角的"Connect"按钮创建连接，进入连接管理对话框（见图 4-70）。在连接管理对话框中，单击左上角的"New Connection"按钮新建连接，进入新连接配置对话框（见图 4-71）。

图 4-70　连接管理对话框

图 4-71　新连接配置对话框

在新连接配置对话框中，设置连接名为"NewConnection"，其他配置项默认即可。单击左下角的"Test Connection"按钮进行连接测试，若连接成功，则可以看到测试结果。此时，单击"OK"按钮，再逐层返回确认，单击新连接配置对话框中的"Save"按钮和连接管理对话框中的"Connect"按钮。完成连接后，在主界面中左侧目录栏下便可以看到新增的连接信息了（见图 4-72）。

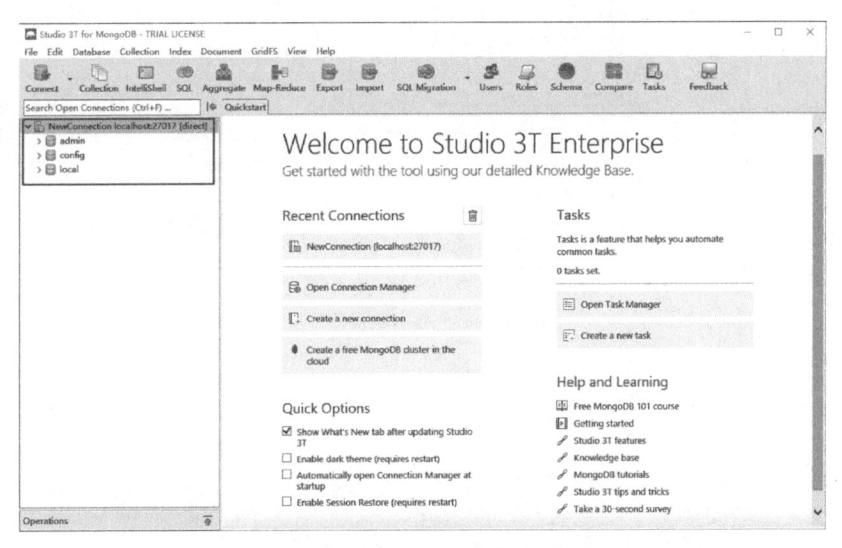

图 4-72　成功创建连接

连接成功后，可以看到系统自带了三个数据库：admin、config 和 local。

local 数据库主要用于存储副本集的元数据。local 数据库只会在本地存储数据，内容不会同步到副本集里的其他节点上去。所以，建议重要的数据应避免存储在 local 数据库中，否则当一个节点故障时，存储在 local 里的数据就会丢失。

admin 数据库则主要用于存储 MongoDB 的用户、角色等信息。当 MongoDB 启用 auth 选项时，即通过用户名密码进行登录，用户需要创建数据库账号，访问时根据账号信息来鉴权，而数据库账号信息就存储在 admin 数据库下。

config 数据库中主要存储系统参数。在非必要的情况下，不建议对其进行随意更改。

通常情况下，为了避免不必要的错误，我们通常会选择创建自己的数据库。下面我们将通过案例学习如何创建新的数据库及如何导入数据。

2. MongoDB 的数据导入

MongoDB 中的数据是以数据集的方式呈现的，每个数据集对应一个 MongoDB 文档，每个 MongoDB 文档中的数据由无数个键值对组成。我们仍以京东搜索结果页列表数据为例，将 JSON 文件类型的部分列表页采集数据导入 MongoDB 数据库中。该如何操作呢？

（1）创建一个数据库。

单击数据连接的根目录，单击右键，在菜单中选择"Add Database"（见图 4–73）。在弹出的添加数据库对话框中输入数据库的名称"JingDong"（见图 4–74）。

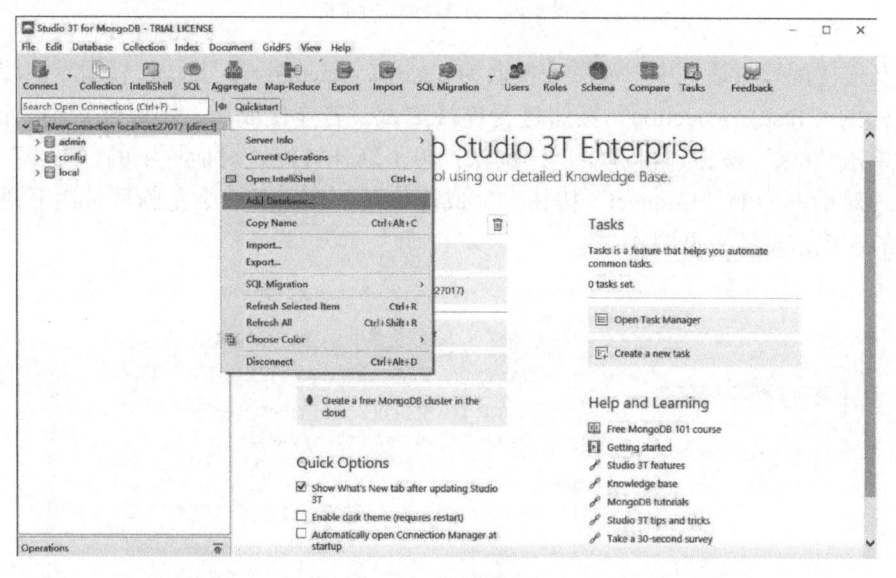

图 4–73　添加数据库

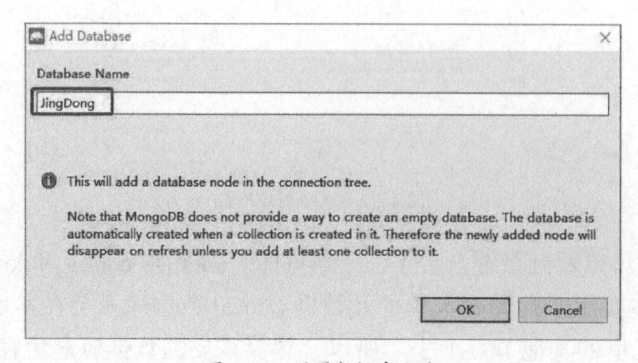

图 4–74　设置数据库名称

添加成功后，在界面左边的目录栏中就会出现新加的"JingDong"数据库。
（2）插入一个集合。

在 MongoDB 中，Collections 相当于关系型数据库中的表，但在 MongoDB 数据库中的 Collections 并不需要提前创建，更不需要预先定义字段。在本案例中，我们需要通过导入文件的方式创建数据。单击 JingDong 数据库左侧箭头，右击选择 Collections 文件夹，选择"import Collections"导入数据集（见图 4–75），进入选择导入文件类型对话框中，此处选择默认的 JSON 类型即可（见图 4–76）。

图 4–75　导入数据集

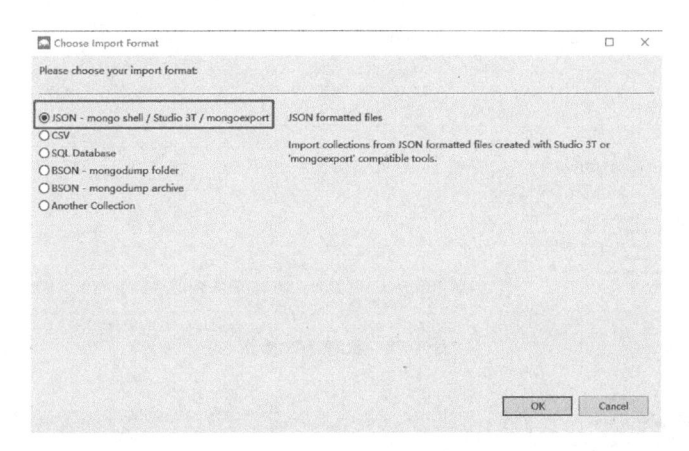

图 4–76　导入文件类型对话框

回到 JSON 导入界面，单击文件导入按钮"+"（见图 4–77），添加需要导入的 JSON 文件。

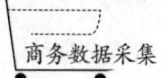

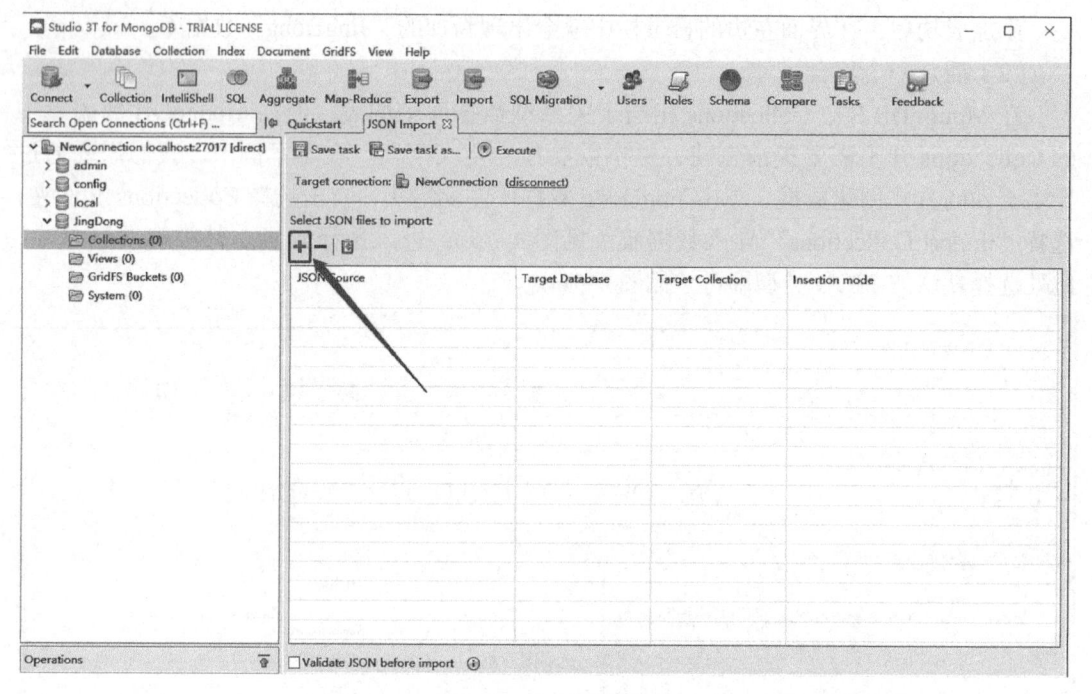

图 4-77 导入文件按钮

完成文件导入后,在 JSON 导入界面中单击"Execute"按钮进行文件数据的导入(见图 4-78)。若导入成功,则页面左下角的"Operations"执行输出框中会提示导入完成的信息(见图 4-79)。

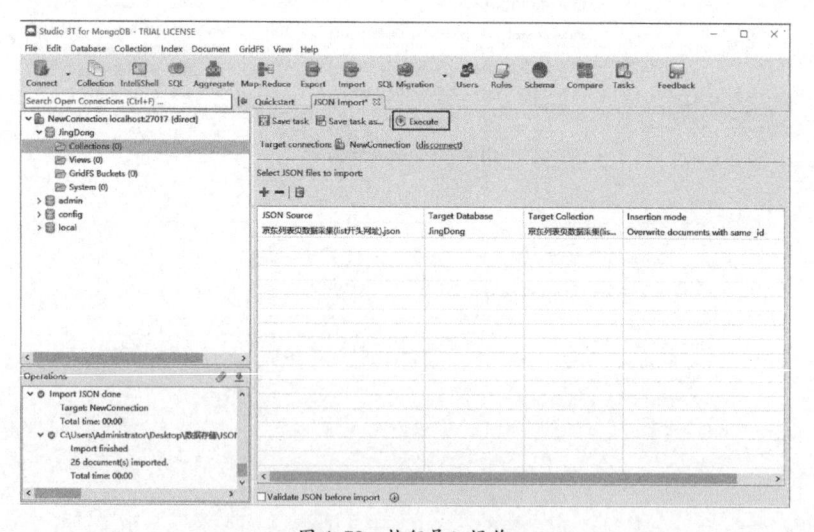

图 4-78 执行导入操作

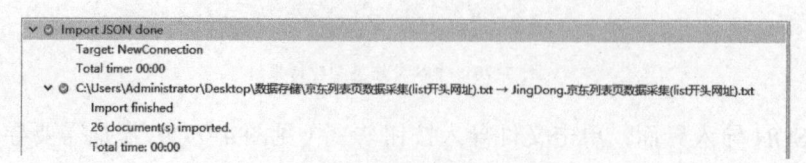

图 4-79 Operations 执行输出框

3. 数据查询

当成功导入文件数据后，我们双击 JingDong 数据库下的 Collections 文件夹中的"京东列表页数据采集（list 开头网址）.txt"，文件中的数据就以 JSON 格式全部展现出来了（见图 4-80）。此时，我们就完成了 MongoDB 数据库的数据导入。

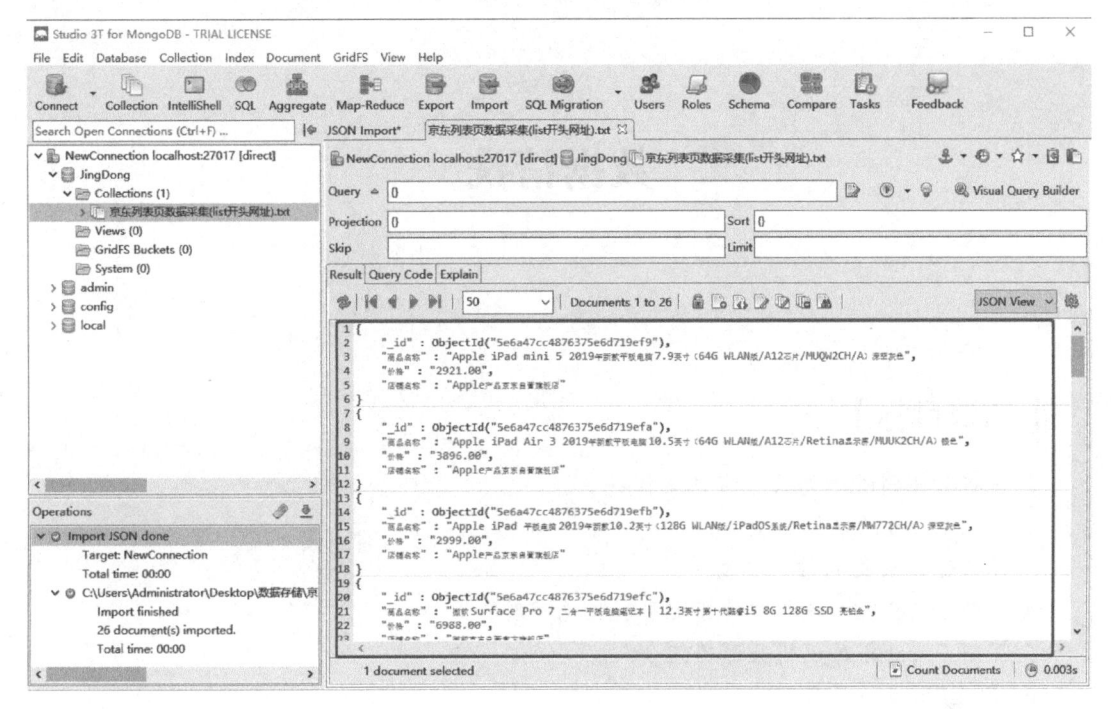

图 4-80 导入数据查询

【思考题】

想一想如何实现在 MongoDB 数据库中删除数据？

项目五

数据清洗

【知识目标】

1. 掌握数据清洗的意义和常见流程
2. 掌握 Excel 的数据类型
3. 掌握错误数据的常见类型
4. 了解 Excel 文本操作中的通配符和特殊字符
5. 了解 Excel 排序逻辑及逻辑组合
6. 掌握 Excel 运算符

【技能目标】

1. 具备 Excel 数据类型、数据结构转换的能力
2. 具备 Excel 处理错误数据的能力
3. 具备 Excel 操作文本的能力
4. 具备 Excel 筛选排序数据的能力
5. 具备 Excel 拆分合并单元格的能力

【思政目标】

1. 追求数据真实性,不随意篡改数据
2. 培养专注、积极、耐心的职业素养

【思维导图】

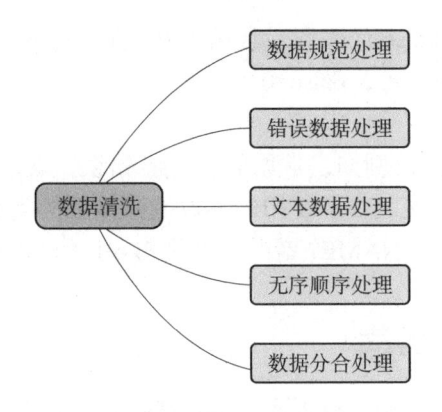

```
                    ┌─ 数据规范处理
                    ├─ 错误数据处理
          数据清洗 ──┼─ 文本数据处理
                    ├─ 无序顺序处理
                    └─ 数据分合处理
```

任务5.1 数据规范处理——表格规范

【基础知识】

一、数据类型

Excel 提供了常规、数值、货币、会计专用等十余种数据格式，可归结为文本、数值、逻辑、错误四类。默认情况下，文本型，如汉字、字母、符号，是左对齐的；数值型，如小数、货币、日期，是右对齐的；逻辑型、错误值则是居中对齐的（见图 5–1）。

文本	数值	逻辑	错误
Excel	3.14	TRUE	#VALUE!
数据分析	1.23E+17	FALSE	#DIV/0!
Excel数据分析	1/4		#N/A
~！@#¥	¥18		#NAME?
123	2021/1/19		
	9:00		

图 5–1 四类数据类型

（1）文本型

文本型数据可以使用文本函数进行操作，但是以文本格式表示的数字或日期不能比较大小或者参与运算。

（2）数值型

数值型数据则可使用数学、统计函数进行运算，但数值型数据最多支持 15 位有效数字。故在输入 18 位身份证号码的时候，后三位的精度会丢失，变成 000。Excel 中的日期/时间同样是以数值形式保存的，例如，日期 2021/1/19 12:00:00 转为数字后，44215 就是

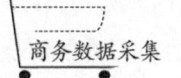

2021/1/19，0.5 就是 12:00；1900 年 1 月 1 日为数值 1，每过 1 天，在数值上加 1。

（3）逻辑型

逻辑值 True 代表真，False 代表假，常用于 IF、Vlookup、Hlookup、Match 等函数的使用。参与数学运算时，True=1，False=0。

（4）错误型

不同错误有不同的含义，例如，常见的"#### 错误"表示列不够宽，或者使用了负日期或时间，"#VALUE! 错误"表示使用的参数或操作数的类型不正确，"#DIV/0! 错误"表示使用数字除以零（0），"#NAME? 错误"表示 Excel 无法识别公式中的文本。

二、一维表 VS 二维表

一维表也常称为流水线表格，仅需通过单行就能确定数值，输入数据也只需要一行一行地添加（见图 5–2）。二维表是一种关系型表格，通常数据区域的值需要通过行列同时确定。我们常将一维表用于数据存储、统计分析，二维表用于数据展示、汇报（见图 5–3）。

	A	B	C
1	学生	科目	成绩
2	张三	语文	61
3	张三	数学	88
4	张三	英语	74
5	李四	语文	75
6	李四	数学	72
7	李四	英语	76
8	王五	语文	66
9	王五	数学	90
10	王五	英语	74

图 5–2　一维表

	A	B	C	D
1		数学	语文	英语
2	王五	75	89	70
3	李四	72	62	89
4	张三	69	88	81

图 5–3　二维表

【任务实施】

一、数据类型转换

采集数据时常会出现数据类型错误的问题。如图 5–4 所示，"商品 SKU"和"价格"两列，单元格左上角出现了绿色小三角，这是由于单元格被设置为文本格式，却输入了数值。

搜索关键词	商品名称	商品SKU	商品链接	价格	评价人数
iphone 11	现货速发【现货国行4	56648702660	https://item.jd.	4626.00	4万+
iphone 11	Apple iPhone 11 (A22	100004770263	https://item.jd.	5899.00	去看二手254万+
iphone 11	Apple iPhone 11 Pro	100008348548	https://item.jd.	10899.00	去看二手41万+
iphone 11	Apple iPhone 11 Pro	100004770257	https://item.jd.	9999.00	去看二手31万+
iphone 11	Apple 苹果 iPhone 1	69324297884	https://item.jd.	5059.00	1500+
iphone 11	Apple 苹果 iPhone 11	55666912716	https://item.jd.	4999.00	11万+
iphone 11	Apple 苹果 iPhone 11	56835037249	https://item.jd.	4598.00	1.1万+

图 5-4　数据类型错误原始表格

数据类型的错误将使得数据分析无法开展，例如，保存为文本格式的数值将无法进行计算，保存为文本的日期将无法对数据按日期进行分类统计。以下分享常用的数据类型转化方法。

数据类型转换视频

1. 数值转文本

在 Excel 输入数据的时候，会默认使用数值型数据，若是数字太长，则会变成科学计数法，例如，常见的身份证号、电商订单编号（见图 5-5）等。此时选择"设置单元格格式"无法将数值转为文本。

选择要转换的数字所在的单元格或列，单击"数据"选项卡中的"分列"按钮，在文本分列向导中，使用默认设置，连续单击"下一步"按钮，完成第一步、第二步的设置。进入文本分列向导第三步，勾选"列数据格式"下的"文本"，单击"完成"按钮即可完成设置（见图 5-6）。

A
订单编号
2.6617E+15
2.54451E+15
2.54406E+15
2.66139E+15
2.54408E+15
2.5422E+15
2.66114E+15

图 5-5　订单编号

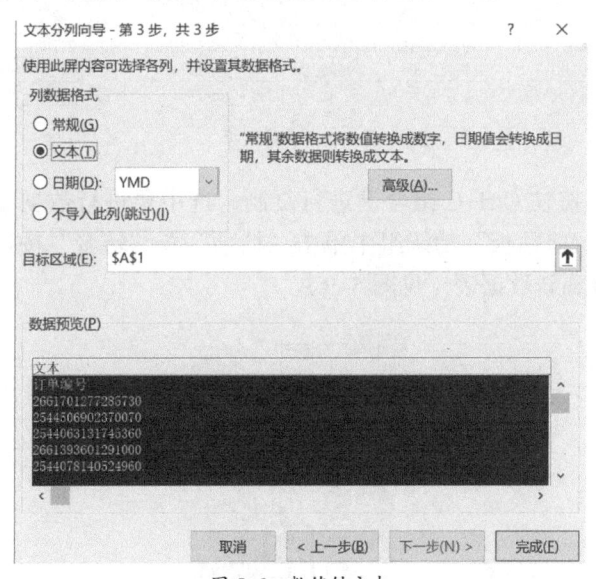

图 5-6　数值转文本

2. 文本转数值

文本转数值有两种方法。

方法一：参考数值转文本字符的方法，但在第三步中选择"列数据格式"时，勾选"常规"，最后单击"完成"按钮即可完成（参考图 5-6）。

155

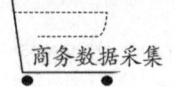

方法二：直接选中要转换的数据列，单击数据列前出现的提醒符号，在给出的选项中单击"转换为数字"，即可将文本型字符转换为数值，如图5-7所示。

3. 文本日期转标准日期

在Excel中打开数据列表，选中文本格式的日期信息，随后单击"数据"选项卡中的"分列"，在文本分列向导中，使用默认设置，连续单击"下一步"按钮，完成第一步和第二步的设置，进入第三步后，"列数据格式"选择"日期"，在其下拉列表中选择"YMD"选项（参考图5-6），单击"完成"按钮后，即可完成标准日期的转换。

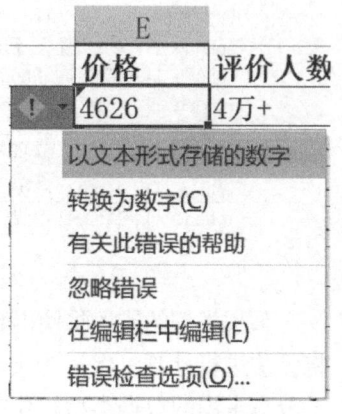

图5-7 文本转数值

二、数据结构转换

数据表中不合理的数据结构将不适合进行后续的数据分析。

数据逆透视视频

1. 行列互换

如图5-8所示的数据表出现了横置的情况，表头在第一列，与前面常见的纵置表格有所不同。两者间的互换可使用Excel中的"转置"功能。

	A	B	C	D	E	F	G	H	I
1	商品名称	现货速发【现	Apple iPhone 11	Apple iPhone 1	Apple iPhone	Apple 苹果	Apple 苹果	Apple 苹果 i	Apple iPhone XR
2	商品SKU	56648702660	100004770263	100008348548	100004770257	69324297884	55666912716	56835037249	100000177760
3	价格	4626.00	5899.00	10899.00	9999.00	5059.00	4999.00	4598.00	4899.00
4	评价人数	4万+	去看二手254万+	去看二手41万+	去看二手31万+	1500+	11万+	1.1万+	去看二手230万+

图5-8 横置数据

选中目标内容，按住Ctrl+C组合键进行复制。选中要进行数据复制的单元格，单击"开始"选项卡，在"剪贴板"功能组中单击"粘贴"→"转置"按钮，即可让选中的内容进行行列互换，得到新数据表（见图5-9）。

图5-9 选择性粘贴－转置

2. 数据表逆透视

数据分析前通常需要将数据表转化为类似数据库的一维表格，即数据表的逆透视。此时借助 Excel 自带的 Power Query 可以轻松实现（注：需要 2013 版及以上版本的 Excel）。

（1）二维表转一维表

如图 5-10 所示是一张常见的二维表格，选中表格中的任一单元格，单击"数据"选项卡，在"获取和转换数据"功能组中选择"自表格/区域"（见图 5-11），在弹出的"创建表"对话框中确认表数据来源，勾选"表包含标题"（见图 5-12），即可使表格数据在 Power Query 中打开。

产品名称	1月	2月	3月
iphone11	1	2	3
iphone11 pro	4	5	6
iphone11 pro max	7	8	9

图 5-10　数据二维表

图 5-11　打开 Power Query

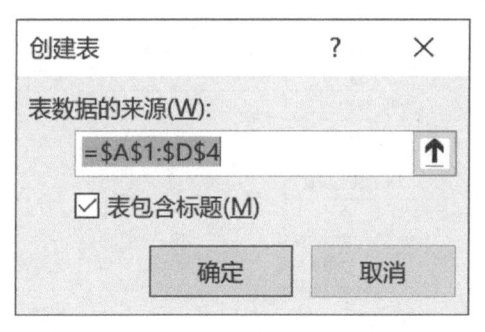

图 5-12　创建表

在弹出的 Power Query 编辑器中，选择需要逆透视的 1—3 月三列，单击"转换"选项卡，选择"任意列"功能组中的"逆透视列"（见图 5-13），即可生成如图 5-14 所示的一维数据表，第三列表头可重命名为"销量"。

Power Query 在使用中难免出现错误操作，可在右侧"查询设置"→"应用的步骤"中，通过单击或删除步骤，进行步骤的调整（见图 5-15）。数据编辑完成后，选择"主页"选项卡中的"关闭并上载"（见图 5-16）即可将清洗后的数据上载到 Excel 中。

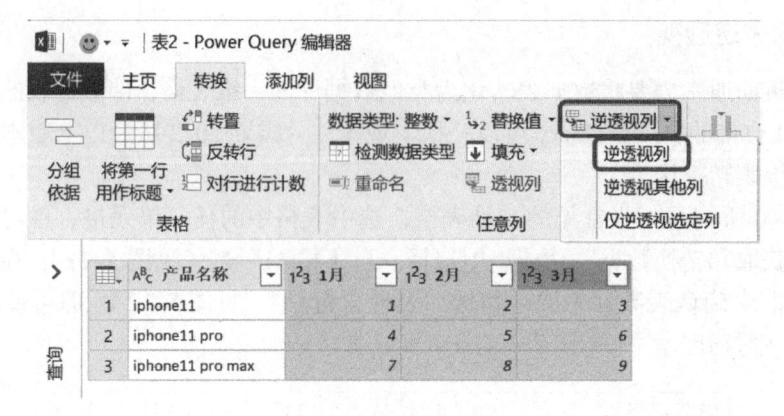

图 5–13 Power Query 逆透视

图 5–14 逆透视结果

图 5–15 Power Query 查询设置

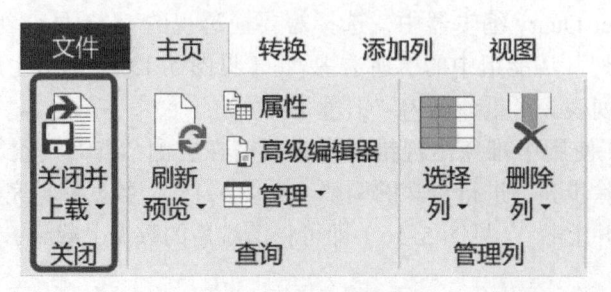

图 5–16 关闭并上载数据

（2）宽表转窄表

逆透视还有一个常用的功能，即宽表转窄表。

如图 5-17 所示，库存颜色中多种颜色都包含在同一单元格中，为了数据分析，需要把每个产品的颜色单独列出来，即每个颜色形成单独的一行。

产品名称	库存颜色	价格
iphone11	黑、黄、红、白、紫、绿	5499
iphone11 pro	绿、金、灰、银	8699
iphone11 pro max	绿、金、灰、银	9599

图 5-17　宽表源数据

打开 Power Query 编辑器的方法与前述一样。逆透视操作前需要将"库存颜色"列进行拆分，单击"主页"选项卡，在"转换"功能组中选择"拆分列"，"按分隔符"对列进行拆分（见图 5-18、图 5-19、图 5-20）。相比于 Excel 中的拆分列功能，Power Query 不需要通过手动插入列来避免拆分列对前后的数据覆盖。

选中拆分出的"库存颜色"列进行逆透视，则可生成一维数据表，经删除、重命名操作即可生成数据表，如图 5-21 所示。

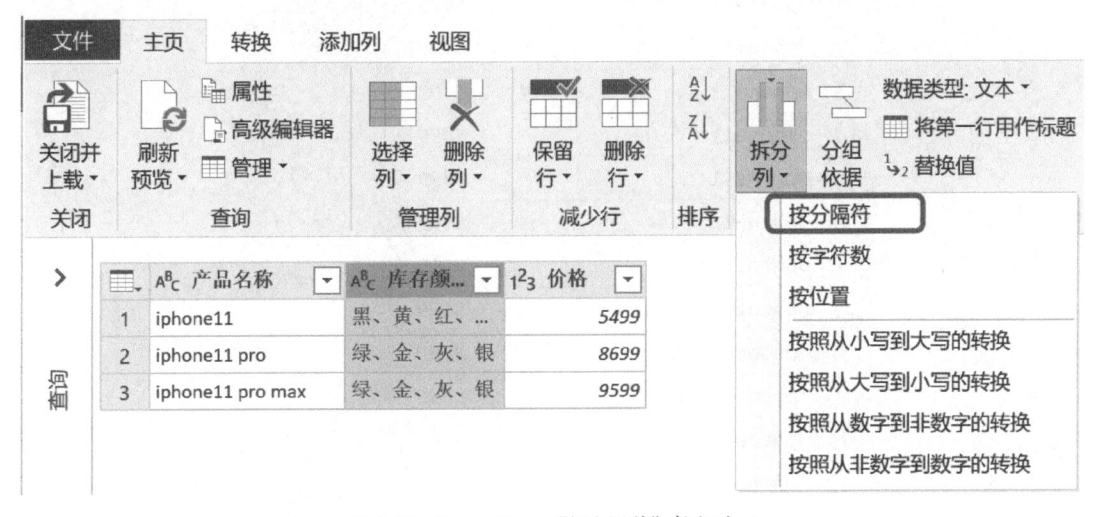

图 5-18　Power Query"按分隔符"拆分列 -1

图 5-19　Power Query"按分隔符"拆分列 -2

	ABC 产品名称	123 价格	ABC 属性	ABC 值
1	iphone11	5499	库存颜色.1	黑
2	iphone11	5499	库存颜色.2	黄
3	iphone11	5499	库存颜色.3	红
4	iphone11	5499	库存颜色.4	白
5	iphone11	5499	库存颜色.5	紫
6	iphone11	5499	库存颜色.6	绿
7	iphone11 pro	8699	库存颜色.1	绿
8	iphone11 pro	8699	库存颜色.2	金
9	iphone11 pro	8699	库存颜色.3	灰
10	iphone11 pro	8699	库存颜色.4	银
11	iphone11 pro max	9599	库存颜色.1	绿
12	iphone11 pro max	9599	库存颜色.2	金
13	iphone11 pro max	9599	库存颜色.3	灰
14	iphone11 pro max	9599	库存颜色.4	银

图 5–20　Power Query "按分隔符" 拆分列 –3

	ABC 产品名称	123 价格	ABC 颜色
1	iphone11	5499	黑
2	iphone11	5499	黄
3	iphone11	5499	红
4	iphone11	5499	白
5	iphone11	5499	紫
6	iphone11	5499	绿
7	iphone11 pro	8699	绿
8	iphone11 pro	8699	金
9	iphone11 pro	8699	灰
10	iphone11 pro	8699	银
11	iphone11 pro max	9599	绿
12	iphone11 pro max	9599	金
13	iphone11 pro max	9599	灰
14	iphone11 pro max	9599	银

图 5–21　Power Query "按分隔符" 拆分列结果

【思考题】

什么样的表格适合做数据分析？

任务5.2 错误数据处理——查错补缺

【基础知识】

定位条件

"定位"可以帮助我们快速找到和选择所有包含特定类型数据（如公式）的单元格或者只符合特定条件的单元格。按 Ctrl+G 组合键或 F5 功能键可打开 Excel 的定位功能。定位中最常见的是"定位条件"功能（见图 5–22）。

图 5–22　定位功能

"定位条件"可以确定的单元格类型有 15 种，定位条件包括批注、常量、公式、空值、当前区域、当前数组、对象、行内容差异单元格、列内容差异单元格、引用单元格、从属单元格、最后一个单元格、可见单元格、条件格式、数据验证，如图 5–23 所示。其中最常见的定位条件如下。

图 5–23　定位条件

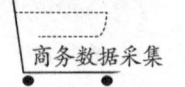

批注：选定区域中带有批注的单元格。

常量：选定区域中内容为常量的单元格（如数字、文本、日期或逻辑值等，公式的计算结果不是常量）。

公式：选定区域中包含公式的单元格（公式得到的结果包含数字、文本、逻辑值、错误）。

空值：选定空单元格（没有任何内容的单元格）。

行内容差异单元格：目标区域中每行与其他单元格不同的单元格。

列内容差异单元格：目标区域中每列与其他单元格不同的单元格。

【任务实施】

一、缺失值处理

数据分析中，经常会出现缺失值的情况。例如，网络爬虫中，采集字段不存在；调查问卷时，受访者避而不答……通常数据缺失值在总数的 10% 以下都可以接受。如图 5-24 所示采集到的数据中有 3 行存在缺失值。

1	搜索关键词	商品名称	商品SKU	商品链接	价格	评价人数	商家店名	店铺链接	标签	是否广告
143	iphone 11	拍拍【二手9成新】	69900153197	https://item.j	6849.00	0	拍拍手机优品官方		免邮	否
144	iphone 11	Apple 苹果 iPhon	100007121715	https://item.j	4999.00	4			自营/厂商否	
145	iphone 11	Apple 苹果 iPhon	100013037904	https://item.j	4999.00	90+	中国联通京东自营	https://m	自营/厂商否	
146	iphone 11	【至高12期免息】	57143334652	https://item.j	5028.00	3.6万+			险/	广告
147	iphone 11	拍拍【二手99新】	67099889870	https://item.j	7199.00	300+	马顺二手商品专营	https://m	品质溯源/	否
148	iphone 11	京东国际Apple iP	33746021624	https://item.j	4048.00	900+			免邮/	否
149	iphone 11	Apple iphone11 p	33216898788	https://item.j	12699.00	40+	臻云商手机专营店	https://m	免邮/赠/	否

图 5-24 存在缺失值的数据表

打开原始数据表格，选中数据区域，在"开始"选项卡下的"编辑"功能组中单击"查找和选择"按钮，单击"定位条件"命令，在弹出的"定位条件"对话框中，选中"空值"，单击"确定"按钮后，所有的空值即可被一次性选中，如图 5-25 所示。定位到空白值后，可右击统一删除，或按 Ctrl+Enter 快捷键，进行批量填充。

1	搜索关键词	商品名称	商品SKU	商品链接	价格	评价人数	商家店名	店铺链接	标签	是否广告
146	iphone 11	【至高12期免息】	57143334652	https://item.j	5028.00	3.6万+			险/	广告
147	iphone 11	拍拍【二手99新】	67099889870	https://item.j	7199.00	300+	马顺二手商品专营	https://m	品质溯源/	否
148	iphone 11	京东国际Apple iP	33746021624	https://item.j	4048.00	900+			免邮/	否

图 5-25 缺失值被一次性选中

二、重复值处理

在爬虫采集到的数据表中，难免出现数据重复的情况，重复数据会影响数据处理结果的正确性，从而导致数据分析出现偏差，因此需要将其删除。那么如何快速查找和删除重复项？

1. 查找重复项

可利用条件格式标记重复数据。以采集到的如图 5-26 所示"京东商品列表"数据为例，商品 SKU 是商品的唯一标识，可作为去重标准。

搜索关键词	商品名称	商品SKU	商品链接	价格	评价人数	商家店名	店铺链接	标签	是否广告
iphone 11	现货速发	56648702660	https://item.j	4626.00	4万+	明日数码旗舰店	https://m	险/	广告
iphone 11	Apple iPho	100004770263	https://item.j	5899.00	去看二手254万+	Apple产品京东自营	https://m	自营/本地	否
iphone 11	Apple iPho	100008348548	https://item.j	10899.00	去看二手41万+	Apple产品京东自营	https://m	自营/本地	否
iphone 11	Apple iPho	100004770257	https://item.j	9999.00	去看二手31万+	Apple产品京东自营	https://m	自营/本地	否
iphone 11	Apple 苹果	69324297884	https://item.j	5059.00	1500+	京东电竞手机官方	https://m	免邮/赠/	否
iphone 11	Apple 苹果	55666912716	https://item.j	5899.00	11万+	佳沪电商旗舰店	https://m	免邮/赠/	否
iphone 11	Apple 苹果	56835037249	https://item.j	4598.50	1.1万+	淘金手机旗舰店	https://m	险/	广告
iphone 11	Apple iPho	100000177760	https://item.j	4899.00	去看二手230万+	Apple产品京东自营	https://m	自营/本地	否
iphone 11	Apple 苹果	56647206430	https://item.j	4998.00	2.6万+	茄子手机旗舰店	https://m	免邮/赠/	否
iphone 11	Apple 苹果	69579131506	https://item.j	5159.00	1000+	京东电竞手机官方	https://m	券4000-20	否
iphone 11	Apple 苹果	63556828553	https://item.j	5199.00	3200+	易橙手机专营店	https://m	赠/险/	否
iphone 11	Apple 苹果	56754112985	https://item.j	4828.00	9500+	掌视界数码旗舰店	https://m	免邮/险/	否
iphone 11	【二手99新	61048241839	https://item.j	4489.00	800+	瓜子二手商品专营	https://m	免邮/赠/	广告
iphone 11	苹果	55370143413	https://item.j	5999.00	3.8万+	疆界互联旗舰店	https://m	免邮/赠/	否
iphone 11	【至高12期	57143334652	https://item.j	5028.00	3.6万+	中国移动手机官方	https://m	险/	否
iphone 11	拍拍【二手	65417784590	https://item.j	4699.00	5900+	拍拍手机优品官方	https://m	免邮/券40	否
iphone 11	Apple 苹果	69909728584	https://item.j	4979.00	900+	京东电竞手机官方	https://m	赠/险/	否
iphone 11	Apple 苹果	56348942008	https://item.j	5099.00	2万+	聚捷联盛手机旗舰	https://m	免邮/赠/	否
iphone 11	Apple 苹果	65997726569	https://item.j	4699.00	400+	千机网旗舰店	https://m	险/	广告

图 5-26　含重复数据表

选中需要去重的区域，该处为 C 列，单击"开始"→"条件格式"→"突出显示单元格规则"→"重复值"（见图 5-27）。

图 5-27　条件格式定位重复值

在"值，设置为"右侧的框中，选择想要应用于重复值的格式（见图 5-28），然后单击"确定"按钮，即在"商品 SKU"列中出现重复值的标记（见图 5-29）。对该列进行排序，可将重复值规整到一起。

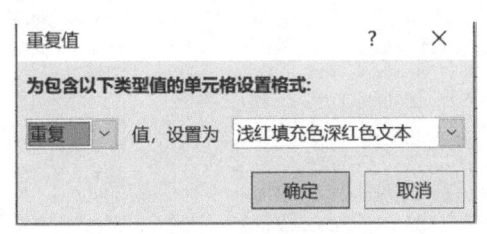

图 5-28　重复值格式设置

搜索关键词	商品名称	商品SKU	商品链接	价格	评价人数	商家店名	店铺链接	标签	是否广告
iphone 11	现货速发	56648702660	https://item.j	4626.00	4万+	明日数码旗舰店	https://m	险/	广告
iphone 11	Apple iPho	100004770263	https://item.j	5899.00	去看二手254万+	Apple产品京东自营	https://m	自营/本地	否
iphone 11	Apple iPho	100008348548	https://item.j	10899.00	去看二手41万+	Apple产品京东自营	https://m	自营/本地	否
iphone 11	Apple iPho	100004770257	https://item.j	9999.00	去看二手31万+	Apple产品京东自营	https://m	自营/本地	否
iphone 11	Apple 苹果	69324297884	https://item.j	5059.00	1500+	京东电竞手机官方	https://m	券4000-10	否
iphone 11	Apple 苹果	55666912716	https://item.j	4999.00	11万+	佳沪电商旗舰店	https://m	免邮/赠/阝	否
iphone 11	Apple 苹果	56835037249	https://item.j	4598.00	1.1万+	淘金手机旗舰店	https://m	险/	广告

图5–29 查找重复项结果

若只需标记第2次及以上出现的数据，同样可采用条件格式。

在图5–27中选择"其他规则"，在弹出的"新建格式规则"对话框中，选择"使用公式确定要设置格式的单元格"，"为符合此公式的值设置格式"文本框中输入公式"=COUNTIF(C$2:C2,C2)>1"，单击"格式"按钮设置显示格式（见图5–30），最后单击"确定"按钮，最终效果如图5–31所示。

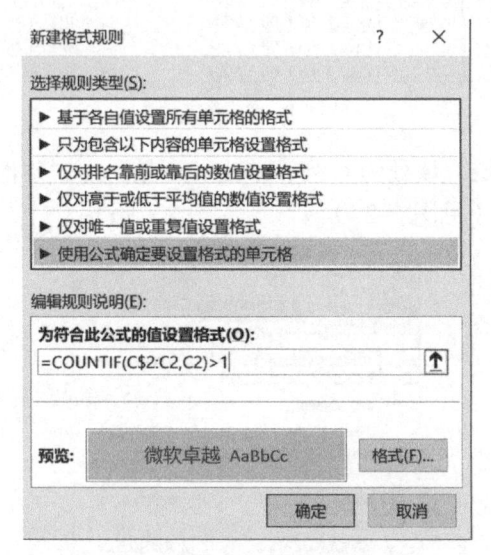

图5–30 "新建格式规则"对话框

	A	B	C	D	E	F	G	H	I	J
1	搜索关键词	商品名称	商品SKU	商品链接	价格	评价人数	商家店名	店铺链接	标签	是否广告
53	iphone 11	拍拍Apple	66923128052	https://item.j	4549.00	2200+	拍拍二手官方旗舰	https://m	险/	否
54	iphone 11	Apple 苹果	56666456531	https://item.j	8599.00	9200+	佳沪电商旗舰店	https://m	免邮/赠/阝	否
55	iphone 11	【12期免息	57149104106	https://item.j	5999.00	1400+	京合旗舰店	https://m	免邮/券50	否
56	iphone 11	【至高12期	57143334652	https://item.j	5028.00	3.6万+	中国移动手机官方	https://m	免邮/赠/阝	广告
57	iphone 11	Apple 苹果	31545088844	https://item.j	3888.00	4.3万+	佳沪电商旗舰店	https://m	免邮/赠/阝	否
58	iphone 11	【12/24分	56728753306	https://item.j	4866.00	4200+	冰之凯盛手机旗舰	https://m	免邮/赠/阝	否
59	iphone 11	拍拍【二手	65418380853	https://item.j	7499.00	2100+	拍拍手机优品官方	https://m	免邮/券70	否
60	iphone 11	拍拍【二手	13349861729	https://item.j	4299.00	6300+	泰业优品二手手机	https://m	免邮/赠/	否
61	iphone 11	现货速发	56646598067	https://item.j	4719.00	1万+	臻火旗舰店	https://m	免邮/险/	否
62	iphone 11	现货速发	56648702660	https://item.j	4626.00	4万+	明日数码旗舰店	https://m	险/	广告
63	iphone 11	Apple 苹果	57149481964	https://item.j	6888.00	1000+	淘金手机旗舰店	https://m	免邮/赠/阝	否
64	iphone 11	京东国际A	58860204983	https://item.j	4088.00	800+	XINKE海外专营店	https://m	免邮/赠/	否
65	iphone 11	Apple 苹果	56743532055	https://item.j	4899.00	2500+	华信通手机专营店	https://m	免邮/赠/阝	否
66	iphone 11	Apple 苹果	16580586467	https://item.j	3588.00	4.5万+	佳沪电商旗舰店	https://m	免邮/赠/阝	否
67	iphone 11	【现货国行	56653962479	https://item.j	6788.00	2400+	明日数码旗舰店	https://m	免邮/赠/	否
68	iphone 11	Apple 苹果	56835037249	https://item.j	4598.00	1.1万+	淘金手机旗舰店	https://m	险/	广告
69	iphone 11	苹果 iPhor	56693381056	https://item.j	4788.00	900+	银河信业手机专营	https://m	京东物流	否
70	iphone 11	Apple 苹果	56701045914	https://item.j	7888.00	4900+	炜东电商旗舰店	https://m	免邮/险/	否

图5–31 标记第2次及以上出现数据的结果

2. 删除重复值

上面利用条件格式标记了重复值，但如何快速删除重复值呢？

选中工作表中的数据区域（C列），在"数据"选项卡下的"数据工具"功能组中，单击"删除重复值"按钮（见图5-32），在弹出的"删除重复项警告"对话框中，选择"扩展选定区域"(见图5-33)，在"删除重复值"对话框中选择含重复项的列，可勾选"数据包含标题"去除首行标题的影响（见图5-34）。

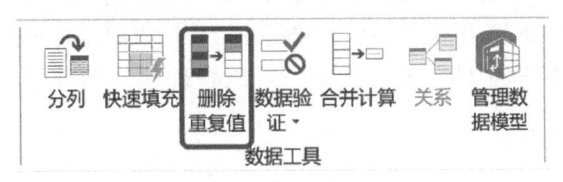

图 5-32 删除重复值工具

图 5-33 "删除重复项警告"对话框

图 5-34 包含重复值的列选择

三、逻辑错误处理

违反逻辑规律的要求和逻辑规则而产生的错误，一般使用逻辑推理就可以发现问题。例如：

逻辑错误处理
视频

（1）数据不合理：如客户年龄500岁，或者消费金额为-100元，明显不符合客观事实。

（2）数据自相矛盾：如客户出生年份为1980年，但年龄显示18岁。

（3）数据不符合规则：如限购1件的商品，客户的购买数量为3。

如图5-35所示，"订单付款时间"应晚于"订单创建时间"，否则该条记录便属于异常。选中"订单付款时间"列，选择"开始"选项卡→"样式"功能组→"条件格式"→"突出显示单元格规格"→"其他规则"，在弹出的"编辑格式规则"中，规则类型选择"使用公式确定要设置格式的单元格"，"编辑规则说明"中设置规则为"=S2＜R2"，设置"格式"为背景色黄色（见图5-36），单击"确定"按钮即可将错误数据标示出来（见图5-37）。

利用条件格式下拉框中的"管理规则"可以管理建立的条件格式规则（见图5-38、图5-39）。

图5-35　逻辑错误数据源

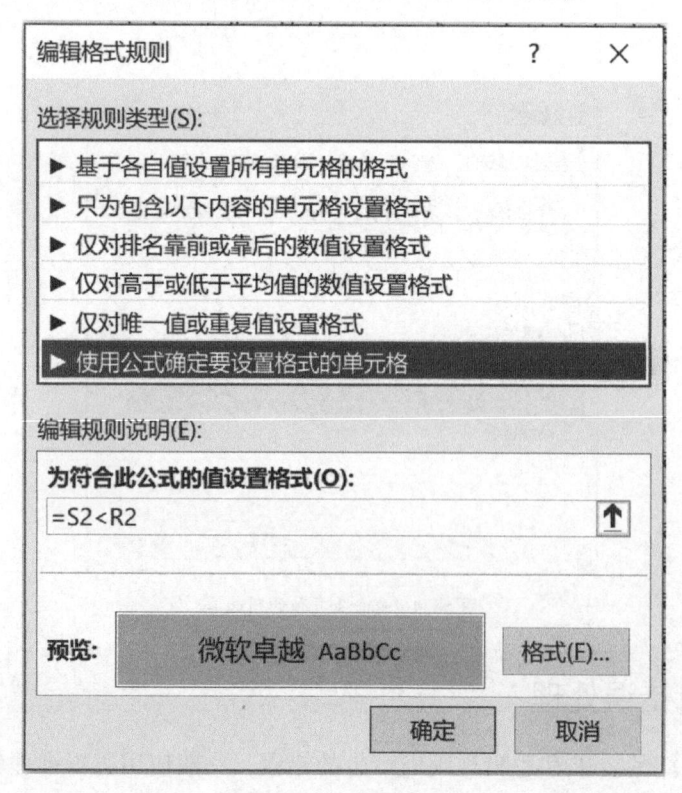

图5-36　编辑格式规则

R	S
订单创建时间	订单付款时间
2016/10/31 23:45	2016/10/31 23:45
2016/10/31 23:24	2016/10/20 23:25
2016/10/31 23:16	2016/10/31 23:16
2016/10/31 22:26	2016/10/31 22:27
2016/10/31 22:25	2016/10/29 22:25
2016/10/31 22:02	2016/10/31 22:02

图 5-37 逻辑错误标记结果

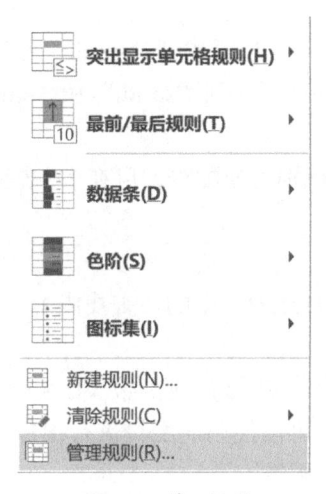

图 5-38 管理规则

图 5-39 条件格式管理器

【思考题】

表格中所有的脏数据是否都需要清洗？

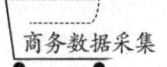

任务5.3 文本数据处理——文本操作

【基础知识】

通配符

1. 星号（*）

代表任意长度字符。例如，*east 可找到"Northeast"和"Southeast"。

2. 问号（?）

代表任意单个字符。例如，sm?th 可找到"smith"和"smyth"。当问号在开头或结尾时，匹配长度则不限。例如，smi? 可找到"smith"和"smity"。

3. 波形符（~）

为避免某些场景中将 *、? 识别为通配符，可在 *、? 前添加 ~。例如，fy06~? 可找到"fy06？"。

通配符可以用在以下地方：

①查找（Ctrl+F）和替换（Ctrl+H）中的"查找内容"框。

②筛选条件。

③支持通配符的函数，例如：数值查找函数 VLOOKUP、HLOOKUP、MATCH 在精确匹配方式下，查找文本值时，可以使用通配符进行模糊查找；而在近似匹配方式下，或者查找非文本值时，不能使用通配符。

文本查找函数 SEARCH、SEARCHB 可以使用通配符进行模糊查找。FIND、FINDB 不支持通配符。

函数 SUMIF、COUNTIF、SUMIFS、COUNTIFS 的条件参数 Criteria 可以使用通配符进行模糊比较。

【任务实施】

在采集到的数据表中，评价人数如图 5-40 所示，格式并不规整。为了分析产品的评价人数，需要将格式进行统一，主要步骤包括：

（1）去除"去看二手"。

（2）去除"+"。

（3）单元格有"万"，则数值 *10000。

F
评价人数
1.1万+
去看二手230万+
2.6万+
1000+
3200+
9500+

图 5-40 待数据提炼列

文本提取视频

一、查找替换

步骤一去除"去看二手"，即替换"去看二手"为空值。"替换"是在"查找"的基础上进行替换修改的，步骤一的关键在于查找"去看二手"。

1. 常规查找

步骤一的任务仅需使用常规查找。在"开始"选项卡下的"编辑"功能组中，单击"查找和选择"（见图 5-41），选择"替换"功能。在"查找内容"中填写"去看二手"，"替换为"设为空值，单击"全部替换"按钮即实现了替换（见图 5-42）。

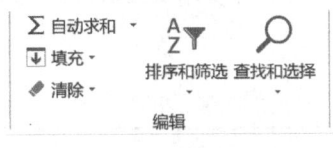

图 5-41　查找和选择工具

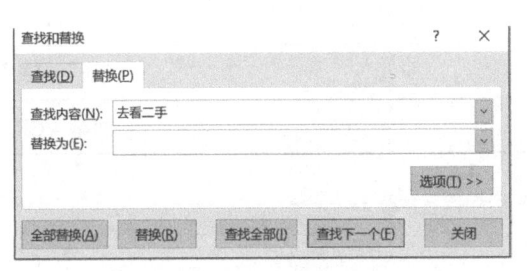

图 5-42　常规查找

2. 通配符查找

如果要查找的内容不那么精确，则可使用通配符进行模糊查找。例如，要在数据表中查找包含手机容量在括号内的数据行，查找内容采用"(*G)"即可（见图 5-43）。

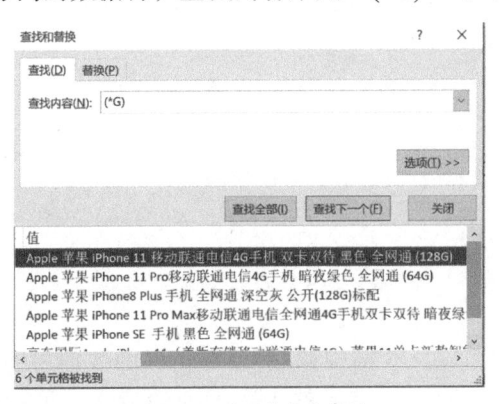

图 5-43　通配符查找事例

二、单元格特殊字符去除

上一步替换了"去看二手"后，评价人数中原本有数值的单元格出现了空白（见图 5-44）。双击单元格后会发现，数值前后多余的回车、换行、Tab 等非打印字符影响了正常显示（见图 5-45）。常用的特殊字符去除方法有以下 3 种。

（1）CLEAN(text) 函数

其中 text 为待清洗的文本，函数将删除文本中含有的当前操作系统无法打印的字符。

（2）TRIM(text) 函数

其中 text 为待清洗的文本，函数将删除文本前后含有的空格。

（3）SUBSTITUTE(text, old_text, new_text, [instance_num]) 函数

其中 text 为待清洗的文本，old_text 和 new_text 分别是被替换的文本和用于替换的文本，函数实现了文本的替换。本例中可使用 SUBSTITUTE(F2, char(9),"") 替换单元格中的 Tab。

表5-2 char编码

char 编码	特殊字符
char(9)	Tab
char(10)	换行（LF）
char(13)	回车（CR）

F
评价人数
4万+
1500+
11万+
1.1万+

图 5-44 部分单元格文本不可见

254万+

图 5-45 文本前后含换行、Tab

F
评价人数
4万+
254万+
41万+
31万+
1500+

图 5-46 特殊字符去除后结果

本例中调用 CLEAN() 函数即可实现任务需求，使用填充柄可以完成整个数据列的清洗。可通过复制值将原数据列覆盖，最终结果如图 5-46 所示。

三、文本数据提取

上述清洗后的"评价人数"列数据仍是文本，无法进行数据分析。接下来将按图 5-47 所示流程进行数据提取，主要包括：

- 去除"+"。
- 单元格中若有"万"，则数值 *10000，否则保留原值。

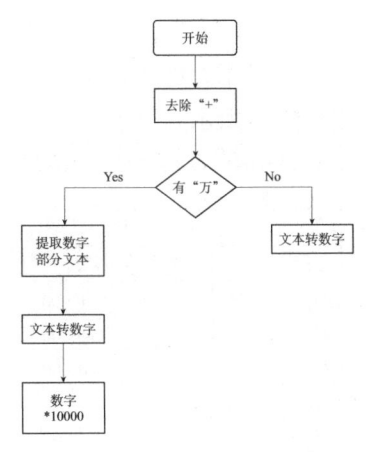

图 5-47 数据提取流程图

步骤一通过替换"+"为""（空值）即可实现，如图 5-48 所示。

步骤二的实现包括如下函数。

（1）FIND(" 万 ",F2)

FIND 函数用于在第二个文本串中定位第一个文本串，并返回第一个文本串的起始位置的值。若不存在，则返回 #VALUE!。

F
评价人数
4万
254万
41万
31万

图 5-48 替换"+"为""结果

（2）IF(ISNUMBER(FIND(" 万 ",F2)，结果为真返回值，结果为假返回值)

IF 函数有三个参数，第一，参数是条件判断，如果判断返回 TRUE，那么 IF 函数的返回值是第二个参数，否则返回第三个参数。本例中判断 FIND 返回是否为"#VALUE!"，即是否在单元格中找到"万"。

（3）LEFT(F2,FIND(" 万 ",F2)-1)

LEFT 是常用的文本提取函数。常用的文本提取函数如表 5-3 所示。

表5-3 常用的文本提取函数

函数	函数说明	参数说明
LEFT(text, [num_chars])	从文本字符串的第一个字符开始返回指定个数的字符	text 为包含要提取字符的文本字符串。num_chars 即指定要由 LEFT 提取的字符的数量
RIGHT(text,[num_chars])	根据所指定的字符数返回文本字符串中最后一个或多个字符	text 为包含要提取字符的文本字符串。num_chars 即指定要由 RIGHT 提取的字符的数量
MID(text, start_num, num_chars)	返回文本字符串中从指定位置开始的特定数目的字符，该数目由用户指定	text 为包含要提取字符的文本字符串。start_num 为文本中要提取的第一个字符的位置，文本中第一个字符的 start_num 为 1，以此类推。num_chars 指定希望 MID 从文本中返回字符的个数

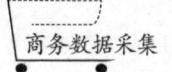

（4）VALUE(F2)

VALUE 函数用于将数字的文本字符串转换为数字。

最终实现函数如下，结果如图 5-49 所示。

IF(ISNUMBER(FIND(" 万 ",F2)),VALUE(LEFT(F2,FIND(" 万 ",F2)-1))*10000,F2)

F	G
评价人数	评价人数清洗
4万	40000
254万	2540000
41万	410000
31万	310000
1500	1500
11万	110000
1.1万	11000
230万	2300000
2.6万	26000

图 5-49　数据提取结果

例：文本"Hello World"在 A1 单元格中，则

LEFT(A1,5) 的结果为 Hello。

RIGHT(A1,5) 的结果为 World。

MID(A1,7,2) 的结果为 Wo。

【思考题】

如果想提取所有 iPhone11（64G）（排除不同型号、容量大小）的评价数，流程图该如何设计？

任务5.4　无序数据处理——筛选排序

【基础知识】

一、逻辑"与""或""非"

1. 逻辑"与" AND

在其参数组中，只有所有参数都为 TRUE 时，才返回 TRUE，任何一个参数的逻辑值为 FALSE，即返回 FALSE。如 AND(TRUE,FALSE)= FALSE，AND(TRUE,TRUE)= TRUE。

2. 逻辑"或" OR

在其参数组中，只要有一个参数逻辑值为 TRUE，即返回 TRUE。如 OR(TRUE,FALSE)=

TRUE，OR(FALSE,FALSE)=FALSE。

3. 逻辑"非"NOT

返回相反值，如 NOT(TRUE)=FALSE，NOT(FALSE)= TRUE。

二、排序依据

对于单行或单列数据，Excel 排序类别有数值、日期、文本、颜色格式、自定义序列，其中数值按大小、日期按先后、文本按字母或笔画进行排序，颜色格式、自定义序列可在"自定义排序"中定义排序依据。

对于多行或多列数据，则可以采用多个排序依据的组合，并有排序优先级。

【任务实施】

一、数据筛选

数据筛选有利于隐藏不需要的数据。

将光标定位到工作表数据区域，单击"数据"选项卡，在"排序和筛选"功能组中选择"筛选"（见图 5-50），即可看到字段名右侧出现下拉按钮，工作表进入排序和筛选状态（见图 5-51）。

图 5-50　数据筛选工具

F	G	H	I	J
评价人数	商家店名	店铺链接	标签	是否广告
400+	千机网旗舰店	https://ma	险/	广告
0	拍拍手机优品官方	https://ma	免邮/	否
200+	联通华盛手机旗舰	https://ma		否
400+	壹思海外专营店	https://ma	免邮/	否
300+	冰之凯盛手机旗舰	https://ma	免邮/满赠/险	否

图 5-51　筛选状态

筛选后，相应的字段名右侧的下拉按钮变为，若要重新显示被隐藏的数据，可以单击相应字段名右侧的，在打开的下拉菜单中勾选"全选"复选框，再单击"确定"按钮，即可恢复到筛选前的状态。

根据不同的筛选需要，可以选择不同的筛选方法，主要的筛选方法有简单条件筛选、指定条件筛选、自定义筛选、高级筛选。

1. 简单条件筛选

如图 5-52 所示，若要筛选"是否广告"，可以选择"简单条件筛选"方法。进入排序和筛选状态，单击"是否广告"字段名右侧的下拉按钮，在打开的下拉菜单中只勾选"否"复选框，单击"确定"按钮即可（见图 5-53）。

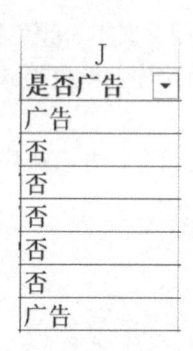

图 5-52　简单条件筛选源数据　　　　图 5-53　简单条件筛选

2. 指定条件筛选

如图 5-54 所示，若要筛选"价格"高于平均值的产品信息，则可以选择"指定条件筛选"方法。进入排序和筛选状态，单击"价格"字段名右侧的下拉按钮，在打开的下拉菜单中单击"数字筛选"，在展开的子菜单中执行"高于平均值"即可。数字筛选还有"等于""大于""前 10 项"等多种数字筛选条件。文本筛选同样有"等于""开头是""包含"等多种文本筛选条件（见图 5-55）。

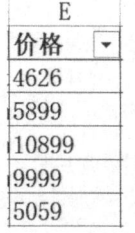

图 5-54　指定条件筛选源数据

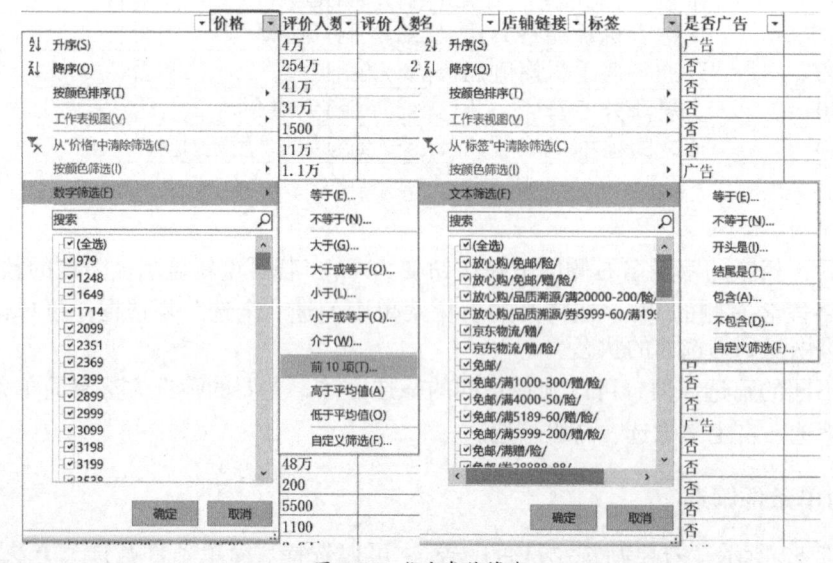

图 5-55　指定条件筛选

3. 自定义筛选

相比指定条件筛选，自定义筛选功能包含以下两个特点。

（1）2个指定条件筛选"与""或"组合

例如，如图5-56所示，要筛选"商品名称"列中"iPhone 11"但不是"Pro"的产品。参考图5-55中选择"自定义筛选"，在弹出的"自定义自动筛选方式"对话框中，根据筛选需求，填写相应的内容，勾选"与"，即可实现组合筛选（见图5-57）。

（2）通配筛选

例如，要筛选"商品名称"列中不包含"二手"的产品，一种方法是使用"包含"。另一种方法是使用"不等于"，"不等于"配合通配符也可实现同样的功能。"？"代表单个字符，"*"代表任意多个字符（见图5-58）。

图5-56 自定义筛选源数据

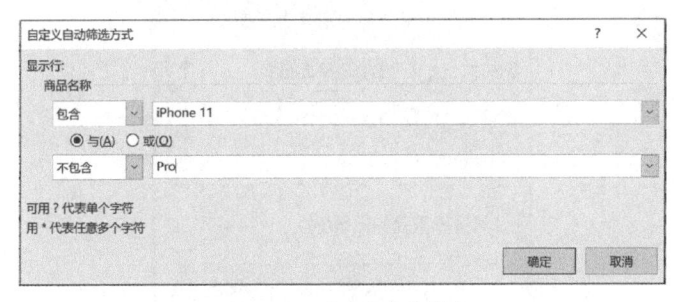

图5-57 2个指定条件筛选

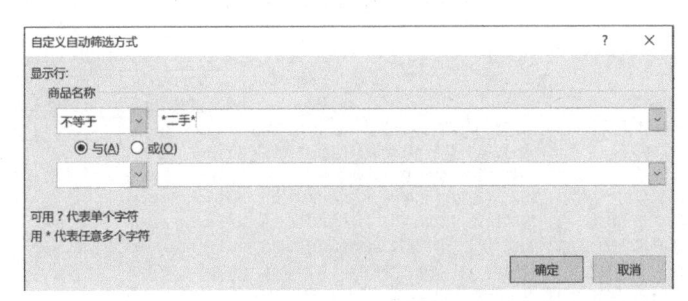

图5-58 通配符自定义筛选

4. 高级筛选

高级筛选对筛选条件和筛选结果有了更多的选择。在"排序和筛选"功能组中，选择"高级"即可激活（见图5-59）。高级筛选的关键在于建立筛选条件。

例如，要在采集到的数据表中筛选"商品名称仅包含 iPhone11、评价人数 >10000、价格 <7000"的数据。在弹出的"高级筛选"对话框中（见图 5–61），"列表区域"选择待筛选区域，"条件区域"则选择如图 5–60 所示筛选条件区域，即实现了该筛选条件下的筛选，结果如图 5–62 所示。

注：条件在同一行表示且；条件在不同行表示或。

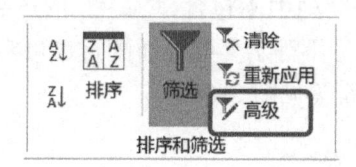

图 5–59　高级筛选功能

商品名称	商品名称	评论人数清洗	价格
iPhone 11	<>Pro	>10000	<7000

图 5–60　高级筛选条件

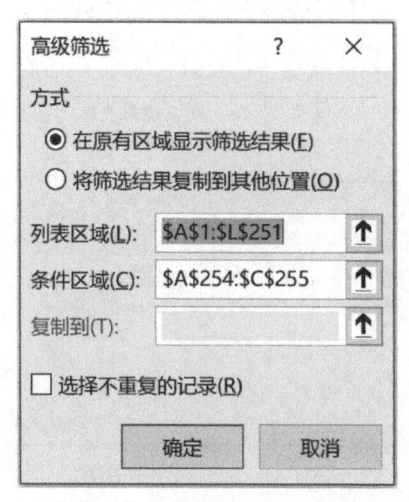

图 5–61　"高级筛选"对话框

	A	B	C	D	E	F	G
	搜索关键词	商品名称	商品SKU	商品链接	价格	评价人数	评价人数清洗
	iphone 11	现货速发【现货国行4519元起-可分期】Apple	56648702660	https://i	4626	4万	40000
	iphone 11	Apple iPhone 11 (A2223) 128GB 紫色 移动联	100004770263	https://i	5899	254万	2540000
	iphone 11	Apple 苹果 iPhone 11 手机 黑色 全网通 128	55666912716	https://i	4999	11万	110000
	iphone 11	Apple 苹果 iPhone 11 移动联通电信4G手机 双	56835037249	https://i	4598	1.1万	11000
	iphone 11	Apple 苹果 iPhone 11 移动联通电信4G手机 双	56647206430	https://i	4998	2.6万	26000
	iphone 11	Apple 苹果 iphone 11 手机 黑色 全网通128G	55370143413	https://i	5999	3.8万	38000
	iphone 11	【至高12期免息】苹果 iPhone 11 手机全网通	57143334652	https://i	5028	3.6万	36000
	iphone 11	Apple 苹果 iPhone 11 双卡双待手机 黑色 12	56348942008	https://i	5099	2万	20000
	iphone 11	Apple 苹果 iPhone 11 手机 黑色 全网通64G	56739487076	https://i	4699	2.6万	26000
	iphone 11	Apple 苹果 iPhone 11 移动联通电信4G手机 双	56166176873	https://i	4598	2.6万	26000
	iphone 11	苹果 Apple iPhone 11 全网通4G手机 国行现	59080455535	https://i	5058	1.2万	12000
	iphone 11	现货速发【现货国行4519元起-可分期】Apple	56648702661	https://i	4999	4万	40000
	iphone 11	Apple 苹果 iPhone 11 移动联通电信4G手机 双	56902393019	https://i	4998	1.1万	11000
	iphone 11	Apple 苹果 iPhone 11 手机 黑色 全网通128G	56647977339	https://i	4988	3.9万	39000
	iphone 11	Apple iPhone 11 (A2223) 64GB 黑色 移动联通	100005492545	https://i	5499	14万	140000

图 5–62　高级筛选结果

二、数据排序

数据排序有利于数据分析师浏览、查找、分析目标数据。

1. 单条件排序

单条件排序是指针对单列（行）数据进行的快速排序，即只有一个关键字段。

如图 5-62 所示为筛选后的数据，对"评价人数清洗"字段采用从高到低（降序）的方式，可以快速找到评价人数最多的商品。

选中需要排序的列"评价人数清洗"，在"数据"选项卡下的"排序和筛选"功能组中单击"降序"按钮（见图 5-63），在弹出的"排序提醒"对话框中，选择排序依据，弹出框中选择"扩展选定区域"，单击"排序"按钮，排序完成（见图 5-64）。

图 5-63　降序排序-1

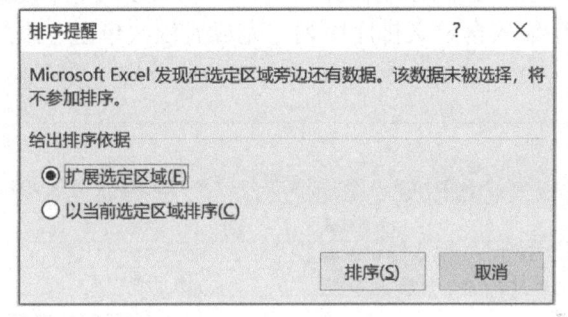

图 5-64　降序排序-2

2. 多条件排序

多条件排序是指使用多个关键字进行组合排序。本例中结合"是否广告"和"评价人数"进行排序。在"数据"选项卡下的"排序和筛选"功能组中单击"排序"按钮（见图 5-65），在弹出的"排序"对话框中，"主要关键字"选择"是否广告"，次序选择"升序"，"次要关键字"选择"评价人数清洗"，次序选择"降序"（见图 5-66）。排序结果如图 5-67 所示。

图 5-65　排序工具

图 5-66　排序参数设置

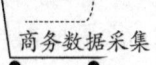

图 5-67　多条件排序结果

3. 自定义序列排序

中文排序的依据是拼音字母或笔画数。若需要按照一周或月份的顺序对数据排序，就需要使用 Excel 中的自定义列表排序。

在"排序"对话框的"次序"下拉框中选择"自定义序列"（见图 5-68），弹出"自定义序列"对话框，其左侧是常用的排序序列。"自定义序列"中选择"新序列"，即可在右侧"输入序列"栏中输入自定义排序序列，完成后依次单击"添加""确定"按钮完成设置（见图 5-69）。

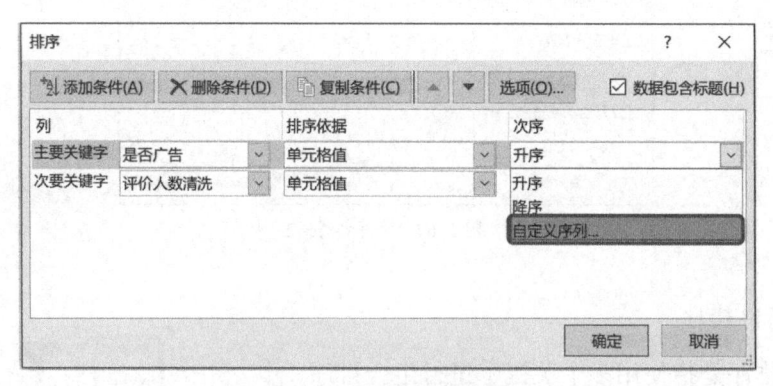

图 5-68　自定义序列排序

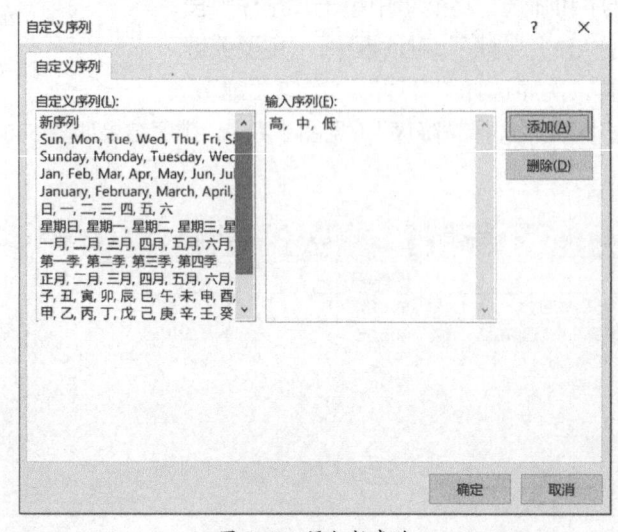

图 5-69　添加新序列

【思考题】

Excel 如何按颜色值排序？
Excel 如何按行排序？

任务5.5 数据分合处理——拆分合并

【基础知识】

Excel 运算符

1. 算术运算符

常用的算术运算符有 +（加）、-（减）、*（乘）、/（除）、%（百分比）、^（求幂）。

2. 比较运算符

比较运算符有 =（等于）、>（大于）、<（小于）、>=（大于等于）、<=（小于等于）、<>（不等于）。使用比较运算符比较两个值时，结果为逻辑值 TRUE 或 FALSE。

3. 文本连接运算符

文本连接运算符 "&" 可以连接一个或多个文本字符串，以生成一段文本。例如 "Excel" & "数据分析" = "Excel 数据分析"。

4. 引用运算符

引用运算符可对单元格进行合并计算。":" 为区域运算符，是对两个引用单元格之间所有单元格的引用，如（A1:B15）；","为联合运算符，将多个引用合并为一个引用，如 SUM(B5:B15,D5:D15)；" "（空格）为交集运算符，是对两个引用中共有单元格的引用，如（A7:D7 B6:C8）。

【任务实施】

一、数据拆分

Excel 中同样提供了数据分列功能。

分隔符号：按分隔符号分隔数据，适用于使用了相同分隔符号的数据。

固定宽度：按固定的宽度分隔数据。

1. 分隔符号

以图 5-70 所示 "标签" 列为例，标签以 "/" 进行分隔。本例单元格中 "标签" 列内含换行符，需先用 CLEAN 函数清理。分列会将右侧的单元格数据覆盖，故分列前需在 "标签"

数据拆分视频

J
标签
自营/本地仓/券5000-500/赠/
自营/本地仓/券980-60/
自营/本地仓/券9000-2000/赠/
自营/本地仓/券8000-1200/赠/
券4000-100/赠/险/
免邮/赠/险/
免邮/赠/险/
自营/本地仓/券4000-350/
免邮/险/
券4000-200/赠/险/

图 5-70 待清洗 "标签" 列

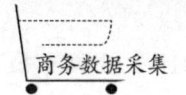

列右侧插入若干列。

选中"标签"列,在"数据"选项卡下的"数据工具"功能组中单击"分列"按钮。弹出"文本分列向导-第 1 步,共 3 步"对话框,此时为第 1 步,选择"分隔符号"单选项(见图 5-71)。第 2 步中根据实际情况选择填写分隔符号(见图 5-72)。第 3 步选择每个拆分列正确的"列数据格式",本例中均为文本类型(见图 5-73)。拆分结果如图 5-74 所示。

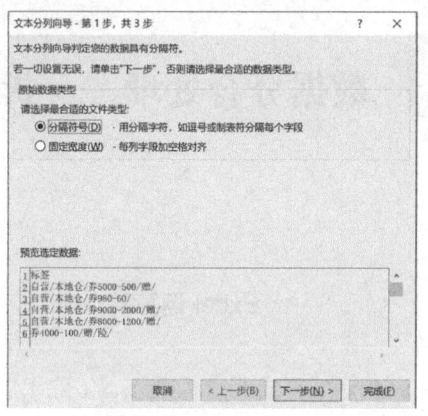

图 5-71 分隔符号分列 -1

图 5-72 分隔符号分列 -2

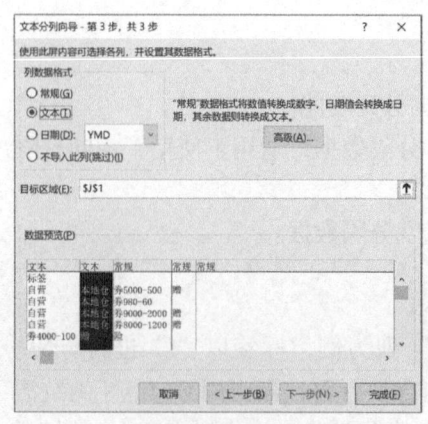

图 5-73 分隔符号分列 -3

标签			
自营	本地仓	券5000-500	赠
自营	本地仓	券980-60	
自营	本地仓	券9000-2000	赠
自营	本地仓	券8000-1200	赠

图 5-74 "标签"列拆分结果

2. 固定宽度

如图 5-75 所示的"电话"字段，没有分隔符，但有固定的字符串格式（区号+号码），故可采用"固定宽度"进行分列。

参考图 5-71 选择"固定宽度"单选项，弹出的文本分列向导第 2 步与"分隔符号"不同，在数据预览中单击分隔的位置建立分列线，本例分列线在区号 0579 后（见图 5-76）。第 3 步按需选择列数据格式，本例中需要将区号选择为"文本"格式，否则最前面的 0 将不显示。最终分列结果如图 5-77 所示。

A
电话
057989136110
057985090100
057983905617
057987660707
057987618761
057989185166
057989185166

图 5-75 待分列源数据

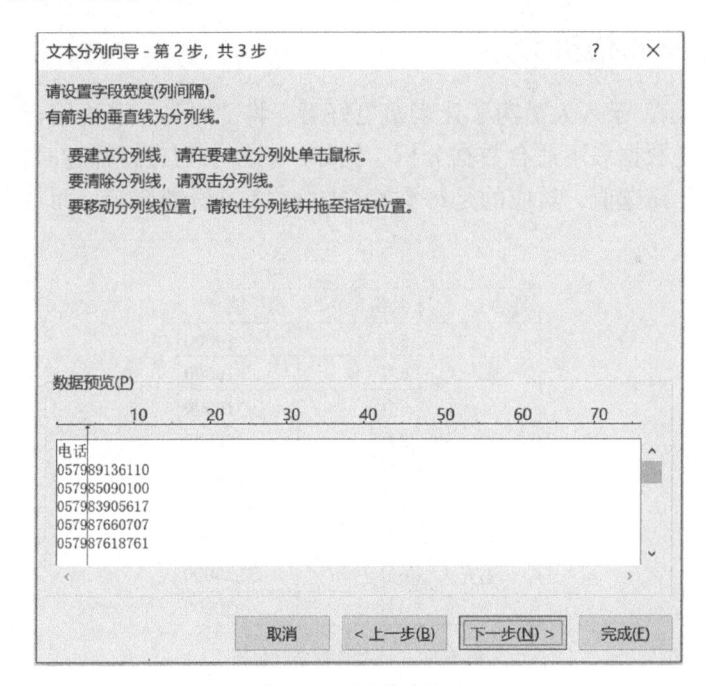

图 5-76 固定宽度分列

电话	
0579	89136110
0579	85090100
0579	83905617
0579	87660707
0579	87618761
0579	89185166

图 5-77 电话分列结果

二、数据合并

有了数据拆分，同样会需要数据合并。合并单元格并不可行（见图5-78），区号与号码单元格合并后仅保留了区号。可使用文本连接运算符进行合并，在C2单元格中输入"=A2&"-"&B2"，再用填充柄复制到相应的单元格，即可实现区号号码的合并（见图5-79）。

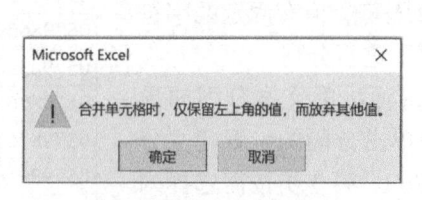

图5-78 合并单元格警告

图5-79 数据合并结果

三、合并单元格拆分

如图5-80所示，录入人员为了让表格更好看，将"姓名"字段用合并单元格的方法进行了处理。此类数据表不适合数据分析。例如，对姓名列进行筛选时，如图5-81所示出现了"（空白）"筛选值，对应的是每个姓名的6、7月份销售额，而每个姓名只能筛选到5月的记录。

姓名	月份	销售额
张三	5月	10000
	6月	10000
	7月	10000
李四	5月	20000
	6月	20000
	7月	20000
王五	5月	30000
	6月	30000
	7月	30000

图5-80 单元格拆分源数据

单元格拆分后，拆分出来的单元格是空值，将空值进行填充便是关键。

选中A2:A10单元格区域，在"开始"选项卡的"编辑"组中，执行"查找和选择"→"定位条件"命令。在打开的"定位条件"对话框中，选择"空值"单选项，A2:A10单元格区域中的空白单元格被同时选中（见图5-82）。

此时，将光标定位在A3单元格，故在其中输入"=A2"（使用该公式，即表示空白单元格的内容与上一个单元格的内容一样；若将光标定位在A6单元格，则输入"=A5"，以此类推）。

按下Ctrl+Enter组合键，即可批量录入，各单元格中填充的公式会自动转为相对引用模式。拆分结果如图 5-83 所示。

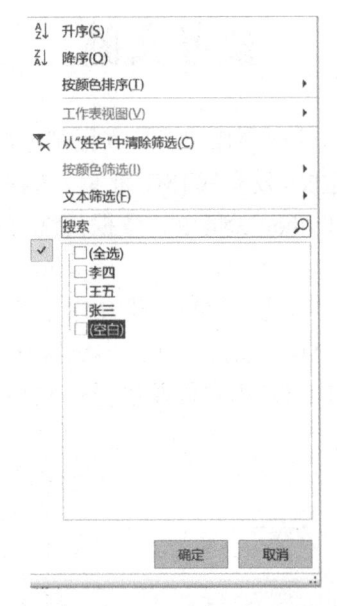

图 5-81　合并单元格筛选错误

图 5-82　空值定位

图 5-83　合并单元格拆分结果

A	B	C
姓名	月份	销售额
张三	5月	10000
张三	6月	10000
张三	7月	10000
李四	5月	20000
李四	6月	20000
李四	7月	20000
王五	5月	30000
王五	6月	30000
王五	7月	30000

【思考题】

如何从身份证中提取年龄信息？

参考文献

[1] 刘宝强.商务数据采集与处理[M].北京：人民邮电出版社,2019.

[2] 崔庆才.Python 3 网络爬虫开发实战[M].北京：人民邮电出版社,2018.

[3] 零一,韩要宾,黄园园.Python 3 爬虫、数据清洗与可视化实战[M].北京：电子工业出版社,2018.

[4] 斯夸尔.干净的数据 数据清洗入门与实践[M].北京：人民邮电出版社,2016.

[5] 福塔.MySQL 必知必会[M].北京：人民邮电出版社,2009.

[6] TOM TULIS，BILL ALBERT.用户体验度量：收集、分析与呈现[M].北京：电子工业出版社,2020.